本著作得到赣南师范大学教育经济研究中心资助出版

U0721482

高校图书馆信息资源管理与建设研究

朱毅曼　陈　莹　著

吉林人民出版社

图书在版编目(CIP)数据

高校图书馆信息资源管理与建设研究 / 朱毅曼 , 陈
莹著 . –– 长春 : 吉林人民出版社 , 2021.8
ISBN 978-7-206-18420-8

Ⅰ . ①高⋯ Ⅱ . ①朱⋯ ②陈⋯ Ⅲ . ①院校图书馆 –
信息资源 – 资源建设 – 研究 Ⅳ . ① G258.6

中国版本图书馆 CIP 数据核字 (2021) 第 176435 号

高校图书馆信息资源管理与建设研究
GAOXIAO TUSHUGUAN XINXI ZIYUAN GUANLI YU JIANSHE YANJIU

著　　者：朱毅曼　陈　莹
责任编辑：王　丹　　　　　　　　封面设计：袁丽静
吉林人民出版社出版 发行（长春市人民大街 7548 号）　邮政编码：130022
印　　刷：三河市华晨印务有限公司
开　　本：710mm×1000mm　　1/16
印　　张：15.25　　　　　　　　字　　数：290 千字
标准书号：ISBN 978-7-206-18420-8
版　　次：2021 年 8 月第 1 版　　印　　次：2021 年 8 月第 1 次印刷
定　　价：69.00 元

如发现印装质量问题，影响阅读，请与印刷厂联系调换。

前　言

　　高校图书馆作为高等教育的重要信息中心，其主要任务之一是建设全校的文献信息资源体系，为教学、科研和学科建设提供文献信息保障，可见，信息资源建设工作直接决定着高校办学水平和办学质量。特别是"双一流"建设的提出，为高校图书馆信息资源建设提出了新的机遇和挑战。随着信息技术的发展，网络环境的形成和"互联网+"时代的到来，信息资源建设的理论体系、采访工作、组织管理、开发利用、资源评价、保障体系和共建共享都发生了根本性变化。如何有效构建新时期高校图书馆信息资源保障体系，最大限度地实现信息资源建设的共建共享等相关问题，一直是图书馆界积极研究的重要课题之一。

　　高校图书馆信息资源管理只有适应时代发展的要求，才能真正做到资源共享，才能更高效地利用和开发信息资源，才能为中国特色社会主义现代化建设服务。因此，高校图书馆应以现代信息技术为手段，将潜在的信息资源和无限的现实信息资源，通过组织、采集、加工、整理、交流、传递，投入到无限的、动态的读者需求中，使之达到信息资源是为使用的、读者有其信息资源、信息资源有其读者的目的。同时，高校图书馆还需要构建信息资源保障体系，确保信息资源的有效性和真实性。另外，高校图书馆的服务水平、管理质量也会对信息资源的管理质量产生较大的影响，因此，高校图书馆还应当具备高综合能力、高素质的馆员，以提升服务水平与满意度。

　　本书属于图书馆信息资源管理方面的著作，由高校图书馆与信息资源、高校图书馆信息资源采访、高校图书馆信息资源的组织管理、高校图书馆信息资源的质量管理、高校图书馆信息资源建设的方法、高校图书馆数字信息资源建设、高校图书馆信息资源的共建共享、高校图书馆信息资源保障体系建设、高校图书馆信息资源评价几部分组成，全书以高校信息资源为核心，对信息资源的采访、管理、评价以及建设方法、建设体系等做了详细阐述，为图书馆信息资源管理等方面的研究者与从业人员提供了参考。

本书由朱毅曼（赣南师范大学）和陈莹（广西医科大学图书馆）共同创作完成，其中朱毅曼完成 15 万字，陈莹完成 14 万字。在撰写此书的过程中，参考和引用了大量专家学者的论著和研究资料，笔者已经尽可能在参考文献中列出，谨在此向他们表示由衷的感谢。由于时间仓促和水平所限，书中难免存在一些不足之处，欢迎广大读者批评指正。

目 录

第一章　高校图书馆与信息资源

第一节　高校图书馆概述

一、图书馆的定义

什么是图书馆？图书馆是什么性质的机构？世界各国都给图书馆下了一些定义。如《英国大百科全书》这样说：图书馆的意思是把很多书收藏在一起，这些书是为了阅读研究或参考用的。

法国的《大拉鲁斯百科全书》是这样解释的：收藏各种类别的、组织起来的图书资料，保存用各种不同文字写成的、用多种方式表达的人类思想资料即为图书馆的任务，这些资料可以用于学习、研究、情报等领域。

《苏联大百科全书》对于图书馆是这样定义的：组织社会利用出版物的文化教育和科学辅助机关。图书馆的主要任务是搜集、保藏、宣传和向读者借阅出版物，以及图书情报工作。

在《情报学浅说》中美国的 J. 贝克对于图书馆做了以下定义：它是收集各种类型的情报资料，然后系统地整理，进而根据需求提供使用的地方。

总结上述对图书馆的定义得出，以服务社会的经济、政治为基础，利用、传播、收集、保管、整理图书情报资料的科研、教育、文化机构就是图书馆。

二、高校图书馆的特点

(一) 服务对象主要是学生和教师

这些读者的文化程度类似，其需要随着教学活动和科研进度而变化，呈现明显的规律性。这种规律性主要表现在读者需求的稳定性（师生对教学参考书的品种和数量的需要是稳定的），读者用书的集中性（师生用书的品种集中于正在进行教学的有关课程的主要参考书刊上），读者用书的阶段性（在各个不同的学习阶段，读者对所需图书资料的种类、范围和深浅程度有着明显的差别）上。

（二）藏书丰富

以本科所设专业和科研项目为依据，全面系统地收集国内外较高水平的基本理论著作，并适当收藏相关学科、边缘学科的有关书刊。教学参考用书的复本量大。

（三）与系（所）资料室共同组成一个校内图书情报信息网

学校图书馆为该网络的中心，在为本校教学与科研服务的总目标下，与资料室互相配合、各负其责，有效地保证了师生员工对图书文献信息的需要。

三、高校图书馆的性质

（一）服务性

高校图书馆收藏书刊的目的是为职工、科研工作者、在校学生、教师的学习和工作提供信息资料，因此，重心会放在专业的系统知识、本校所设学科等方面。其也属于服务部门，但是与人类物质生活所需的服务部门如餐馆、商店等有所区别。高校图书馆是科学文化意识形态领域里的服务部门，其服务性从文献资料的传递过程中体现出来，其服务成果主要表现为社会效益。高校图书馆的服务性要求图书馆工作人员应该具有从事这项服务工作所需要的比较广博的科学文化知识和图书馆业务知识、对本馆馆藏体系熟悉，并了解学校所设学科、专业特点以及教师、在校学生的阅读规律。

（二）学术性

高校图书馆的学术性表现在图书馆工作是教学和科研的前期劳动以及图书馆工作本身具有学术性两方面。

第一，图书馆工作是教学和科研的前期劳动，是保证教学质量和构成科研能力的主要因素。在大学校园里，教学工作和科研工作是一种社会劳动，具有明显的连续性和继承性。任何一个教师和科研工作者在从事教学和科研工作前，总是要对所教课程和所选课题进行资料收集、调查研究，了解历史的和目前的研究水平及今后的发展趋势，以保证教学质量和科研工作在前人已取得成绩的基础上进行。高校图书馆及情报部门系统完整地保存了记载有人类知识和智慧的文献，并是这种文献调研活动的主要承担者。

第二，高校图书馆工作本身具有学术性。图书馆的各项工作，如图书的采购、分类、编目、组织保管、流通阅览、参考咨询等，都具有一定的学术性。特别是现代信息技术的迅猛发展，对图书馆的工作产生了广泛而深刻的影响，因此应用现代技术去改造传统的图书馆工作是图书馆工作的新内容。

（三）教育性

图书馆也是一个教育性机构，以图书文献为手段，以提高读者文化知识及情报意识教育为目的。曾任北京大学图书馆馆长的李大钊同志说过："图书馆和教育有密切的关系，想使教育发展，一定要使全国人民不论何时何地都有研究学问的机会。换句话说，就是使全国变成一个图书馆或研究室，但是达到这种完美教育的方针不依赖图书馆不可。"这充分说明图书馆的教育性。高校图书馆的教育性主要包括两个方面：一是对读者进行思想政治教育；二是对读者进行科学文化教育。高校图书馆是思想政治教育的阵地，它利用收藏的文献资料向读者宣传马克思列宁主义、毛泽东思想、邓小平理论、"三个代表"重要思想、科学发展观、习近平新时代中国特色社会主义思想，宣传党的路线、方针、政策，宣传有益于社会和国家经济建设的思想，培养读者高尚的道德情操，帮助读者树立爱祖国、爱人民和全心全意为人民服务的思想。

图书馆这个知识宝库中，蕴藏着丰富的科学文化知识。而图书馆的知识是为了读者学习用的。因此，图书馆还起着传播科学文化知识与进行科学文化教育的作用。图书馆利用丰富的馆藏向读者提供文献资料，丰富读者的知识并提高他们的文化水平。图书馆是培养学生自学能力的场所。图书馆的文献资料和各种工具书为大学生自修提供了良好的条件，大学生可以针对自己在学习中遇到的问题，进行学习、探讨和研究。高校图书馆的教育性，是一种综合性素质教育。它是教学活动的重要补充，即使在高度发达的网络时代，图书馆的这种教育功能也不会消失。

四、高校图书馆的地位

关于地位的含义，一般是指一个人在社会中的职务、职位及由其职务或职位所显示出的重要程度，也指国家、社会团体、组织在社会关系中所处的位置。图书馆的地位是指图书馆在整个社会体系中所处的位置及其在社会发展过程中所起的重要作用。高校图书馆的地位是指高校图书馆在普通高等学校机构体系中所占的位置。图书馆学界认为，图书馆历来被誉为人类知识的宝库、精神的家园。它不仅收藏了大量的书籍、期刊等文献，而且还提供了文献检索工具和检索方法的指导，以便读者能充分利用馆藏的文献和书籍。实际上，从古到今，无论时代如何变迁，社会发生怎样的变化，图书馆在建设社会文化、保存文化成果、传播知识等方面都承担了大量的责任，并在保存文化遗产和推动世界文明发展中起着不可替代的重要作用。高等学校的基本任务是为国家培养有社会主义觉悟且有文化的劳动者，为社会主义现代化建设培养掌握现代科学文化技术的人才。

高校的人才培养和科学研究必须具备三个基本条件：首先是高质量的教师队伍；其次是必要的仪器设备；最后是必要的图书资料。因此，图书馆学界普遍认为高校图书馆文献信息资料与师资队伍、实验设备被并列称之为高校办学的三大支柱。在高校组织机构设置中，高校图书馆一直扮演着为高校教学、科研和学生服务的重要角色。这一点在《普通高等学校图书馆规程（修订）》（以下简称《规程》）中有明确规定。《规程》第一条规定，"高等学校图书馆是学校的文献情报中心，是为教学和科学研究服务的学术性机构，是学校信息化和社会信息化的重要基地。高等学校图书馆的工作是学校教学和科学研究工作的重要组成部分。"《规程》第二条规定，"高等学校图书馆必须贯彻国家的教育方针，履行教育职能和信息服务职能，为培养德、智、体、美等全面发展的人才，发展教育科学文化事业，建设社会主义物质文明和精神文明服务。"更重要的是，《规程》第三条明确指出了高校图书馆服务教学和科研的主要方式和途径："高等学校图书馆应积极采用现代技术，实行科学管理，不断提高业务工作质量和服务水平，最大限度地满足读者的需要，为学校的教学和科学研究提供切实有效的文献信息保障。"

从教育部颁布的《普通高等学校图书馆规程（修订）》的内容规定来看，它明确规定了高校图书馆在高等学校中的服务性机构的地位。有人指出，高校图书馆的基本定位是信息生产、信息储存、信息传播和教育教化的机构。因此，高校图书馆是综合性的服务机构，是高校课堂教育活动的补充、延伸与扩展，在高校机构设置中处于教学和科研的辅助地位。

图书馆作为为高校教学和科研提供服务的学术性机构，在学校教学研究中发挥的作用越来越重要，但还是有许多因素导致高校图书馆在高校的发展中未能得到应有的重视，这与图书馆在学校中所起到的作用不符。因此，提高图书馆在高校中的地位，对于推动图书馆的工作和实现图书馆员的个人价值具有重要的意义。

五、高校图书馆的职能

（一）高校图书馆的基本职能

高校图书馆的基本职能与图书馆的基本职能是一样的。图书馆基本职能贯穿于图书馆发展的过程中，不会跟随社会的发展而变化。很早之前，就有学者认为，"图书馆为保存图书之唯一机关，故间接为保存文化之机关""图书馆一方面保存文化，一方面又发扬文化，传播图书，使一地之文化可以普及各处，一时代文化永留世间"。

图书馆要履行保存文化的功能则需要保存好前人留下的珍贵文献资料，具体工作包括对文献资料的收集、整理、加工、组织、管理等方面；而图书馆要发挥传承文化的功能，则需要利用好已经收集、整理、加工和组织的文献信息，通过借阅、复制、检索、咨询等方式充分利用好文献资料。图书馆是人类的知识殿堂和人类的精神家园，是信息技术的产物和人类文明的成果，它始终作为人类文明的历史传承媒介、社会的文化交流中枢而存在；作为人类文明的物质载体和社会手段，图书馆需要对人类社会文明成果——文献信息资源进行组织、存储、传播和交流。图书馆就是在这种组织、存储、传播和交流信息资源的具体活动中，发挥自己的基本功能，实现自身的社会价值，在特定社会所能够提供的现实基础和历史条件下，不断实践信息资源全社会共享这一社会理想。

有人认为保存和利用文献资料概括了图书馆的全部工作，构成了图书馆基本职能不能分割的两个方面。只有具备了保存的物质基础，才能使传递成为可能，而通过传递和利用，又进一步促进了保存体系的完整。保存和利用二者相互依存，形成了一个有机整体，反映了图书馆最本质的社会活动。图书馆保存与传递文献信息的基本职能贯穿于图书馆发展的全过程。图书馆的一切发展变化，都沿着保存和传递这个基本职能轨道运行。各个时期、各个类型的图书馆，只有活动方式、内容和侧重点不同，而没有基本职能的原则区别。

（二）高校图书馆的社会职能

1.教育职能

高校图书馆教育职能主要包含两个方面：一方面它通过传播科学知识，活跃文化生活，使人们在比较轻松的状态下不知不觉地培养科学思维和科学创新的能力，增长新的知识；另一方面，图书馆又通过丰富的文献资源和轻松的学习氛围，为读者提供良好的自学及更新知识的场所。随着科学技术的迅猛发展，人类社会已跨入知识经济时代，这一时期，社会经济、文化迅速发展，信息需求急剧增长，高校图书馆不仅需要承担起收集、保存图书的社会职能，而且更重要的是还要以各种类型的文献为依托，向社会大众提供阅读服务，使图书馆成为社会教育的重要组成部分，从而使高校图书馆能承担起社会教育的职能责任。

2.服务职能

高校图书馆的本质是一个学术性的服务机构，服务性是高校图书馆的本质特征。高校图书馆的服务性决定了高校图书馆在社会实践中，承担着为高校自身和社会教育服务的社会职能。从高校图书馆为高校自身服务来看，高校图书馆需要为高校的教学和科研服务，为它们提供基础性的文献资料和信息服务；另一方面，高校图书馆自己的学术研究也是为高校的教学和科研服务。但是高校图书馆为社会服务是目前高校图书馆所遇到的新问题。从高校图书馆的设立和服务对象来看，高校图书馆主要是服务高校师生的教学和科研，很少在社会服务方面发挥重大作用。图书馆学界也注意到这个问题，提出高校图书馆在新的信息条件下，要走出自我封闭的状态，积极服务社会。

3.文化传播职能

图书馆自产生之日起，因其收藏人类的文明成果而成为文化传播的主要机构。图书馆是人类知识的宝库，几乎汇集了所有人类的文化成果。它对所拥有的资源进行有序化管理，包括加工、整理等程序，使图书馆具有突出的文化传播优势。

首先，图书馆拥有浓厚的文化底蕴和丰富的馆藏资源，这是其他文化传播机构所不能比拟的。

其次，图书馆已对馆藏资源进行过行之有效的标准化管理，使图书资源合理地使用和配置，进而方便文化和信息的广泛传播。

再次，图书馆利用所有的设备和人力资源，能够对多种形式的文化信息进行多途径和多方式的传播，为文化传播交流创造了优势条件。

最后，图书馆拥有最广泛的读者群，每年图书馆读者到馆次数和图书馆主页的点击次数巨大，这说明图书读者对图书馆无比青睐。通过图书馆的文化传播，高雅文化和进步文化在社会上得到了最广泛关注，既普及了文化知识，又推动了社会进步，这也是图书馆社会职能的实现。高校图书馆在文化传播的过程中，主要有两方面的工作：一方面，高校图书馆在其发展过程中，与各种文化资源相互交流、渗透，创造了富有自身特色的图书馆文化；另一方面，图书馆收藏了大量科学文献资料、汇集了最新的科技成就，成为组织和利用科学文献的重要基地。高校图书馆通过馆藏文化的传播，可以打破时空的局限，将人类几千年积累起来的经验、创造的知识、研究的成果，借助于图书馆这种中介性的组织，使馆藏文化得以广泛地传播和交流，从而为科研人员进行创造性的劳动提供必要的先决条件。高校图书馆还可以通过馆藏文化的收集和传播，实现学科内部和学科间的交流，为科学交叉和知识转移创造条件；通过传播馆藏文化，建构新的有用的知识体系，进而为科学创新积累资料，促进社会科学和自然科学的更大发展。

4.休闲职能

随着社会经济的发展和人民生活水平的提高，人们的闲暇时间将越来越多，他们的休闲需求已经成为一种现实的生活需要。发展中国家人们生存压力比较大，生活高度紧张，追求休闲成为人们的主要生活方式。休闲并不仅仅是一种娱乐，它的最高境界是人的心灵自由和精神愉悦，它使人在心灵的自由中经历审美的、道德的、创造的、超越的生活方式，提升人们的文化底蕴，支撑人们的精神。从一定程度上讲，休闲本身就是一种文化，是人们内在的、自觉的观念和方式，是一种感受、一种体验、一种觉悟，具有较高的人文性、社会性、创造性，它使我们的情感、理智、意志、价值观和思维方式在心灵的自由、精神的愉悦中得到强化。

由于高校图书馆是信息、知识的集散地，具有优雅的社会环境、高雅的格调、闲适的气氛，因此非常有利于高校图书馆休闲功能的发挥。适当地发挥高校图书馆休闲娱乐的功能，一方面可以使图书馆在提供优质的休闲服务的过程中逐渐对读者产生亲和力和吸引力，使人们愿意花闲暇时间走进图书馆，从而扩大高校图书馆职能发挥的空间；另一方面，图书馆还可以向人们传递科学文化知识，使人们的身心得到放松和休息，有利于读者陶冶情操，加强德、智、美的修养。这将有助于人们在从事真正的科学文化创造时发挥其潜力，间接地促进高等院校科学研究的发展，使图书馆在思想教化、传承知识方面发挥着潜移默化的作用。

第二节　高校图书馆信息资源

一、信息

（一）信息的定义

自人类文明起源开始，人类的生存、生活、发展、学习都离不开信息。诞生语言、出现文字、印刷术、电磁波、计算机技术以及互联网运用等是人类社会发展过程中起到跨越式进步的、有着时代意义的信息改革，把人类的进化史当作人类信息活动演变和进步的过程也不为过。随着步入"互联网 +"和大数据时代，信息已经深入到人类生产生活的每一个角落，人类生活离不开信息。在互联网上传输的一切资料、信号、音像、图片、符号、数据等都属于信息，它是一个海纳百川般的巨大结合体。

信息的定义与其相关理论的历史已有数十年之久，信息概念已经从狭隘的通信领域逐步迈向人类生活、生产以及科学研究等人们活动的更宽广的领域中。现如今，社会中人们热议的话题是信息伦理、信息技术革命、信息爆炸、信息安全、信息高速公路等。

在西班牙语、德语、法语、英语中"信息"一词都是"information"。在我国古代"信息"是指"消息"，如唐代诗人李中在《暮春怀故人》中云"梦断美人沉信息，目穿长路倚楼台"。"信息"在现代社会，其概念与从前大不相同。

（二）新时代信息的特点

信息在"互联网 +"、云计算、大数据时代，除了基本的特点之外，还有许多全新的特点。

1. 信息的海量化

随着时代的发展和信息技术的不断进步，出现了许多如平板、互联网、广播、电视、杂志、报纸等琳琅满目的信息传播平台，每时每刻都能产生巨大的信息量，信息产生数量呈直线上升趋势。

2. 信息的微内容化

目前，出现了一种新的词汇——"微内容"，这个新的词汇（微内容）在网络中是最强大的新生力量以及将来的价值所在，同时也是最小的独立内容数据。这种新词汇具有一个唯一编号，甚至基于网络上拥有一个唯一的地址或者只含少数中心概念的元数据和数据的有限汇集。

3. 信息的双向交流性

网络信息通过网络平台可以读写，同时也可以相互交流。网页和用户之间的互动关系也发生了改变，从传统的"Push"模式转变为双向交流模式，并且，可以随时反馈用户的信息，同时，信息源也能够随时更新信息。

4. 信息以用户为中心

时代在飞速地进步，其最直观的展现是日益成熟和发展的信息技术，如社会网络（SNS）、百科全书（Wiki）、RSS、博客（BLOG）等，互联网 Web2.0 技术的发展和运用给人类社会带来全新的机遇，这意味着进入以人为本的所有用户都能参与织网的创新模式。Web2.0 的信息活动以用户为核心，主要是围绕用户开展。

5. 信息的大众化和分散化

信息在"互联网+"、云计算、大数据时代最大的特点之一是大众化，广大群众不再是信息的接受者，而是信息的传递者和提供者。通过网络将信息传播到世界的每个角落即为信息的分散化。

6. 信息的语义化

即在互联网中，与 Tag 相类似的语义标注出现了，这样一来，用户访问很多有关信息以及聚合相关网页就非常便利了。

7. 信息的碎片化

信息碎片化是信息爆炸的成因和明显体现，指的是人们可以通过网络传媒对阅读有一定的了解，并与之前相对比会发现，在数量上更加巨大，然而，在内容上更倾向于分散的信息，完整信息则被多种形式的分类分解成信息片段。

8. 信息类型多样化

网络信息的表现形式在互联网发展初期主要以文本信息为主，图片信息为辅，信息类型通常为 gif、jpg、txt 等格式。随着信息技术和网络技术的日益发展和成熟，网络信息的表现形式变得丰富多彩，如视频和动画（avi、mpg、wmv、rm、swf）、声音（midi、mp3、wav）、图形图像（gif、jpg）、文本（doc、txt、pdf）等格式。

二、信息资源

（一）信息资源的定义

将信息活动的各种要素，如资金、设备、信息设施、信息技术、信息生产者等都包含在信息资源的范畴，以广义的角度来理解信息资源概念，如此对于系统、全面地把握"信息资源"的内涵有很大帮助。它所强调的是信息若想成为资源只有在实施管理后才能实现，强调"信息资源"是经过人类开发与组织的信息集合；强调信息要素价值的实现与信息技术、信息生产者密不可分，这也是区分信息资源与自然物质资源的重要标志。信息资源概念在研究不同的问题或对象时不仅可以从广义上使用，而且也可以从狭义上使用。在讨论信息资源建设时本书所使用的"信息资源"概念，主要是狭义上的，也就是经过人类筛选、加工、组织，能够满足人类需求和存取的各种信息的集合。

（二）信息资源的属性

从信息的角度来看，信息资源具有以下三种属性：

①知识性。人类社会认识和改造世界的精神产物是信息资源，它总是建立在不断地继承和借鉴前人认识世界和改造世界的成果之上。信息资源的利用、开发、发展、产生等与人类的脑力劳动密不可分。信息资源积累着人类认识和改造世界的知识，凝聚着人类的智慧，因此，一定的信息资源总是反映着一定地区和社会的知识水平。

②有限性。信息是普遍存在的、无限的，而信息资源则是经过人类选择的或供人类利用的有用的那一部分，只是信息极其有限的一部分。另外，人类对信息资源的需求是无限的，而信息资源则是有限的。

③有序性。经过人类加工组织的、可存取的、有序化的信息集合是信息资源，所以拥有有序性。

从资源的角度来看，与自然资源相比，信息资源具有以下四种属性：

①再生性。信息资源在绝大多数情况下必须依附于一定的物质载体之上才能保存、传递和利用，但信息资源本身往往并不会因为其附着的物质载体的自然消亡而消亡，也不会因为曾经被人利用过而失去其价值，只要有合适的载体，信息资源可以被反复利用、复制、传递和再生。从这个角度来说，信息资源具有再生性。

②共享性。由于信息资源可以多次反复地被不同的人利用，并且在利用过

程中信息不仅不会被消耗掉，反而会不断地得到扩充和升华。在理想条件下，信息资源可以反复交换、多次分配、共享使用。

③人工性。自然资源可以不需要经过人工干预而存在，而信息资源则不同。只有经过人类开发和组织的信息的集合才可能成为信息资源。信息资源的生产、形成、收集、组织、建设和开发利用，都离不开人类的参与。

④扩散性。信息资源经由特定的渠道，在时间和空间上进行传播，可以为不同的人所利用。信息资源的可扩散性与信息传递技术密切相关，即传递技术发展越快，信息资源传播的速度就越快，人们利用信息资源的速率就越快。

三、高校图书馆的信息资源

图书馆存储的或者通过图书馆间接获取的、可利用的信息集合是高校图书馆信息资源。虽然信息资源的类型琳琅满目，但属于图书馆建设范围的也是有前提条件的，对于实物、非公开等信息资源类型，绝大多数图书馆涉及较少。

高校图书馆信息资源建设的工作质量和业务开展与高校图书馆涉及的主要信息资源的认识有直接联系。在"信息资源"概念上，本书是从狭义的角度理解的，遵守类型和定义相符的原则，包括从研究图书馆信息资源建设与工作实际出发。本书是根据信息资源载体形式与记录方式来划分的，从文献以及网络信息资源这两个方面相对系统地把图书馆的主要信息资源类型介绍了出来。

（一）文献信息资源

即以文献为载体的信息资源。它是把信息知识内容通过某种形式的符号在一定的物质载体上进行记录，并且，通过一定的形态所体现出来的物质实体。

1.文献信息资源的分类

根据文献信息资源的记录方式及载体材料，进行下列划分：

（1）印刷型文献

利用复印、胶印、铅印、油印、石印等印刷方式，在纸质载体上记录知识信息内容的文献形式即为印刷型文献。图书馆物理馆藏的构成主体是印刷型文献，拥有非常悠远的历史。其根据出版形式，可以分为以下类型：

①图书。是指通过印刷方式单本刊行的非连续性出版物，并与连续性出版物一同形成了图书馆实体馆藏的主体。通常，图书是著作者们通过对某一知识领域进行长时间的学识累积及研究而产生的成果，编著与出版周期相对较长。所以，图书在内容上相对要系统、完整、成熟，同时缺乏新颖性，是对各个学

科系统知识进行掌握与了解的重要信息源。

图书根据出版方式，可分为丛书、多卷书、单本书等类型；根据使用对象和内容性质，可分为参考与检索工具书、少年儿童读物、文学艺术作品、科普与通俗读物、资料汇编、论文集、教材、学术专著等类型。

②连续出版物。其具备统一的题名，并将诸多著作者的很多著述都汇聚到一处，通过统一的装帧形式、卷、期或年、月标识，在规定的期限内或者是不定期地以连续分册形式出版，并且，计划无限期地连续出版的出版物。它包括报纸和期刊（杂志）、年度出版物（年鉴、年历、年表、年评、年报、年刊等）、丛刊等无限期连续出版的文献。其中，连续出版物的主要类型是报纸与期刊（杂志）。

A. 期刊。期刊是具有固定名称的，定期或不定期用卷、期或年、月顺序编号，通过统一的装帧形式，成册编辑、出版的一种连续出版物。期刊所具备的特点是：传递信息的速度比较快，出版的周期相对较短，而且具有非常广泛的内容，知识也都比较新颖，影响面也非常广，能够将新技术、新理论、新动向以及新方法第一时间反映出来，进而达到快速传播新研究成果以及思想交流的作用。根据出版的周期划分期刊，可分为以下类型：旬刊、半月刊、月刊、双月刊、季刊、半年刊等；根据出版内容性质进行划分，可分为以下类型：工程技术、人文社会科学、科学普及、休闲娱乐、综合性以及自然科学等。B. 报纸。报纸是以刊载评论、新闻、消息为主的，具有较短的出版周期的定期连续出版物。报纸和杂志相比，在信息内容上，报纸相对更广泛一些，有着更强的时效性，发行速度也非常快，出版量也非常大，读者面更广，是多种信息的主要传播途径之一。根据出版周期可分为日报、周报、旬报、双日报以及三日报等类型；根据内容可以分为专业性、综合性报纸等类型。

③特种文献。指的是出版形式较为特殊的科技文献资料。它介于期刊和图书之间，似刊非刊，似书非书。此类文献具有广泛新颖的内容，类型相对也比较复杂，关乎到的生产生活以及科技各个领域；具有很高的情报价值及很强的现实性，可以通过不同领域将目前科学技术的进展动态、创造发明、研究水平和发展趋势反映出来；出版发行是没有任何规律可言的，有些具有一定的保密性，不容易收集。特种文献所包含的类型如下：

A. 科技报告。是指科研人员研究项目的实际记录以及对研究结果进行的系统总结，通常情况下，是以编辑出版机构的名称作为总的固定名称，并且标有连续的编号，所有的报告均为一项专题资料，可以自成一册，最终汇集成丛刊的不定期出版物。大多数情况下，科技报告是重大课题的一种研究成果，代表了一个国家相关专业的科研水平，资料专深可靠，并具有很高的情报价值。根据存储方式可划分为技术札记、技术译文、告书、通报、备忘录、论文等类型；根据报告反映的研究进展程序划分为初步、进展、中间、终结等类型。

B. 政府出版物。是指由政府机构编辑并授权指定出版商出版或者由政府机构出版的各类文献总称。可以分为两大类别，即：科技以及行政性文件，是对各个国家经济、文化、政治、法律、技术、科学、教育等发展情况、组织规划以及方针政策了解的重要参考资料。

C. 会议文献。指的是国外以及国内各种学术会议上交流、宣读的报告、论文以及其他有关的一些资料。通常，学术会议论文是作者依据自己的科研成果所做的原始创作，学术价值非常高。在学术会议上，科学上的诸多新观点、新发现以及新成果均第一次进行发表。

D. 专利文献。是指对相关发明创造信息进行记录的文献，包含专利说明书、申请书、公报、文摘、索引、分类表等文献资料。

E. 标准文献。指的是通过标准化的组织以及公认的权威机构的批准，通过文献的形式进行固定的标准化工作成果。根据审批机构以及所使用的范围进行区分，可以将其分为国际、区域、国家、企业等标准。

F. 学位论文。指的是研究机构或者高等学校的研究生及本科生为获取学位而撰写的学术论文。通常，层次相对较高的学位论文有非常高的参考价值及学术水平，是非常重要的信息情报源。

G. 产品资料。是指为了更好地介绍定型产品的原理、结构、操作方法以及维修方法而编印的详细具体的说明资料，包含产品说明书、样本、广告以及目录等。

H. 其他零散资料。主要指的是舆图、档案资料、乐谱、图片等资料。舆图包含行政区划分、地形图、地图、地质图以及各种教学挂图等。档案资料包含科技档案以及文书档案两种，是对各种事实进行过程记录的卷宗资料，具有一定的保密性。乐谱指的是单张活页式音乐曲谱艺术作品。图片包含多种美术作品、新闻照片等。

（2）刻写型文献

利用手工书写和刻画的方式，在纸张、各种自然物质材料等载体上记录知识信息内容，从而形成的文献即为刻写型文献。帛书、简策、碑刻、原始档案、会议记录、书信、日记、手稿等都包含在内。很多宝贵的、稀有的刻写型文献是图书馆特藏的重要组成部分。

（3）缩微型文献

运用光学记录技术，在感光材料上缩小复制文献的影像而成的感光复制品即为缩微型文献。缩微卡片、胶片、胶卷等都包含在内。

（4）视听型文献

视听型文献是以电磁材料为载体，以电磁波为信息符号，将声音、图像和文字记录下来的一种动态型文献。它可分为视觉资料、听觉资料、音像资料等，如唱片、录音带、录像带、电影胶片（卷）、幻灯片等。

（5）机读型文献

机读型文献是指将文字、声音、图像、图形等信息以数字代码的方式存储在磁、光、电等介质上，通过计算机或类似功能的设备阅读使用的文献。机读型文献按其存储载体可分为光盘、磁盘、磁带等类型，其中磁盘和光盘是主要的机读文献载体类型。

2.高校图书馆文献的特征

（1）内容交叉重复严重，冗余性大

由于科学技术的迅速发展，科研机构与科研人员的大量增加，国际的交流与协作日益频繁以及相互间的激烈竞争，导致文献内容的交叉重复日趋严重，突出表现在以下几个方面。

第一，通过多种形式发表同一篇科技论文，如：在学术会议上发表一篇科技论文，之后再刊登到期刊上；一篇科技报告，先发表于期刊上，之后又出了单行本，如95%的美国国防基金会的技术报告一方面出单行本，另一方面也会在期刊上进行发表。

第二，一件发明可以向很多国家申请专利进而获取专利权，与此同时，同一内容的专利说明书能在诸多国家采用不同的文字出版。

第三，世界上各个国家相互之间进行翻译，将内容大体相同的文献进行了出版，一种文献可以被翻译为多种文字。据报道，就目前来看，在世界图书出版种数中，相互进行翻译的图书占有很大的比例。

第四，大部分具有相同内容的文献，都采用不同的形式进行出版，有些文献一方面出版音频，另一方面出版缩微版，与此同时，还出版计算机磁带版，以及文献出单行本与合订本，如：美国的科技报告可以既出版印刷版同时又出版缩微版。

（2）载文相对集中却又高度分散

当代科技出现了不断分化以及不断综合的一种发展趋势，进而逐渐细化学科。分支的学科也逐渐增多，各个学科也交叉进行渗透，诸多横断学科、交叉学科以及边缘学科逐渐涌现出来，这样一来，在分布上，使得专业文献出现了非常大的不均匀性。由此可以说明，基于某一个专业领域的论文中，首先，相对在一小部分专业性刊物上进行集中；其次，高度分散在其他业内知名度比较高的有关领域的刊物上。

在采集文献以及利用文献上，文献的离散特点为其增添了一定的难度，让人们一时之间不能将专业文献的全貌很好地掌握住。在我们认识文献离散的规律性上，布氏文献分布定律给我们提供了一定的根据，所以，对文献离散的特点进行了解，进一步将布氏分布定律掌握住，对载文率高、情报含量大的核心期刊进行研究测定，对于图书馆文献资源建设具有很大的现实意义。

（3）形式复杂，语种繁多

文献内容因为科技的发展而有所充实，与此同时，也使得文献载体有所变革。现代文献的生产已经突破了传统的纸张印刷方式，通过大范围地使用磁、电、声、光等化学塑胶新材料以及现代技术，陆续诞生了录像带、磁盘、缩微交卷、平片、计算机磁带、光盘、录音带等新型文献载体，进而缩微资料与印刷型文献、声像型文献、机读文献等多种文献载体并存的局面出现了。

文献所采用的语种也逐渐扩大，科技文献在 20 世纪初主要采用的是少数几种文字，即：英、德、法等，然而，目前就已经有几十种了，如：美国的《化学文摘》所引用的文字翻译出版有几种；俄罗斯的《文摘杂志》所引用的文字翻译出版多达 66 种，通过收集、整理及使用文献，给语言障碍带来了一些困难。

（4）时效性强，新陈代谢加速

伴随人类社会的发展和进步，逐渐对科学知识进行了"叠加"，与此同时，对其也进行了快速的"更新"，所以，新文献在大规模出现的时候，有一些旧的文献由于没有新颖的内容，进而失去了效用，没有任何价值，这即为文献的新陈代谢特性。由于现代科技的高速发展，缩短了文献的有效使用时间，但同时，其新陈代谢进一步增强了。除此之外，对于多种出版类型的文献应用寿命，所做出的估计是：学位论文 1~7 年；科技报告 10 年；标准文献 5 年；期刊论文 3~5 年；图书 10~20 年。由此估计上述所列举的科技文献的平均寿命均不足 5 年。对文献新陈代谢的规律进行研究，并对文献的半衰期进行了解，对图书馆文献的采集、复审与剔除、规划与布局、保存与利用意义重大。

（二）网络信息资源

网络信息资源指的是通过数字化的形式将多种形式的信息，如：图像、动画、文字、声音等在非纸质载体中（光、磁）进行存储，并且，通过计算机、网络等方式将信息资源进行再现。网络信息资源具有多样的类型、广泛的传播范围、大量的信息、高效率的传输、快速更新的动态、方便快捷、质量不一等特点，是现代图书馆馆藏重要的构成部分，与此同时，也是信息资源建设的发展方向及重要对象。一般而言，把机读型文献与网络信息资源统称为数字化信息资源。

伴随计算机网络的发展，网络信息资源的数量与日俱增，并且具有非常繁杂的内容及形式多样化的特性。网络信息资源根据不同的标准可以分为不同的类型。

1. 按照信息资源的组织管理程度划分

（1）网络数据库

资源网络数据库作为高质量的商业、新闻信息、学术以及政府信息的重要来源，已成为网络信息资源的主体和图书馆数字信息资源建设的水平标志与主要对象，并在现代图书馆信息资源建设中具有重要意义和作用。网络数据库资源根据维护及使用的权限可以分为下列几种类型：

①永久保存型数据库。例如：馆藏书目数据库、自建的特色及专题、数字化全文数据库等，图书馆负责的范围是内容的取舍、纟建、维护数据库等，具有全部的所有权，并且，提供全面的检索、阅览以及存取的服务。

②网络服务型数据库。对于这一类的数据库，图书馆只是拥有可以永久或者在约定的期限中进行使用的权利。例如：存放在远程服务器上的远程数据库，是数据库的提供商负责维护和管理的，使用馆通过购买或是协商获得这一数据库的存取权限，并且，可以链接到进行远程登录的链接点。

③镜像服务型数据库。例如：国外和国内的一些大型数据库，采用镜像的形式拷贝到图书馆中的服务器上，进而可以让读者进行检索、阅览与存取。在维护镜像数据库时，主要是数据库进行承担的，通常，图书馆都具有永久的使用权。

④链接存取型数据库。例如：在互联网上可以免费使用多种数据库资源，

并在互联网的某一个位置进行保存或是寄居。图书馆在提供存取服务方面，所采用的主要方式是通过捕获、筛选和组织资源导航链接等提供存取服务。通常，这一类资源没有明确的边界，有着临时性和流动性的特点，虽然，图书馆对其内容没有任何控制权限，但是，丰富馆藏的作用还是可以达到的。

（2）其他网络信息资源

①电子书刊和报纸。其指的是电子报纸、图书、期刊等全部基于网络环境中进行编辑、出版与传播的载体。其中包含印刷型书刊报的电子版以及纯数字书刊报。

②站点资料。所包含的资源有：科研院所、公司、政府机构、信息服务机构、大学、行业机构、企业等。

③电子特种文献。例如：电子版科技报告以及说明书等。

④动态信息。包含多种机构发布的项目进展报告、政策法规、消息、广告、研究成果、论文集、产品以及出版目录、会议消息等。

⑤交流信息。包含博客、新闻组、电子邮件、论坛、电子公告以及用户组等。

2.按照网络信息资源的生产途径和发布范围划分

（1）商用网络信息资源

这一资源也可以称之为是正式的数字出版物，由于其由正式出版机构或是数据库商出版发行，因此包含事实数值、全文、参考等多种类型的数据库，以及电子报纸、期刊、图书等。这一资源具有非常高的学术信息，便于检索利用，有着很高的出版成本，若是想要使用一定要去购买使用权。其在数字学术信息资源中所占到的比例是非常大的，同时，还是图书馆数字信息资源建设的重点。

（2）网络公开学术资源

这一部分也可以说是半正式的出版物，全部面向公众进行开放并使用，包含多种行业协会、教育机构、学术团体、商业部门、政府机构等正式在网络上所发布的网页及其信息。另外还包含网络学术资源导航、重要搜索引擎、分类指南、图书馆馆藏联机公共目录（OPAC）以及重要学术网站资源等。

（3）网络特色资源

这一资源属于半正式出版物，主要以各个政府机关、教育机构及图书馆的特色收藏制作为基础，并且，基于一定的范围可以分为不同的层次进行发行，但不会全部向公众开放发行，有些时候，需要进行特别的申请才可以。若是基于校园网中则可以应用于老师教学的课件以及学位论文。

（4）其他资源

例如非正式出版物，即：博客、新闻组、FTP 资源、电子邮件以及 BBS 等。

四、高校图书馆的信息资源体系

（一）信息资源体系与规划

1.信息资源体系的概念

这一体系指的是信息资源各个要素之间互相联系、互相作用进而构成的有着一定功能的有机系统。它指的是基于一定的范围中，通过布局、搜集、整理、保存，并且提供所利用的全部信息资源的集合。所面向的用户资源和服务整合需要依据一定的需求，融合、类聚和重组每一个相对比较独立的信息资源系统中的一些数据对象及功能结构，进而形成一个全新的有机整体，构成相对具有更好效能、更高效率的信息资源体系，可以确保能够更好地将信息资源充分利用起来。其所涵盖的内容有三方面：第一，有效融合内外部信息资源；第二，构成一个高效合理的信息资源体系；第三，实现信息资源的整体利用价值。加强信息资源体系建设应从两方面入手：一是应当保证各图书馆每年都能入藏一定数量的各具特色的信息资源；二是通过信息资源整体建设，建立起能在一定范围内有效保障社会信息需求的信息资源系统，即信息资源保障体系。

2.信息资源体系规划的概念

这一体系规划指的是依据信息资源体系的一些功能要求，对这一体系的宏观和微观结构进行设计。

从宏观的角度上对信息资源体系进行规划，简单来说，就是从一个系统及地区，甚至是全国的整体出发，对信息资源建设进行统筹规划并合理布局，把多种类型的图书馆及多种类型的信息机构之间的信息资源的收集、组织、储存、书目报道、传递利用等方面的协调与合作规划制定出来，进而，形成互相联系、互相依存的综合化及整体化的信息资源体系。一般情况下，它会受到多种内外环境因素的影响，在此处，内外环境指的是馆藏体系、服务对象等。宏观规划又分为总体规划和长期规划。总体规划是指一个图书馆对本馆信息资源建设的总方向、指导思想、最终目标等所做的构想与规定，以解决信息资源建设中具有的根本性、全局性和长远性的大问题。长期规划，通常有三年规划、五年规划等，主要用于确定规划期内信息资源建设的发展目标、任务及实现的途径和结果。

在微观层次上，就是每一个具体的图书馆根据本馆的性质、任务和读者对象的需求，确定信息资源建设原则、资源收集的范围、重点和采集标准，提出本馆信息资源构成的基本模式。在此基础上，制订信息资源建设计划，安排各类型信息资源的数量、比例、层次级别，形成有内在联系和特定功能的信息资源结构，建立有重点、有特色的专门化的信息资源体系。微观规划在时间上表现为短期规划，包括年度计划、季度计划等，是信息资源建设的具体实施计划。

（二）信息资源体系建设的若干对策

1.制定相关政策、法规与标准

完善的政策、法规体系包括全国信息资源建设的发展方向、资金倾斜政策、重点扶持政策、需求导引政策、人才教育政策、市场管理政策和国际合作政策。今后还应针对建设过程中诸如电子复制、资源下载等实际问题等实际问题，制定图书馆法、数据保护法、网上资源有效产权法等法律法规，进一步加以具体规范，以保证高校图书馆有章可循、有法可依、统一行动。

2.引入市场机制，平衡各方利益，调动社会力量联合建设

在数字化、网络化的信息环境下，图书馆同新闻出版部门、数据信息生产中心等信息部门一样，是社会信息系统的节点和信息资源的集散地、管理站。信息生产和消费的社会化、市场化趋势迫切要求我们自觉地把自己纳入本地区、系统、全国乃至全球信息网络中，在国家宏观调控下，面对用户，以信息市场为导向，开展广泛的调查研究，充分利用、开发文献资源，提供特色化数据库。

3.加快高校特色信息资源体系的建设

高校特色信息资源体系有两层含义：一是各高校要建立有本校特色的信息资源体系；二是中国高校要建立有自身特色的、不同于公共图书馆等系统的特色信息资源体系。根据高校教学和科学研究的需要，加大一次文献信息的拥有量，形成具有高校特色的信息资源体系，提高高校教学和科学研究中的信息保障能力，提高中国高校信息资源体系在全国乃至世界上的地位，是高校信息资源建设的主要目标。

但总的看来，高校信息资源体系还很不完善，特色信息资源还非常缺乏，重复建设现象还很严重，文献品种明显不足，学科范围覆盖不全。高校图书馆

可首先根据各自学校专业设置，尤其是重点学科和重点专业情况来进行协调采购，形成具有专业特色的高校信息资源体系。如相对于全国高校而言，湖南高校可结合湖南历史名人文化来加快特色信息资源建设。其次，在网络环境下，将高校特色信息资源进行数字化转换并传输上网，是高校信息资源体系建设的主要内容和发展要求。此外，还要加大电子出版物的收藏比例，并有针对性地下载网上信息，同时对网络信息资源进行深层次地开发，通过选择、加工和组织，形成特定用户需要的有序化的特色信息资源。

第三节　信息资源管理与建设的理论基础

一、高职院校信息资源管理的原则

（一）思想性原则

新的历史时期，国家把文化建设放在十分重要的位置，强调推动社会主义文化大发展和大繁荣，这充分体现了我们党对时代发展趋势的深刻认识与把握能力，反映了我们党在新的历史条件下加强文化建设的高度自觉性。推动社会主义文化大发展大繁荣，就要求我们自觉适应经济社会发展对文化建设的新要求和人民群众对文化建设的新期待，掀起社会主义文化建设新高潮。在文化建设的过程中，高校图书馆承担着十分重要的责任与任务。高校图书馆为社会服务的物质基础是馆藏文献资源，而馆藏文献资源是通过高校图书馆自身的文献资源建设构建起来的，因此，高校图书馆在文献资源建设中应主动适应社会主义文化建设的基本要求，收藏有利于人们树立正确世界观、人生观、价值观，形成良好社会公德的文献资源，如学术价值和艺术价值高的文献资源，并要充分发挥馆藏文献资源对人们世界观、价值观及行为方式形成的积极作用，以体现馆藏文献资源建设为社会主义文化建设服务的思想性原则。

（二）计划性原则

文献资源建设经费对高校图书馆而言都是有限的，如何合理使用有限经费，是高校图书馆文献资源建设的关键。高校图书馆应根据学校教学科研发展的需要及图书馆的任务，制定出一个时期内馆藏文献资源发展的规划，对馆藏数量目标、购书质量、特色目标做出具体的规定，对各类文献的选择标准、复本量和经费预算等也应有所确定，以便合理安排文献资源建设经费，提高文献资源质量，保持馆藏活力，使文献资源建设能够有计划、有目的、有步骤地进行。

（三）针对性原则

进入 21 世纪以来，知识激增、信息爆炸，各高校学科专业扩展较快，书刊需求量迅速增长，书刊价格呈现出逐年上涨的趋势，每年平均涨幅约 10%；除此之外，随着网络信息的扩大，智能化生活环境的增多，新的技术平台与信息环境对高校图书馆的馆藏建设和服务提出了新的要求。面对这种形势，作为高校的服务性机构，高校图书馆应根据本校办学规模、办学水平、学科特色、经费投入、读者服务特点和需求等情况，有针对性地收集、开发和利用各种有价值的文献资源，在经费有限的情况下，避免馆藏文献"大而全"，坚持"藏以致用""以用为主"的藏书建设原则，真正从高校的实际需求出发，收藏符合本校学科专业要求，满足师生读者需要的文献资料，以有限的资金建设"专而精"并具有针对性的馆藏文献资源。

（四）系统性原则

系统是有组织（有序）、有层次的事物集合体。现代系统论认为，世界上的一切事物无不处于已定的系统中，而且一切事物本身也是一个由相互作用、相互依存、相互联系的若干部分组成的。文献资源建设是由具有特定功能的有机体构成了自身的系统，它表现为文献内容的系统性和文献出版过程的连续性上。文献内容的系统性是指文献所记录的知识信息内容本身具有系统性。从时间上看，这些内容从古至今，不断地继承、积累和发展，形成了一个完整的体系；从空间上看，各门知识相互渗透、交叉和联系，从而形成了纵横交错的客观知识体系，贯串在数量庞杂的文献之中。文献出版的连续性是指文献在出版的过程中，具有计划性和连续性，其中大部分文献是有计划的连续出版物，有些文献，如期刊、报纸、多卷书等则是逐年、逐月、逐日按时出版，因此，高校图书馆在文献资源建设过程中，应保持学科专业文献在内容上的历史连续性和学科的完整性，反映出每一专业领域发展变化的过程，并体现最新的研究成果，特别是对反映某一专业发展过程的连续出版物要无间断地收藏，对因各种原因没有收藏的那一部分要设法进行补充，以保证其完整无缺。还应刻意保持交叉学科、边缘学科、新学科的文献在馆藏文献资源中占有一定的比例，以反映学科之间内在的横向联系，从而形成一个系统连贯、比例合适的完整馆藏文献资源体系。在网络环境下，高校图书馆还应注意掌握和发挥印刷型文献、电子文献和各种网络文献资源的特点和优势，使其优势互补、协调发展，从而形成连续系统、完整统一的馆藏体系，为读者提供全面、系统、便捷的服务。

（五）发展剔除原则

新陈代谢是一切事物生存发展的客观规律。高校图书馆作为一个向读者和社会开放的系统，其馆藏文献资源本身就是一个动态系统，是一个新陈代谢的过程。

美国图书馆学家丹尼尔提出的"藏书零增长理论"认为，图书馆发展到了一定的规模和水平，就应该控制藏书增长的速度，即在入藏新书的同时，相应地处理利用率近乎零或无保留价值的图书，从而使藏书的增长接近于零的水平，也称为"零增长理论"。随后"零增长理论"开始被介绍到我国，对以后国内高校图书馆文献资源建设的改革起到了积极的作用。

发展剔除原则就是要求高校图书馆深刻认识"零增长理论"中所包含的积极意义，围绕高校学科建设和教学科研全面发展这个中心，努力去探索一条从总量控制（对馆藏发展规模进行有效调控）入手来提高馆藏管理水平的途径。重视藏书剔除工作，通过优化馆藏结构、调整藏书布局、整合藏书空间等有效手段来保障馆藏文献正常的新陈代谢和动态平衡，努力实现新时期高校图书馆低增长、高效益的文献资源建设目标。

（六）效益性原则

文献资源建设的根本目的是开发利用资源，使资源建设发挥出最大的使用效益。20世纪70年代，一些经济发达国家把经济学原理引入到图书馆中，出现了图书馆经济学这门学科。高校图书馆馆藏文献资源建设同高校图书馆的经济效益、社会效益密切相关，馆藏文献资源建设得越好，图书馆提供给读者的就是越完善、越有用的文献资料。

效益性原则是高校图书馆馆藏文献资源合理构成和配置的重要依据，馆藏资源的利用率是馆藏资源使用效益的最佳体现。高校图书馆应掌握不同层次读者的不同需求和需求变化，根据资源利用情况，及时合理调整资金投向，尽快实现资源共享，以提高文献资源的使用效益。

（七）协调共享原则

协调共享原则即分工合作、资源共享原则。在书刊价格上涨、文献资源爆炸性增长的今天，任何图书馆都不可能也没必要收全所有文献，而是应采取自我保障模式。这就需要高校图书馆与其他图书馆联合，或积极参加地区、系统及全国性的文献保障体系建设，如全国高等学校文献资源保障中心（简称CALIS中心）、国家科技图书文献中心（简称NSTL）等，走"整体规划、合理布局、优化结构、相对集中、互补共享"之路，建立学科、类型、地区有机结合，整体与层次互为补充的文献资源保障系统。在该系统中各高校图书馆分工承担文献资源的收藏，通过文献传递、馆际互借等方式实现资源互补与共享，以缓解高校图书馆来自经费、场地等方面的压力，发挥高校图书馆的整体优势。

二、信息资源建设的理论基础

任何学科的发展都离不开理论的支撑。现代信息资源活动从发展历程来看，是由来已久的一种人类社会实践活动，在其实践发展过程中，不断从相关学科的理论和方法中吸取营养，使其基础理论得到进一步的充实和完善。信息资源建设的支撑理论是：系统理论、经济学理论和信息管理理论。

（一）系统理论

1.系统与系统的性质

现代系统理论认为，客观世界的一切物质都存在于一定的系统之中。所谓系统，是指"由相互联系、相互依赖的若干组成部分结合而成的具有特定功能的有机整体，而这个'系统'本身又是它所从属的更大系统的组成部分"。一个国家的信息资源也是这样一个系统，它具有普通系统所具有的基本性质，具体如下。

（1）集合性

它是由若干要素和子系统按一定方式组合而成的。各种信息生产部门、图书馆、情报机构、档案机构及其他信息机构的信息资源，都是构成这个系统的要素，各要素按一定的方式组成若干层次的子系统，然后由这些子系统组成全国信息资源整体系统，同时信息资源系统又是整个社会大系统的一个组成部分。

（2）关联性

信息资源系统内的各要素、各子系统间相互依存、相互制约，这种依存和制约关系是通过大系统这个整体相联系的。

（3）非加和性

整体的信息资源系统具有一定的特性和功能，这些特性和功能并非各要素、各子系统特性和功能的简单叠加，而是合理建立起来的信息资源系统，其整体功能应该大于各子系统功能之和。

（4）环境适应性

信息资源系统存在于社会环境之中，并与环境进行物质、能量和信息交换。一方面，信息资源系统受到社会经济、政治、科学、文化、教育各种因素的影响和制约；另一方面，它又向社会提供信息资源，以其特有的作用促进社会的发展。信息资源系统的客观存在及其特征，正是运用系统理论解决了信息资源建设问题的基础。

2.系统理论和方法为研究信息资源建设提供理论指导

（1）系统的整体性原则是信息资源共建共享的方法论基础

从系统理论观点来看，信息资源共建共享的目的在于充分发挥信息资源系统功能的放大作用，使大系统的功能大于各子系统功能之和，这是系统的整体性原则决定的。

系统的整体性原则为信息资源共建共享提供了以下几点启示：①必须建立信息资源保障体系。②信息资源保障体系必须有明确的系统目标，并能保证系统总体的最优化。③信息资源保障体系的运行必须与社会环境相适应。

（2）系统的联系性原则为信息资源体系结构研究提供了理论依据

系统的联系性原则是指系统要素之间、系统和环境之间存在着相互联系、相互作用的关系。联系性原则和整体性原则密不可分，它要求我们在考察任何对象时，都要从整体出发，把重点放在系统要素的各种联系上，从各种联系中综合考察事物，从而从整体上正确揭示事物的性质和发展规律。

系统的联系性原则要求，要提高信息资源系统的功能，不仅要注意提高组成信息资源系统的各要素的素质，而且要注意改善信息资源系统的构成、组合状况。

（3）系统的有序性原则对信息资源组织的理论指导意义

系统的有序性原则是指组成系统的各要素之间相互联系和制约的关系是有规律、有秩序的。系统的有序性，是系统有机联系的反应，是系统中稳定的联系，是构成系统的结构。系统的有序性越高，系统结构越严密，系统的功能就越强。反之，系统的有序性越低，系统结构越松散，其功能也就越差。

系统的有序性要求图书馆对采集的文献信息资源要依据一定的技术方法和规范，进行加工、整序。经过程序化的处理过程，使之成为馆藏信息资源体系中组织化、序列化的组成部分。

有序性原则还要求图书馆建立完善的信息检索系统，使图书馆及整个信息资源保障体系所拥有的和可存取的所有信息资源的内容都能够通过这些检索工具和检索系统全面系统地加以体现，使信息用户可以从多角度、多途径了解信息资源的内容，从而有效地利用这些资源。

（4）系统的动态性原则要求信息资源系统建设必须适应社会信息需求的变化

系统是一个"活"的机体，在要素之间、要素与系统之间、系统与环境之间都存在着物质、能量、信息的流动。因此，系统的平衡和稳定是一种动态的平衡和稳定。系统的变化，根源于系统内部的矛盾运动，也就是根源于系统组成要素及其相互关系的变化。同时，来自周围环境对系统及结构的影响也会使系统产生适应性变异。

系统的动态性原则给信息资源建设的启示是，在信息资源建设过程中，要研究信息资源系统在时间上发展变化的趋势和规律，自觉地调整信息资源系统内部结构及其与外部环境的关系。

（二）经济学理论

1. 信息资源建设是一个经济学命题——信息资源的合理配置

信息资源是一种重要的经济资源。从经济学的角度来看，信息资源建设的实质就是通过一定的调控手段，协调信息资源在时间、空间、部门、数量上的分布关系，使有限的资源产生最大的效益。

2. 信息资源建设必须遵循经济学原理

信息既然是一种重要的经济资源，那么信息资源建设也就必然遵循一个基本的经济学法则：用有限的信息成本获取尽可能大的信息报酬，其包括以下两个方面：①如何以有限的经费获取尽可能多的资源。②如何通过广泛的资源共享促进信息资源的充分利用。

（三）信息管理理论

1. 布拉德福定律的应用

（1）布拉德福定律

现代科学不断分化、不断综合的发展趋势，使各学科的严格界限逐渐消失，各学科之间的相互联系逐渐加强。由于这一原因，使得文献的分布呈现出既集中又分散的不均匀现象：相当数量的专业论文相对集中刊载在少量的专业期刊中，其余数量的专业论文却高度分散刊载在大量非专业期刊中。此外，文献分布的不均匀现象还表现在：一种专业期刊不仅刊载本学科的论文，也发表许多相关学科或相邻学科的论文，而同一专业的论文不仅发表在本专业刊物上，也出现在许多不同专业的刊物上。

科技期刊载文既集中又分散的现象，引起了人们的重视。英国化学家、文献学家布拉德福（S.C.Bradford）经过长期对各学科文献的大量统计调查，发现了文献分布规律。他指出："如果把科学期刊按其关于某一学科主题的文献下载数量的多少，以递减顺序排列起来，就可以在所有这些期刊中区分出载文率最高的'核心'部分和包含着与核心部分同等数量的随后几个区，这时核心区和后继各区中所含的期刊数成 1：n：n2 的关系。"这就是布拉德福定律的区域表述形式。

布氏定律表明，某一学科文献在期刊上载文量的多少，是随着该期刊与该学科的关系疏密程度发生增减变化的。关系越密切，载文量越多，期刊的种数就越少；关系越疏远，载文量越少，期刊的种数就越多。按专业文献载文量多少，可以将期刊划分为三个区域，每一区域中期刊登载某一学科文献数量，大约是该学科所发表文献总数量的1/3，而三个区域的期刊数量之比成几何级数分布。

其中，第一个区域为核心区，是载文量最高的少数几种核心期刊；第二个区域为相关区域，是载文量中等数量较多的期刊；第三个区域为相邻区域，是载文量最低的数量最多的期刊。

布拉德福提出的文献信息离散经验公式为：

P1：P2：P3=1：n：n2

P 代表不同区域期刊种数，n 代表布拉德福常数，按已分析的数据，n 的数值约等于5。

布拉德福定律表明，每一学科或专业的文献，在科技期刊群中的分布，总是相对集中在少数专业期刊中，同时又高度分散在数量庞大的相关专业与相邻专业的期刊中。专业核心区期刊，种数不多，该学科文献载文率高，信息量大，与该学科关系密切；相关区期刊，种数较多，该学科载文率中等，信息量次之，与该学科关系较密切；非专业相邻区期刊，种数很多，该学科载文率低，信息量小，与该学科关系较疏远。通常来说，核心期刊上本学科的载文率应该在 50% 以上，而且读者的借阅率高，引用指数较高，是一个学科重要的学术信息源。

（2）布氏定律对信息资源建设的意义

第一，在文献信息采集工作中，确定本学科、本研究领域的核心期刊，以有限的经费获得高质量、使用率高的文献信息。

第二，应用布氏定律，确定合理的藏书规模，规划馆藏文献布局。

2. "普赖斯曲线"的启示

（1）"普赖斯曲线"及其描述

随着科学技术的迅速发展，各种知识门类的不断增加，导致了各个知识领域的文献信息数量急剧增长。文献信息数量的急剧增长，引起了人们的极大关注。几十年来，许多文献学家都在研究、探寻文献信息增长的规律。美国文献学家 D. 普赖斯对文献信息的爆炸式增长进行了深入研究。

普赖斯以文献量为纵轴，以历史年代为横轴，把各个不同年代的文献量在坐标图上逐点描绘出来，然后以一光滑曲线连接各点，则可十分近似地表征文献随时间增长的规律，这就是著名的"普赖斯曲线"。

（2）"普赖斯曲线"的意义及其局限性

"普赖斯曲线"的意义在于：在一定程度上正确反映了文献的实际增长情况，因而具有一定程度的正确性与普遍性，并得到了学术界的承认。

"普赖斯曲线"的局限性在于：适合于一定历史时期和一定学科，但不能推而广之用于测定未来期刊的增长和一切学科文献的增长，不能揭示不同文献类型、不同学科文献在不同历史时期有不同的增长规律。

尽管"普赖斯曲线"存在一定的局限性，但是对于我们了解和认识文献增长规律，仍然具有积极的指导意义。

3. 文献老化理论的指导意义

（1）文献老化的原因

随着现代科学技术的迅速发展，新的知识大量产生，旧的知识不断被取代和淘汰，作为科学知识载体的文献，其有效使用时间日益缩短，失效周期日益加快，新陈代谢频繁。

（2）文献老化的度量指标

文献半衰期：某学科目前尚在利用的全部文献中较新的一半是在多长一段时间内发表或出版的。也可理解为：各学科被利用的文献总量中，一半文献失去利用效率所经历的时间。

不同的学科，其半衰期是不同的。此外，同一学科采用不同的判断文献利用的标准，如以文献是否被引用及引用次数作为衡量利用的标准，或以文献在图书馆或相关机构里是否被借阅及借阅次数作为衡量利用的标准，所得出的文献半衰期也往往不同。需要指出的是，文献的"半衰期"是针对某一学科或专业领域的文献总和而言的，而不是针对个别文献或某一组文献的。

普赖斯指数是指在某一学科领域内，对发表年限不超过 5 年的文献的引用次数与总的引用次数的比值。其计算公式为：

P（普赖斯指数）= 出版年限不超过 5 年的被引文献量 / 被引文献总量

通常来说，某一学科领域文献的普赖斯指数越大，其半衰期就越短，其文献老化的速度也就越快。

普赖斯指数与文献半衰期是两个既有联系又有区别的衡量文献老化的指标。它们都是从文献被利用的角度出发，但以不同的方式来反映文献老化的情况。文献半衰期只能笼统地衡量某一学科领域全部文献的老化情况，而普赖斯指数既可用于衡量某一学科领域全部文献的老化情况，也可用于衡量某种期刊、某一机构甚至某一作者和某篇文献的老化情况。

（3）文献老化理论对信息资源建设的意义

第一，为评价和选择文献信息资源提供了理论依据。图书馆要不断补充文献信息资源，建立符合用户需要的文献信息收藏体系，就必须进行文献信息资源的评价和选择。研究文献老化理论，有利于掌握文献信息特征、判断文献时效和确定文献价值，从而帮助图书馆评价和选择文献信息资源。

第二，为优化馆藏文献资源的结构提供了理论依据，它指导图书馆及时地挑选剔除老化文献和调整馆藏资源布局，既有利于解决书库的空间危机，优化馆藏文献资源的布局，又有利于提高文献信息资源的利用率。

第三，为制定科学合理的文献工作原则提供了理论依据。对半衰期较短的文献，要抢时间和讲效率，加强文献信息报道和开展定题服务，以尽快提供使用；对老化的文献则可实行缩微复制保藏或移交储存图书馆保存，还可根据文献老化的数据，确定文献资源的利用年限，合理制定各项管理制度。

第二章 高校图书馆信息资源采访

第一节 信息资源采访的内涵

一、信息资源采访的概念

信息资源建设的发端是信息资源的采访，其历史悠久，是图书馆信息资源建设的重要组成部分。其实，最先出现"图书馆"一词是在拉丁语中，也就是Libraria，含义是"藏书的地方"，在我国古代"图书馆"被称为藏书楼。由此可以看出，图书馆在古代最大的特点便是封闭性及保存和收藏。在古代，社会生产力相对比较落后，不但文献类型单一，数量也非常少。所以，在当时那个年代，雕版印刷、手抄等方式记录的文献便是最主要的类型了。全力以赴去访求、收集图书则成了图书馆最重要的一项任务，并且在收集的同时，对目录是否详细、版本是否精良、藏书质量与数量等方面都非常重视。藏书建设在此阶段主要被称为藏书补充或采访，一直持续到近代。

近代文献随着社会的进步和科技的发展，在载体类型及形态上日益丰富，一些非书资料——机读、音像、缩微等大量涌现出来。与此同时，图书资料中心和情报机构，也打破了以图书为主要馆藏的形式。藏书的采访也发生了改变，即：从单一的图书采访转为各种形式的文献采访。

我国图书情报界专家学者在20世纪80年代中期提出了一个概念——"文献资源建设"，并基于此将新的理论体系建立了起来。这一理论有着创新性，并将传统的图书馆藏书、藏书建设的局限更好地进行了概括，从文献资源保障体系建立的高度与视角出发，把各类文献的收藏看作是社会资源进行研究并审视，与此同时，还提出了诸多文献资源建设理论，即：文献资源整体化建设与资源共享、馆际协作、建立联合目录报道体系等。我国对于这一理论体系也都普遍接受了。《中国大百科全书——图书馆学情报学档案学卷》也明确使用了文献资源建设的概念系统。藏书采访也自然为文献资源采访所替代，文献资源采访的范围也由单纯的图书采访转向了多类别、多载体的文献采访。

在人类历史中，20世纪90年代是一个不平凡的年代，同时也是一个飞跃的年代。这一时期，人类的生存环境出现了颠覆性的变化，这是因为通信、多媒体、计算机等技术的高速发展所造成的。巨量的多形式的电子化以及数字化的信息逐渐涌入图书馆，使得传统的图书形式的馆藏文献成为诸多形式的信息资源中的一类。绝大部分图书馆当前最主要的信息资源类型依旧还是传统的图书形式，但是，与数字或电子资源的选择和采集方法截然不同，因此，阐述图书馆信息资源的采访时只是以文献资源采访来描述是不全面的。

其次，文献资源采访所获得的都是实体的资源，也就是实体的馆藏资源，然而，图书馆基于网络这个大环境中，给到读者的不单单是实体的信息资源，同时还有诸多已经是网上的信息资源。读者利用的也并非全部都是所在馆的实体信息资源，互联网络将不同系统以及地区的图书馆有效结合，成为一个整体，读者则通过互联网非常便捷地获得了图书馆所无法获取到的一些信息。图书馆的信息资源结构从单一的实体馆藏变为了实体及虚拟馆藏的结合。所以，图书馆信息资源采访不单是实体信息资源采访，同时还包含采访虚拟信息资源。

正是由于信息技术的发展、数字资源的诞生及快速发展，使得代根兴等人将信息资源建设的概念提了出来，提倡信息资源建设取代文献资源建设。随后，对于信息资源建设这个概念，图书馆界还是比较认同的，并且，快速地应用在图书馆学的理论研究及实际的工作中。

吴慰慈和高波先生认为，信息资源建设是人类对于处在毫无秩序状态下的多种媒介信息的有机整合、开发以及组织的活动，信息资源建设的结果构成了信息资源。所以，信息资源建设基于网络这个大环境，一方面包含文献型的资源建设，另一方面，也包含数据库的建设，与此同时，组织和开发信息资源也包含在内。相应的信息资源采访将数据库的采访、文献型的资源采访以及网络信息资源的组织与开发都涵盖在内。

二、信息资源采访思想的发展

在图书馆中，信息资源采访是一项基础性工作，它从古代的藏书楼到现代的数字图书馆，伴随图书馆的产生而产生，伴随图书馆的发展而发展。

依据经费状况、读者需求、任务、图书馆的性质等，持续地获取、选择、搜集信息资源，进而建立馆藏工作，馆藏工作的对象便是信息资源。

图书馆业务工作内容的特点烦琐，同时也有很多项目，不同专家在划分图书馆上所采用的方法也是不一样的。1979年，在《图书馆采访学》一书中，顾敏先生（图书馆学家）对于划分图书馆介绍了二分法、三分法和五分法这三种方法。

将图书馆工作分为读者服务和技术服务即为"二分法"，读者服务包含讲演活动、视听推广、展览、咨询、参考、阅览等；技术服务包含流通作业、资料复制、装订、分类、编目采访等。

将图书馆工作分成应用、整理、聚集三部分的即为"三分法"。利用交换、征订、购买等方式将各种文献聚集起来的是指聚集；将聚集的文献进行分类、编目、典藏的是整理；文献的参考、阅览、流通等则指的是应用。

"五分法"是把图书馆工作分为了五项，即：采访、编目（分类）、流通、参考、丛刊等。

不管怎样划分图书馆的业务工作，一直位居各项工作首位的依旧是采访工作。俗话说，"巧妇难为无米之炊"，若是图书馆没有任何资源，是没有办法进行后续工作的。由此可以看出，图书馆各项工作的起始工作是采访工作，在图书馆工作中具有重要的作用。

图书馆发展的各个阶段对采访工作都非常注重，并且出现了诸多采访的理论与思想。

（一）我国古代文献采访思想

我国古代主要有私家、书院、官府等藏书。公元前13世纪的殷代，有了官府藏书，之后历经漫长的历史及各个朝代，构成了具有一定规模的国家藏书，进而成为了我国古代藏书的主体。官府藏书是为了把统治者的政权稳固住，因此，随着统治者的意志，不同藏书采访的方法也大不相同。官府的文化政策即为其采访的指导思想。书院藏书始于五代，兴于宋朝。同时，在宋代出现了四大书院，即："嵩阳书院""应天书院""岳麓书院""白鹿洞书院"等，在这四大书院中有很多的藏书。伴随我国教育制度的改革，书院藏书诞生了，在当时主要是为了培养人才，根据自身的需求，有一定目的地去收藏图书，通常是为了满足大量学者和学派讲学活动的需求。重视广泛性和多样性，是学校图书馆采访的开始。私家藏书在战国时期兴起，在发明了印刷术之后其发展更为广泛和迅速。古代治学者为读书而藏书、集书、购书，涌现了很多文献和目录学家，产生了非常多的藏书采访的思想。南宋郑樵以目录求书为其采访思想的主体。并且，在《通志校雠略》一书中提出"求书八法"："一曰即类以求，二曰旁类以求，三曰因地以求，四曰因家以求，五曰求之公，六曰求之私，七曰因人以求，八曰因代以来，当不一于所求也。"简单来说，就是在访求图书的时候一定要根据图书的内容，去图书收藏者或出版者那里去寻找。就当时而言，他的采访思想比较成熟，他对采访官员的任期、搜访图书的方法、内容等方面都做了全面阐述，至今有许多采访者参考其理论。随后，众多学者提出了鉴别、判断图书的方法，并进一步扩展了采访方法。

（二）我国近代文献采访思想

近代中国，西方的图书馆学思想慢慢传到了我国，梁启超等诸多学者把新的文献收藏观念提了出来，图书馆事业得以快速发展。我国先后建立了诸多著名的图书馆，从而使图书馆的从业人员也得以快速增长，再加上出版物品种与发行量的提升，图书馆文献采访越发受到重视。在 1925 年，杜定友在发表的《图书选择法》中认为，"图书之选择，实为图书管理中的重要问题"，并提出了要给读者选择图书，对藏书的效益要多加重视，并且，选购图书要从馆藏用途、是否合乎选择原则与标准、经费、读者的需要等方面去考虑。这是一种藏与用同等重要的一种采访思想。

（三）我国当代文献采访思想

我国图书馆事业在 1949 年后，进入了一个全新的发展阶段，文献采访经历了长期的发展和研究，形成了成熟的理论体系，在采访的方式、方法、深度上，都有了长足的进步。

从事文献采访理论与实践研究的人员也随着图书馆事业的发展，发生了巨大的变化，行政干部、专家学者、教学人员、图书馆长、采访工作者等都包含在参与研究的人员中。研究的内容包含采访工作自动化、采访质量评估、藏书的复选、藏书品种与复本的控制、采访方式的比较与运用、各类出版物的采访方法、各类型图书馆的采访方针、文献采访原则等，覆盖了文献采访的各个方面。其不仅总结了几十年来文献采访工作所积累的经验和成就，而且还引进和借鉴了国外先进的文献资源建设的理论和方法。

其中，一些专家学者，如：黄宗忠、陈源蒸、吴慰慈、肖自力、沈继武等对于文献采访方面的研究成果，对文献采访实践起到了一定的指导作用，与此同时，也为有关部门在方针政策的制定上提供了决策依据，是各个类型图书馆采访工作的重要参考工具。

最近的几十年中，文献类型的数量增长非常迅速，出版物的形态也非常多，并且一直处于不断变化的过程中。在采访对象上，包含政府出版物、会议文献、期刊、普通图书、科技报告、报纸、标准、学位论文以及专利，以及电子出版物、音像制品、缩微制品等。在文献选择上，把古代、国外的研究成果都借鉴了过来，与此同时，把数学方法也引入了进来，使得文献采访决策从经验的定性决策提升至科学的定量决策。在采访的方式方法上，发展了诸多形式，即：预订、现购、补购、图书展销会选购、业务外包、图书馆专供商供货、合作采购、联采统编等。在采访的手段上，历经了多个阶段，即：手工操作、计算机处理、网上采访等。与此同时，我国在建立文献资源保障体制以及资源的共建共享上，获得了很大的成绩。高等教育文献保障体系的实施，在文献共建、共知、共享的实现，合理优化配置高等教育信息资源，深化信息资源的有效开发和利用，提升高等学校教学、科研的文献保障水平等方面具有重要作用。

（四）　国外文献采访思想的发展

国外的藏书采访又称图书采访、图书馆采访。其有狭义和广义之分。狭义的采访是指通过图书的采购、赠送、交换等方式，建立、积累或补充图书馆馆藏，它常常作为图书选择、采访管理或藏书管理来理解。广义的采访在国外图书馆界被越来越多地称为馆藏发展，它将采访视作一个不间断、连续地发展馆藏的过程。藏书采访除了藏书选择和补充外，还包括了藏书的复选、剔除、控制、评价、协调等内容，内涵十分丰富。

1.藏书选择思想

补充藏书的主要环节是藏书选择，它也是藏书采访最核心的内容。在图书馆长期的选书实践中产生和发展起来了藏书选择理论，最早体现在采访方法的形成上。法国诺岱的《关于如何创办图书馆的意见》一书，第一次比较系统地提出了藏书选择问题。他认为选书人员："第一，必须充分听取具有图书知识的人们的意见；第二，发现民众切实的需求，并根据这一需求收集、储存图书。选择图书时，必须注意最佳的、本质的东西，而不应过分夸耀藏书量如何庞大。图书馆的价值不是由藏书量决定的，而是由收集了高质量的藏书决定的。诺岱的论述，对后世的选书理论产生了极大的影响。

2. 藏书完整论与藏书选择论

藏书绝对完整论，主要是针对国家图书馆藏书而言的。A.H. 奥列宁在1808 年主张国家图书馆要实现收藏文献的完整性，必须完整地收藏各种文献。但是人们通过长期实践，慢慢发现绝对完整论不可能实现。因为，每年出版的图书多达 80 多万种，而且以飞快的速度在持续增加。仅仅是图书馆有限的空间、人力、经费是不能实现购买与保存不断增长的图书的。另外，收藏文献时不分好坏全部收藏的话，很容易出现好的文献被埋没的现象。国家图书馆是人类文化遗产的收藏和储存中心，主要收藏本国文献就可以，不需要收藏全世界的文献。

藏书选择论是由俄国的 B.B. 达索夫在 19 世纪末提出的。他主张国家图书馆在补充藏书时应严格筛选图书，使藏书具有特色化和系统化，而不应该追求藏书的完整性。随后，藏书选择论被众多学者从图书馆的价值、文化发展等多个方面进行了研究。印度著名图书馆学家阮冈纳赞在 1931 年提出了图书馆学五定律，即：图书是为了用的，每个读者有其书，每本书有其读者，节省读者的时间，图书馆是一个生长着的有机体。五方面都是围绕着书展开的，从用的角度考虑每一本书，从书的角度研究读者，强调藏书是为读者服务的，为图书选择提供了最好的标准和指南。藏书选择理论已成为当代图书馆的主流理论之一。

3. 价值论和需求论

欧美各图书馆界在藏书选择理论广泛认同之后，在选书的主要标准上产生了不同意见。选择满足用户需要的图书，还是选择内容价值高的优秀图书，是主要的争执点，并逐渐以此形成了需要论派和价值论派。

价值论的主要代表人物是美国著名图书馆学家杜威（Melvil Dewey）。他认为图书馆藏书作为教育的基本资源存在于社会中，要为读者提供更多的教育，因此，必须搜集高价值、高质量的优秀图书。主张"价值论"的学者们认为，图书馆应该为用户选择最好的图书，而不是读者需要的图书，应是艺术、文化、科学价值较高的图书。19 世纪末以前，在选书理论中以文献本身价值作为藏书选择标准的观点一直占据着主导地位。

19 世纪美国的克特（C.A.Cutter）和普尔（W.FPoole）提出了读者需要论。他们主张图书馆应选择满足用户需求的书，选择图书时不能只追求最好的图书，而应以满足用户需求为准则，选择满足用户需要的图书。克特认为用户的水平修养、年龄职业、兴趣爱好都各不相同，因此，必然会出现不同的阅读需求。依据不同的具体需求，图书馆应选择入藏读者所需要的文献资料。需要论直到 20 世纪初，才逐步得到认可，这也是当今图书选择最重要的采访思想之一。

使图书馆藏书达到系统、科学考虑文献本身价值的是"价值论"；发挥图书馆的服务功能，提升藏书的利用率，满足读者需要的是"需要论"。以"藏书"或"读者"为中心选择馆藏是两者的核心，也是至今仍然讨论的话题。图书馆的目标和任务，以及这些理论自身的价值和优势都决定着如何运用这些理论。简单来说，不同类型的图书馆运用的理论也不同，如：为满足高校师生文献需要的大学图书馆，需要论更适合；收藏整个国家优秀文献的国家图书馆更适合价值论。因此，要全面正确理解"读者需要"和"文献价值"的核心思想，以此为基础再结合图书馆的目标和任务，扬长避短，充分发挥两者优势，制定出详细的图书馆选书标准。

三、信息资源采访能力

满足图书馆发展所需的信息资源采访能力是图书馆信息资源采访能力。其主要作用通常体现在 3 个方面：第一，对于用户的需求，图书馆通过信息资源采访工作可以持续不断地满足；第二，馆藏信息资源结构可以不断地完善和补充；第三，能不断积累和增值图书馆的有形和无形资产。

胜任某项任务和工作所需要的主客观条件是能力。一定的购买能力是开展图书馆信息资源采访工作时必须拥有的条件之一。各馆的采访能力因其自身条件和实际情况的不同，会有所差距。

反映图书馆的发展状况和是否有活力的重要指标是信息资源采访能力的高低；作为一种综合能力，图书馆内外环境会影响和限制采访能力。

（一）经费保障能力

信息资源与金钱的交换是主要的图书馆信息资源采访形式。进行采访工作的前提条件是经费。图书馆需要多少就给多少是最理想化的经费供给，但现实中不可能实现。作为社会资源的一种图书馆的信息资源配置受到社会教育、科技、文化、经济等很多方面的限制。当前在世界范围内，发达国家或发展中国家，在图书馆需求和得到的投入之间都有所差距。是否合理运用经费、是否有固定来源、供给是否适度等都是在考察图书馆经费保障能力时需要注意的地方，而不只是供给量多少。

1.经费供给量

一个图书馆的信息资源购置少了当然不好，因为购置的信息资源难以满足读者的需求；过量的购置经费也不好，因为有可能造成资金的浪费。一般来说，判断一个图书馆信息资源购置经费是否充足多是用比较的方法。如比较历年到馆信息资源数量、书刊价格变动情况、购置经费的供给情况以及同规模和同类型的图书馆经费供给情况等。

当前，就国内图书馆界来看，图书馆的信息资源购置经费除了出现两种极端情况外，一般都处于短缺状态，其原因主要是信息资源价格上涨幅度过大，信息资源品种和数量增长过快，经费供给增幅滞后。

说到经费供给量，必然要考虑图书馆的经费需求。每个图书馆由于其服务功能、服务对象、服务范围的区别，其信息资源购置费的需求也是不相同的。人们在谈论经费供给时，采用对比的方法无可厚非，但这种方法多是粗放式的，缺少科学的成分。一个图书馆每年需要多少信息资源购置经费，不能仅靠比较和估计，而是要依据图书馆的具体情况进行分析。这种分析应该考虑到：①年度信息资源购置费是否能保证该馆藏信息资源的连续性和系统性；②年度新增信息资源是否能满足本馆读者 70% 以上的信息资源需求；③年度信息资源购置费是否与本馆信息资源采访工作量相匹配；④年度信息资源购置费是否能满足本馆服务功能之需要。

2.经费来源

图书馆的经费来源有许多渠道：①主要针对各级公共图书馆的政府财政拨款。②主要针对机关单位、科研机构、学校图书馆等主管部门拨款。③主要为公共和学校图书馆捐赠的社会捐赠，其分为社会团体和个人捐赠两种形式。

图书馆的经费来源确定以后，经费保障能力的考察指标就是经费供给量是否稳定。图书馆的信息资源购置经费都是按年度拨款，理想的稳定供给是随信息资源价格涨幅和信息资源采访数量的增加而稳定增加的。然而，由于我国图书馆大多属于各部门所有，信息资源购置费主要由各主管部门拨给，因此拨款额没有统一的法规加以规定。虽然各系统图书馆在系统内部产生过一些法规或约定，对本系统图书馆的经费投入做过一些协调和规定，但因为权威性不够，其约束和保障能力很有限。从宏观上看，图书馆的经费供给很不平衡，全国存在着地区差异、城乡差异、行业差异，如：东部和沿海发达地区图书馆经费投入高于西部不发达地区；省市图书馆经费投入高于县区图书馆；教育、科研系统图书馆经费投入高于公共图书馆。从微观上看，图书馆经费来源受多种条件限制。有的单位，财政有余就增加图书馆的经费，财政吃紧就紧缩图书馆的经费；还有的图书馆，评估的时候，领导重视，投入的信息资源购置经费数量庞大，评估过后，信息资源购置经费减少。

经费供给量的不稳定，给信息资源采访工作带来很大损害。当供给量突然减少时，会造成信息资源采访员的减少，损坏馆藏信息资源建设的连续性和结构完整性；当供给量突然增大时，会造成信息资源来访工作质量的降低，使无效采访的信息资源增加，造成资金的浪费。

3.经费的使用

考察一个图书馆经费保障能力的另一个重要方面是经费使用的合理性。图书馆的信息资源购置经费不是一次性使用完的，而是在一个年度范围之内分批使用的。图书馆采访信息资源大多不是采访单一类型的信息资源，而是采访多种类型的信息资源。这就涉及经费的计划使用，经费对各类型信息资源的投入比例，以及经费使用的审计、监督等问题。经费使用状况，各馆因自身的情况有所不同，但总的来看难以令人满意。这主要是因为当前图书馆界的消费意识强、效益意识差、服务意识淡和粗放型的经验式管理，经费的下拨和使用都缺少约束机制。有的馆在申报经费时，缺乏科学论证，盲目扩大需求；在使用经费时，则随意支出，缺乏审计和监督，结果，钱花出去了，信息资源建设却没有多少进展。管理和使用好信息资源购置经费，把钱用在刀刃上，应加强三方面的工作：

（1）科学决策

决策在信息资源采访过程中非常重要，信息资源采访过程其实就是不断进行各种决策的过程。信息资源采访中的决策按照决策先后、决策层次、决策大小可以有不同的划分。但最为重要的决策是信息资源购置经费的使用和分配。这种决策关系到一个图书馆信息资源建设的发展趋势和信息资源服务的方向。例如，一个图书馆收藏信息资源以电子出版物为主，那么它的信息资源购置经费将向电子出版物倾斜；一个图书馆收藏信息资源以纸质信息资源为主，则它的信息资源购置经费将主要使用在纸质信息资源上。

在信息资源购置经费分配使用决策时，既要关注当前读者的需求，又要考虑图书馆的发展方向。对于加入图书馆网络的还要考虑本馆在网络中的责任。尤其在当前复合式图书馆的建设过程中，要警惕走过去的"大而全，小而全，其实都不全""你有我有大家有，你没有我没有大家都没有"的馆藏建设老路，要保持和发展本馆的馆藏特色，加强社会信息资源的保障能力。

（2）合理计划

图书馆的信息资源购置经费不是一次性用完的，一般是以年度为限，随信息资源采访的不断进行而不断消费，这就要求图书馆依据信息资源的出版发行状况，把握好经费的使用月度、季度等计划和安排，以保证信息资源采访的连续性和经费使用的合理性。

对于有一定规模的图书馆来说，在制定信息资源购置经费的使用计划时，应注意几个优先，如连续出版物要优先于非连续性出版物，长效信息资源要优先于短效信息资源，重点品种要优先于非重点品种，反映图书馆特色的信息资源要优先于非特色信息资源等，要确保本馆信息资源采访工作的持续性和收藏信息资源的连续性，要避免全年经费半年用完，以及突击采购、突击花费等现象，以保证经费随采访的进行均衡供给。对于重大采访项目或者影响到正常采购状况的经费消耗，可申请专项经费加以解决。

（3）严格审计

图书馆每年的信息资源购置经费少的有几万元、几十万元，多的有几百万元、上千万元，这些经费的使用状况如何、效果如何、存在什么问题等，需要通过审计来回答。信息资源购置经费使用状况的审计主要考察经费的支出和购置信息资源到馆等情况。通过审计可以达到以下目的：①了解本年度资金使用状况；②提高资金的使用效率；③加强资金支出管理；④为下一年度经费预算提供依据；⑤合理安排下年度经费使用计划。

（二）管理保障能力

管理是指为实现目标而组织和使用各种资源的过程。信息资源采访是图书馆进行的有目的的活动，它涉及多种因素，如经费、采访人员、出版商、出版物等。信息资源采访也是一个过程，有多个环节和程序，如检索、采购、验收、报销等。为了实现图书馆信息资源采访的目的，必须进行有效的管理，通过管理来规范和约束采访行为，提高信息资源采访的效率。可以说，一个图书馆信息资源采访能力愈强，其管理保障能力也愈强；管理能力愈差，其信息资源采访能力也愈差。

图书馆信息资源采访工作的管理涉及许多方面。从宏观来看，除了前面提到的经费管理外，对信息资源采访能力影响较大的因素是机构与人员、政策与制度以及工作环境。

1.机构与人员

信息资源采访在图书馆工作中处于龙头性的重要地位。每个图书馆不论大小，都要设立相应的采访工作部门，配备适合的采访工作人员。对于采访工作量大、采访信息资源品种多、专业性强的图书馆应设立采访委员会——采访部——采访馆员三级管理体制。必要时还应设立信息资源采访咨询委员会。采访委员会负责全馆采访工作重大问题的决策；采访部负责全馆采访工作的实施；采访馆员负责具体的采访工作。

当前，各图书馆信息资源采访机构的设置不尽一致，主要是因为各馆采访工作的实际情况不同。总体来看，也有对采访工作重视程度不够的原因。例如，对于大多数中小图书馆来说，有的没有设立专门的采访机构，有的甚至没有专人负责信息资源采访工作，而有的图书馆则设置了采访编目部，负责信息资源采访和编目工作。

在人员的配备上，不能只注意采访人员的体力支出，而忽视采访工作人员的智力投入。实际上，在商品流通非常便捷的环境中，信息资源采访馆员智力投入的重要性和投入的时间要远远大于体力的付出。

2.政策与制度

政策和制度是信息资源采访工作程序化的重要保障。图书馆的馆藏信息资源不是散乱无序的堆积，而是有目的的、不断增长的、有序的信息资源集合体。馆藏信息资源建设的目的性、有序性，决定了信息资源采访的目的性、有序性；也就是说，一个图书馆要搞好馆藏信息资源建设，首先要明确信息资源采访的方针和政策。信息资源采访工作有多道程序，采访者在工作中既接触钱又接触物。要使信息资源采访工作流程合理、行为规范，就必须制定健全的规章制度。

完善合理的信息资源采访政策和制度是图书馆信息资源采访工作科学化、规范化和制度化的必要条件。目前来看，这方面的工作在图书馆采访工作实践中还是很薄弱的，其主要表现是：一些图书馆没有一套完整的信息资源采访政策和制度；一些图书馆由于人员的更替，对已经制定的规章制度不了解，也不执行；一些图书馆的信息资源采访政策和制度的修订不能与时俱进，不能跟上时代的变化。

3.工作环境

信息资源采访工作与图书馆其他各项工作相比，具有其自身的重要性、复杂性和多样性。说其重要，是因为每年有大量的资金从采访人员的手中支出，大批信息资源由采访馆员手中采入，资金投入的价值如何，采访馆员行为起着重要的作用。说其复杂，是因为每一种信息资源从发行信息的收集到采访进馆，经历了多种决策和多道程序。说其多样，是因为采访者在选择信息资源时，以学者的角度，体现着对知识的把握。在购买信息资源时，以经营者的角度，体现着经营的理念；在与社会方方面面的联系中，以社会工作者的态度，体现着公关与沟通的技巧。从管理的角度出发，要搞好信息资源采访工作，不仅需要合理设置采访机构和人员、制定和完善相关的规章制度，而且还要一个优化了的工作环境。

信息资源采访者的工作环境涉及信息资源采访活动的各个方面，从"以人为本"的管理理念出发，这种环境主要指对信息资源采访工作者的约束机制和激励机制。对信息资源采访工作者加强约束是因为他承担的责任和面对的市场条件。信息资源采访经费是国家、社会对信息资源建设的投资，图书馆信息资源采访者是这种投资的代表或经办人；同时，信息资源采访者又是读者群体的代表，采访者要代表读者的利益来采访信息资源。使这种投资和消费相吻合是采访者应尽的责任。要尽到这种责任，既需要采访者的自觉行为，又要建立相应的约束机制。在当前市场经济条件下，信息资源商品市场也存在着一些不和谐之音。为此，建立一套约束机制来提高采访人员的思想、道德水准，提高采访人员的工作能力，规范采访工作的行为是十分必要的。

图书馆对信息资源采访者行为的约束机制包括：不断对采访者进行思想道德和职业道德的教育；使采访者牢固树立为读者服务的思想；制定相应的规章制度，如资金支出和报销制度，约束和防范采访者在经济活动中的违规行为；建立信息资源采访工作的评价体系，促使采访者不断提高自身的采访能力和工作水平。

建立一个有效的激励机制是图书馆优化信息资源采访工作环境的重要方面。图书馆，信息资源采访工作有着许多特点，如工作头绪多、涉及面广、随机决策频繁、信息资源选择的模糊性、工作量的不确定性、工作辛苦等。针对采访工作的这些特点，营造一种环境，使采访工作者充分发挥主观能动性，会对图书馆信息资源采访能力的提高起着积极的作用。

图书馆对信息资源采访工作的激励机制包括：对采访工作者的成绩给予肯定和表扬；对采访工作者的工作条件尽可能加以改善，配置各种必需的信息资源采访工具，以提高采访工作者的工作效率；对采访人员给予关心，解决采访工作者的后顾之忧。激励机制要使采访者保持一种积极向上的精神状态，不断提高采访工作水平和采访工作质量。

（三）采访者工作能力

当图书馆的信息资源采访条件具备一定的水平之后，采访者的工作能力就是关键因素了。图书馆的经费保障能力、管理保障能力是信息资源采访工作的客观条件，而信息资源采访者的工作能力则是采访工作的主观条件。只有当主、客观条件同时满足了图书馆信息资源采访工作的需求，才能说图书馆具备了较强的信息资源采访能力。

现代社会，随着知识爆炸和信息资源载体的多样化，图书馆对信息资源采访工作的要求越来越高。作为信息资源采访工作者来说，必须具备相应的素质和能力，才能适应现代图书馆的要求。对信息资源采访工作者能力的要求是多方面的。从信息资源采访工作的专业特性来看，采访工作者应具备以下工作能力：

1.信息收集能力

信息资源采访活动是不断决策的过程，每选择一种图书，就是一次决策。要使决策准确有效，就必须掌握相应的、足够的信息。为此，信息资源采访工作者的信息收集能力就显得十分重要。信息资源采访者应掌握的信息主要有三大块，即出版发行信息、读者需求信息和馆藏资源信息。要获取这些信息，采访人员就要走出办公室，到出版发行部门去获取，到读者中去征询，到信息资源流通部门去了解，到书库去调研。信息获取之后，还要对信息进行分类、筛选、分析、判断，选择其真实可靠的信息作为决策的依据。信息资源采访工作所需的信息是动态的、不断变化的，这就要求采访人员不断提高信息资源收集的能力，进而提高信息资源采访决策的目的性、准确性，减少盲目性。

2.信息资源鉴赏能力

信息资源除了内容之外，其载体多种多样，规格大小不一，装帧和印刷质量各异。这就要求信息资源采访人员在选择信息资源时要具备一定的鉴赏能力。图书馆信息资源采访人员面对的是大量的信息资源，其操作时间很有限，在选择信息资源时难以像个人购买者那样仔细和周全，所以，这种鉴赏能力主要表现为对信息资源质量的把关。当前，出版业在迅速发展的过程中，由于利润的驱动，急功近利者并不鲜见。采访人员要把好质量关，就需要具备辨别信息资源质量的能力，掌握信息资源选择的各种技巧。信息资源鉴赏能力不是生来就有的，而是需要采访人员去不断地实践、积累和提高。

3.知识的理解能力

采访是对信息资源也就是对知识进行选择，这就要求信息资源采访者在选择信息资源时，要具备一定的知识和对知识的理解能力。面对迅速发展的科学技术，面对层出不穷的新知识、新观点，信息资源采访者作为个体，其知识面、知识掌握的深度都是很有限的。为此，信息资源采访者需要勤于学习，善于学习，不断提高自身的知识理解能力。同时，信息资源采访者还要善于利用他人的知识来弥补自身的不足，例如选择信息资源时，对于自己把握不准的东西，应请教专家、学者或读者参考解决。

4.公关和协作能力

信息资源采访工作属于外向型工作，与图书馆外部联系较多。要想有和谐的工作环境、友善的人际关系，采访人员必须具备一定的公关和协作能力。随着图书馆网络化建设，以及图书馆信息资源的共建共享，对信息资源采访工作者的活动能力提出了更高的要求。此外，信息资源采访工作者的采访活动是代表图书馆进行的，采访者作为图书馆的"形象大使"，其公关和协作活动能力对图书馆的形象树立有着重要影响。为此，信息资源采访工作者应不断提高自身的公关协作能力，以适应工作的需要。

5.经济运用能力

信息资源采访是一种经济活动，耗费的是资金和人力。因此，信息资源采访者的经济运用能力十分重要。尤其是在经费短缺的情况下，采访人员应处处精打细算，用好手中的每一笔资金。当前，信息资源采访活动中经济运用方面的空间还是不小的，如同类信息资源的价格差、同种信息资源不同载体的价格差、同种信息资源不同装帧形式价格差，获取方式不同带来的费用效应等。要提高经济运用能力，首先要求信息资源采访工作者强化自身的风险意识和成本意识，加强工作责任心；其次在工作实践中要不断地摸索和总结。

四、信息资源采访的地位

图书馆从产生发展到现在，收集、整理、保存、传递文献信息和知识自始至终是其最基本的功能之一。图书馆的信息资源是其赖以开展服务和提高服务质量的物质基础，对提高图书馆地位起着重要的作用。因此，信息资源采访工作是图书馆工作业务的起点和首要任务之一。

图书馆的业务工作内容丰富、项目繁杂，不同的专家有着不同的划分标准。如前面提及的顾敏先生介绍的二分法、三分法和五分法三种划分方法。不论图书馆业务工作如何划分，信息资源采访都是图书馆工作的第一步，处于龙头位置。有了采访工作，而后有分类编目之整序工作，而后有流通阅览典藏之服务管理工作，而后有宣传、参考咨询、数据维护等工作，再而后才有图书馆合作系统及交流网络之建立。

在现代网络化、信息化环境下，信息资源载体的种类繁多，来源渠道广泛，信息资源的使用方式多样化，使得信息资源的收集、选择更为复杂，而且更为重要。由上可见，图书馆信息资源采访工作的地位是十分重要的。

第二节　信息资源采访的组织、原则与方法

一、信息资源采访的组织形式

图书馆的文献采访工作，必须有一定的组织机构作保证。

（一）图书馆文献采访机构的设置

国内和国外的图书馆文献采访机构的设置大致相似，主要有以下几种形式：第一，单独设立负责期刊、图书的交换、征集以及采购的文献采访部门；第二，将文献编目、分类、采访合为一个部门，但各成体系；第三，独立的期刊部负责期刊订购，采访部负责采购图书，两者区分开来。通常图书馆副馆长主要负责采访工作。虽然文献采访工作的机构设置各不相同，但是一向都是独立的体系。图书馆文献采访工作通常情况下的订购、征集、登记、交换、捐赠等文献采访业务均由文献采访部门负责。即便一些图书馆未设立独立的文献采访部门，将其与编目的工作和文献的分类合并在采编部，但是，在这个部门中，各个工作都是分开的，各自形成自己独特的体系，采访仍旧是一个独立的主体。诚然，文献采访业务在详细的分工方面，每一个图书馆都是不一样的，这样一来，使得图书馆文献采访部门在结构上有很大的区别，这主要体现在图书以及期刊采访分别设置机构或者是分别隶属不同的部门管理。

期刊在图书馆界的管理具有两种不一样的方式，即：期刊的订购、交换、登录、借阅等工作都集于期刊部门以及其采访工作是采访部门进行统筹的，期刊部门的主要职责是期刊的借阅流通。从其工作角度来看，由于现代科技发展非常迅猛，文献老化的半衰期逐渐缩短，期刊在图书馆中的工作地位也越来

明显，越来越重要。在这一部门订购、交换、登录、借阅等都集中于此，这样一来，一方面对采访人员订购期刊带来了一定的便利性，另一方面，对于期刊的统一管理也起到一定的帮助作用，成为了期刊工作进行强化的最优方案。就文献采访工作的角度来看，因为文献载体具有多样化的特性，一些电子文献（光盘等）逐渐增多，并且，多种形式的文献内容互相重复交叉着，然而，在购置文献上，图书馆的经费并不充裕，如此一来，对图书馆文献的采访提出了更高的要求，需要统筹兼顾，把期刊从采访部门进行集中统一筹划。

在期刊采访的过程中，两种管理方式均有利弊，到底其中哪种方式更加科学合理一些？在目前看来，统一的认识没有出现。不过，目前出现了很多的电子文献，其与图书、期刊内容重复出现的情况日趋明显。伴随着电子文献的出现，这样不同载体形式文献在内容上重复的现象会日趋普遍，这样一来，对图书馆的要求是，在订购期刊、图书或者其他形式的文献时，都需要采访部门进行统一的统筹，进而实现文献采访一体化。只有基于采访部门的统一安排，只有在采访部门的统一安排下，文献购置经费才可以减少重复浪费，与此同时，对馆藏文献整体结构的合理建设也会起到一定的帮助作用。

（二）馆外专家参与文献采访

高校图书馆在实际文献采访中，为了提高文献采访质量，也经常参考馆外专家的建议或组织馆外人员选择文献。组织馆外人员参与文献采访可以采用不同的方式：①文献采访由文献采访人员与各院系、所的教师及科研人员分别负责。文献采访人员负责一般教科书、非课程用书、休闲读物等的选择，教师与科研人员则负责教学及研究计划的有关资料，并由文献采访人员负责协调和分配经费。为此，各院、系、所应分别成立选书委员会或小组，图书馆采访人员则应将征订书目随时分送各院、系、所，充分依靠并发挥专家在文献选择活动中的作用。②在日常的文献采访工作中，将书目目录发送给各院系的采访负责人，征求各院系的意见，最后由图书馆采访部门对各院系圈选的订单负责统一整理、订购；同时，图书馆采访人员在各院系订购的基础上，仍然要对订单进行处理，选择适合本馆需要的文献。③每年参加一次或多次图书现采会，组织各院系的教师到图书现采会进行现场采购，不仅增加了采访的力量，而且充分发挥了专业教师在文献采购方面的能力。

欧美国家都比较重视图书馆的文献采访，目前不少学术图书馆都成立了藏书建设部，其中的许多做法值得我们学习和借鉴。

为了保证文献采访的质量，欧美国家图书馆的文献采访人员一般是由业务能力很强的高级图书馆员担任，并由这些采访人员与一些学科专家组成"选书委员会"之类的机构，专门负责文献订购的审定，保证订购文献的质量。这种在采访部门之外，又组织有"选书委员会"的做法，在欧洲早已成为传统，其中英国的大学图书馆做得最成功。英国的大学图书馆都是由"学科专业图书馆员"负责文献采访。学科专业图书馆员既具备与学校的系、专业相对应的某一学科的学位，又在大学修完了图书馆学的大学课程。在由他们与学科专家组成的选书委员会等机构内，他们会从图书馆员的立场积极参与决策，提出建议，反映并调整教师对购书的要求，在图书馆的文献采访中起到了重要的作用。

（三）文献采访的跨馆（合作）机构

文献采访的跨馆机构是在图书馆的馆际合作中产生的，也就是馆与馆之间的协调合作组织。这种机构并不负责图书馆文献采访的具体工作，而是通过一些协调计划和措施，使参加协调计划的图书馆的文献采访工作有所分工，从而实现文献资源共建共享的最终目标。文献采访的跨馆机构在国内外普遍存在，只是规模大小、层次高低不同而已。目前，我们已进入信息化、网络化、电子化的图书馆时代，这种传统的文献采访合作机构在我们看来仍是有生命力、有价值的。

二、信息资源采访工作的原则与方法

高校图书馆信息资源采访应遵循一定的原则。这些原则是高校图书馆采访人员长期工作的经验总结，也是为了达到采访目标的采访政策。根据美国图书馆学家杜威所倡导的——提供适当的图书，给适当的读者，在适当的时间，这是图书馆服务读者的三项准则。20世纪的图书馆学泰斗、著名的印度图书馆学家阮冈纳赞提出了图书馆学五定律，即：①书是为了用的；②每位读者有其书；③每本书有其读者；④节省读者的时间；⑤图书馆是一个生长着的有机体。这五项法则被视为图书馆事业的指导原则，分别指出了图书馆各部分工作的目的。其中，提供适当的图书、图书是为了用的，都是以采访工作的目标为基点而提出的。随着社会的发展，信息资源的特点和读者需要不断发生变化，信息资源采访原则也在不断变化。但是其核心的基本的内容仍然存在。

在信息化、网络化和数字化环境下，我们认为我国高校图书馆的信息资源采访工作应当遵循的原则，主要有实用性原则、经济性原则、特色化与分工协调原则、系统性和可持续发展性原则、多载体信息资源一体化原则等。

(一) 实用性原则

实用性原则指的是入藏文献有针对性，讲求实用，符合图书馆的性质与任务，符合地区、系统和本单位的实际需要，符合读者的需要。

高校图书馆的信息资源采访要根据高校图书馆的性质和任务，为本校学科专业教学和科研服务。因而，本校各学科专业教学和科研所需的文献信息资源应大量、系统地收集。

1. 为本校的教师和学生服务

高校师生是一个需求相对稳定的读者群体，其信息资源需要主要集中在学校所设置的学科和专业方面的文献及基础学科方面的文献。

2. 重视信息资源的价值

针对高校读者需求，准确分析判断文献资源的情报信息价值、知识价值、科学价值、智力价值等，明确所购文献的用途，结合馆藏情况、馆藏结构与规划以及其他采访原则和标准，选购最有入藏价值的文献。对于从事教学和科研的"研究型"教师读者，其需求主要表现为情报信息需要。相对于情报信息需要而言，文献价值表现为情报信息价值。文献的情报信息价值应从可靠性、适用性、先进性、新颖性、情报含量等多种角度（价值尺度）进行分析。可靠性包括真实性、精确性、成熟性、完善性。适用性可表现在内容性质上对口、应用条件上适合（相符）、时间上适合某种时宜三方面。先进性指研究成果有正确或可靠的、富有生命力的创新和发展，可表现在整个成果上的先进，也可表现在成果的理论或技术上、研究方法或数据材料上的先进。新颖性指有新变化、新影响。情报含量指有用的情报在信息总量中所占的比重。一般来说，同时具备可靠性、适用性、先进或新颖性及情报信息含量大等特征的才是价值高的文献。针对学习知识、技术，提高知识智力水平的"学习型"学生读者的需要而言，文献价值表现为知识价值、智力价值，即满足读者知识智力发展的需要。采访人员分析判断文献的知识（智力）价值时通常要考虑以下几个方面：①所选择书刊在内容性质上要与读者兴趣、阅读需要（包括不同学习阶段的阅读需要）及其知识结构相适应；②在水平深浅上要与读者知识智力水平相适应；③在写作编辑特色上要与读者智力特点、学习理解特点相适应。采访人员主要根据文献的内容性质（知识种类）及作者（或研究者）表述（获得）知识的角度方式或图书内容的组织特点来判断文献所含的智力因素，并结合读者智力特点和智力发展需要，判断文献的智力价值。

3.重视"读者需要"和文献"科学价值"的平衡关系

有一些书有很高的借读率，但是，通常"价值"很低或不高，如武侠、通俗言情小说；有的书"价值"高，却鲜有读者。高校图书馆既不能多购"价值"高而极少使用的书籍，也不能因某些低"价值"的书风行一时而大购特购。采访人员应当全面理解"读者需要"，既看到读者现实需要，又要分析潜在的未来需要，分析出版物是否符合读者长远需要。若与读者现实和长远需要关系不大，则不予收藏。总之，需要正确处理好读者需要与文献价值这一对立统一的选书标准的关系，保持两者之间的平衡。

（二）经济性原则

这一原则指的是采访人员通过合理利用信息资源购置经费，进而可以实现使用最少的钱将最高价值、读者利用率最高的信息资源采集到。如果要与这一原则相符，采访人员需要做到以下几点：

第一，严格根据本馆文献采访方针、计划以及经费使用，计划采购需要做到不采购无关以及没有多少实用价值的书刊；对于没有必要的复本和品种不多购；对于价格比较贵的出版物不购或是少购；对于价格实用价值较高的出版物也不漏购。

第二，对读者的阅读情况要第一时间进行了解，对于大部分读者时常需要的书，首先需要确保经费，不可因为为了满足极少数的读者而花费较高的经费；对于具有较强专业性以及重点学科的图书应该在规模和数量上有一定的保证；针对一般性以及综合性的图书，基于对现实需求的满足，没有必要过多地收藏一些复本或是一些品种。

第三，重视合作采访，在网络环境及馆际藏书分工协调、共享条件下，充分估量由此产生的经济意义，据此适当调整采购方针。例如，某些可比较便捷地无偿或低价从互联网或协作馆获取的文献信息，在本馆采访经费中可不再占用或少占用购置经费；如果大型印刷出版物有电子版（光盘版），若无特殊需要且信息技术设备条件跟得上，可只购电子版。

第四，重视收集非卖品书刊资料，可通过主动索取、征集、交换等多种渠道收集，以节约经费。

（三）特色化和分工协调原则

特色化和分工协调原则是图书馆文献信息资源采访所要遵循的原则。采访人员可依据本校的学科以及办学特色，系统完整地把重点、某些专题的文献信息资源以及特色学科收集起来，进而让馆藏文献信息资源体系具备明显的专业性和特色性。针对专题的选择以及特色学科都需要依据本馆的主要任务、原有馆藏特点、重点读者需要、区域文献资源分工布局要求进一步明确。图书馆还要通过地区以及馆际联合采购的方式，分工采购某些学科、文种、区域的文献，进而将一定范围内的布局合理、资源共享、相互依存的文献资源保障体系建立起来。

图书馆事业生存发展的必然是当代图书馆的文献信息资源建设要走特色化以及分工协调发展的道路。由于现代科技的迅猛发展，使得信息大爆炸以及读者文献信息的要求更专深和广泛，如果只是单一地依靠一个图书馆的力量是不能将与时代需求相适应的文献信息资源体系建立起来的，更何谈读者日趋繁杂的文献信息需求了，是满足不了的。伴随着网络化的发展，若图书馆毫无特色，则在网上起不到任何作用，也不具备任何价值。在一同建立的文献资源共享保障体系中，单个图书馆的藏书结构和功能也能够获得进一步的扩展与完善。

遵循特色化原则需要精准地将本馆特色藏书的学科以及专题文献所要达到的"藏书级别"制定出来，也就是系统的完整程度，之后，依据既定的建设目标，通过长时间的努力坚持采集相关文献。在建设的时候，要明确特色化馆藏。所谓特色化馆藏其实指的是有相对完整且系统的内容，进而可以将某一学科以及专题知识信息领域全面反映出来的馆藏，然而，其并非简单地指某种类型的文献信息资源收藏丰富齐全，而一定是像期刊、图书、报纸等多种文献类型的完整收集，因为如果只是单一地收集一种文献类型，是不能及时、全面地将某种知识信息领域全貌反映出来的。

（四）系统性和可持续发展性原则

图书馆信息资源是通过不同内容以及多种形式的出版物构成的有机整体，将满足它服务的读者需要的有组织、有序的知识体系反映了出来，在形式结构以及内容上具有较强的发展性和系统性。图书馆的信息资源体系是其采访人员依据图书馆的任务与性质，系统地、长期地、接连从诸多信息资源中用心选择的，是本馆所服务读者需求的信息资源积累而成的，是一个系统地获得并积累特定知识信息的过程。文献采访人员选书的重要依据是读者需求的系统性特点。

文献采访系统性原则是根据文献信息资源内容系统完整、重点突出、结构科学合理以及具有显著特色的要求选择信息资源。文献采访人员遵循系统性原则需要注意下列几方面的内容：第一，需要计划好文献信息资源采访，包含馆藏长远发展以及中短期采访计划。第二，对馆藏信息资源结构要多加关注，依据文献信息资源的学科类型、主题、文种、载体、地域以及时间等馆藏信息资源的构成比例进行采集。第三，对馆藏文献信息体系在形式结构以及内容上的系统完整性要多加关注，通过长时间的累积，构成了最好的结构以及功能的信息体系。第四，报刊及工具书、多卷书、丛书、其他连续出版物等应该在内容上保持完整，在时间上要有连续性。

文献信息资源采访需要保持可持续发展性。第一，采访人员要一直补充与新的信息资源要求相符的内容，将馆藏信息资源体系予以完善，并实现其动态平衡。第二，应该用发展的眼光去选择资源信息，这样才能对读者需求的未来变化趋势有预见性，进而选择适用的新专题以及新学科的信息资源。其采访人员也要遵守发展性原则，并对科学技术发展随时进行关注，另外还要关注文献信息资源的发展动态以及出版发行的趋势，将与本馆目标相符的以及读者需求的新文献信息资源补充上来。

（五）多载体信息资源一体化原则

这一原则是指高校图书馆在实现计算机管理和数字化以及网络化背景下，把多媒体型、视听型、机读型、印刷型、电子型文献信息作为馆藏文献信息资源体系中相辅相成的有机组成部分，把实体与虚拟馆藏有效融合，进而形成一体化文献信息资源保障体系的观念及工作原则。

图书馆工作因为现代计算机、网络、通信、多媒体、数字技术的快速发展以及在工作中大范围的使用而进入一个全新的阶段。基于网络环境下，新的信息载体，尤其是网络文献以及光盘、电子出版物的涌现与普及，包括网络信息服务的社会化发展，从而使人们记载与传递知识信息的方式和获得知识信息的途径有了颠覆性的改变。然而，由于信息技术、信息资源环境、信息需求等的变化，使高校图书馆出现了一定的变化。为与电子以及网络信息资源发展为主流时代的要求相适应，图书馆通过建设文献信息资源共享以及计算机管理自动化和网络化，使其能够更好地融入信息化社会中，并且，继续成为社会的信息资源中心。

第三节　信息资源采访的内容

一、制定采访方针、计划及文献收集标准

文献采访工作的纲领性文件即为采访方针、计划和文献收集标准，与此同时，也给文献采访工作明确了方向。一个系统、科学、具有一定特色的并可以满足广大老师和学生文献需求的馆藏体系是基于采访方针、计划及文献收集标准的指导下，有计划地进行建立的。

采访方针、计划和文献收集标准是根据本馆的性质、任务、经费、读者对象等约束条件而制定的。各类型图书馆都有自己独特的任务及特定的读者对象。高校图书馆的主要任务是为学校的教学与科研服务，而它的读者对象也非常明确，主体是本校的学生及全体教职员工。因此，高校图书馆文献采访的方针、计划及文献收集标准必须围绕着本校的专业设置、学科发展状况和教学任务来展开。

（一）文献采选方针

文献采选方针一般包括总则和细则两部分。总则是对本馆文献资源采选的总任务、总方向、总要求和要达到的总体目标的说明。细则的主要内容应包括：①文献采选的基本原则，即文献采选时应遵循的具体原则，应具有可操作性。②各类型出版物的采选原则，规定不同载体文献的采选原则、采选方法及所占的比例。③各学科文献采选的原则及标准，应区分重点学科和一般学科，并详细地规定各学科文献的选择标准。④采访文献的结构，包括学科结构、等级结构、文种结构、时间结构等。⑤复本量规定各类文献每种的采访数量。⑥文献采访方式及渠道，即各类文献的获得方式及管理办法。⑦文献采购的工作流程，即文献采选的工作环节及要求。⑧文献采访岗位的工作职责及要求。⑨文献采购经费的管理及使用。

（二）文献选择的标准

文献选择的标准是图书馆根据本馆文献采访方针制定的文献选择标准，其

应根据本馆的性质、任务、读者对象，并考虑文献的主题内容、文献的责任者、文献的价格及文种、装帧、出版时间、地域等因素，以制定详细的、可操作性强的文献选择标准。

二、采访信息收集

（一）关注出版动态，掌握出版与发行信息

收集文献的出版发行信息是了解和掌握文献来源的重要途径，是采访人员选择、评价和订购文献的重要基础，是了解出版社和发行商信息的必要手段，也是采访人员在详细掌握读者需求信息、馆藏信息、资源共享信息和经费保障信息等基础条件之后，进行采购入藏文献的前提条件。出版与发行市场是一个复杂多变的市场，采访人员要时刻了解、熟悉、关注出版与发行市场的变化趋势，准确掌握瞬息万变的信息。只有对国内外的出版发行动态、图书产品优劣、复杂的发行渠道有所了解，掌握丰富的书源，才能选择优秀文献。

（二）馆藏文献资源调研

其主要是针对图书馆文献采选、入藏及满足读者需求所展开的调查评估的过程。分析馆藏的优劣之处，能够为日后文献资源建设提供合理且科学的依据。调查方案及方法的制定与实施，定期检查工作进度，完成调查报告是其主要的工作内容。

（三）读者需求的调研

文献采选工作中，收集读者需求信息是最重要的一项内容。基于此，能够为馆藏文献资源建设提供精准的参考数据，这样一来，文献的采选质量有所提升，进而满足读者的阅读需求。其主要的工作内容有：调查方案及方法的制定和实施，工作进度需要定期检查，完成读者调查报告。

三、编写文献购置经费预算方案

图书馆用于购置文献的资金即为文献采购经费。其预算方案是图书馆对年度文献采购经费进行的整体方案和要求，主要内容如下：

（一）馆藏建设和读者对文献的需求

包含各种类型的文献采访的数量和需要的经费比例，以及读者对文献类型、语种、品种数量的实际需求。

（二）上年度经费的使用情况

认真分析在使用上述经费的过程中所遇到的一些问题。

（三）当前的主要问题

把图书馆文献资源建设所面对的问题以及造成的严重后果体现出来。

（四）经费预算及其可行性分析

预算的提出要有一定的根据，数字和项目要精准且合理，具有可操作性及可行性。对文献采购经费预算方案进行编制时要遵循实用性、可行性、科学性、突出重点及实事求是等原则。把年度图书馆文献资源建设需求以及用户对文献资源的现实要求体现出来，如此，才能把图书馆采购经费的使用情况与重点突出出来。

四、选择供应商

图书馆的文献主要是与文献供应商以货币的方式交换而获得。在采访工作中，文献供应商（包括新华书店、图书馆专供商、图书批发机构等）的选择非常重要。图书馆选择供应商必须综合考虑各个方面的因素，例如：信誉、到书率、数据质量、价格、服务、位置等。

五、规定采访工作流程

根据本馆采访方针、人员条件和具体工作环境，规定采访工作的各项流程，定人定岗定责，按图作业，从而保证采访经费的合理使用，提高文献采访质量，确保工作高效有序。文献采访工作是有严格程序及要求的，大体可以分为以下 4 个阶段：搜集阶段、订购阶段、验收阶段、登记阶段。每个阶段又都包含具体的内容。

六、收集反馈信息

图书馆采访人员要注意收集各种反馈信息，包括图书管理部门对图书内容、质量、数量的意见及读者利用情况四个方面。图书进入书库流通以后，图书管理人员在管理过程中，要能够及时发现图书的瑕疵，譬如相同种类过多、内容重复、复本过多等问题。采访人员要深入这些部门了解情况，及时纠正存在的问题。读者在阅读使用图书过程中，对图书的认识也会有一个综合评价。读者的意见对采访工作同样具有重要的参考价值。读者需求方向的变化、需求深度的变化，提示了藏书改变的方向。采访人员可以通过读者个人反馈意见、问卷调查、座谈会、读者协会等途径，从不同角度、不同层次获得读者的意见和建议。读者的意见必须在采访工作环节得到落实。

七、采访协调

采访协调，即文献合作采访，是指两个或两个以上图书馆，在自愿或约定的基础上，通过分工、协调，各自尽可能将本单位分工负责的有关专业范围内的文献收集得较为齐全、系统；在合作范围内，使各个有关学科的各种类型文献在整体上更加充实、完善，并形成一定特色；避免一般化和不必要的重复、浪费或缺藏，从而为参与文献合作采访馆的文献资源共享打下坚实的基础，提供最基本的条件。合作采访要具有全局观念，有统一领导机构，要求参加文献合作采访的图书馆必须形成一个整体，把各馆视为其中一个部分；合作采访要求各馆文献采访工作必须标准化和规范化，只有这样才能建立真正意义上的区域性的文献资源保障体系，实现资源共享。

八、采访质量评估

采访质量评估，有采前评估和采后评估两种。采前评估主要通过采访专家委员会对预订书目进行评价。采后评估则是对图书流通后，在读者中的利用情况和图书种类分布以及它们的内容是否切合实际等进行核实。评估实际上是对采访方针执行情况进行综合分析，检查采访工作效果的一种手段。采访质的评价主要是对所采集的图书文献与读者需要达到共鸣的程度进行评估，这表现在文献借阅的比例、文献内容对读者的帮助、激励读者思维的潜在效用等；而采访量的评价主要是看能否满足多层次、多样化读者的需要，这可从拒借率指标中获得部分信息。采访工作就是要在这种调研评价中不断进行修正，使采访的文献资源一步步与读者需求相吻合。因此，可以说，图书采访工作就是一个不断执行、调整、研究的过程。

九、采访工作管理

（一）文献采购经费管理

文献采购经费管理是指在采选工作过程中，对相关经费的使用和控制。其主要内容包括：

第一，账目管理明确规范，采访部门应委派专人负责经费的管理与使用。

账目要求清晰准确，便于日常查看。项目包括：批号、支出额度、支出日期、经办人、种数、册数、收款单位、报账时间等。要定期对经费的使用情况进行检查、定期与财务人员对账，以准确掌握经费的使用情况。加强同财务人员的沟通，避免产生经费管理和使用的矛盾。

第二，应依据年度采购计划，有步骤地合理计划经费使用，包括文献采集的数量、经费分配比例以及完成采购计划的措施。对可能出现的超支或结余等情况应提前解决，以做到经费使用的平衡。

第三，财务手续规范，认真核对购书清单的价格和计算书价，保证到书的实际价格和清单价格、所有清单的价格与总价格完全相符。按每批书的实付款领取支票，同供应单位结账并验收发票。填写请款单，有关人员签字后及时办理钱款、报账手续。严格遵守财务制度，禁止吃回扣。账目清楚，一切手续和凭证符合财务管理要求。定期向领导汇报购书经费的使用情况。

第四，监督管理按要求做好经费统计，每年对经费的支出情况进行统计分析，定期对购书经费使用、报账情况等进行检查。

（二）采访工作管理

采访工作管理主要包括对采选工序环节的数量和质量检查、专项检查、采选工作的管理等。

第一，加强对文献采访的管理、研究与统计分析，努力解决采选工作中的问题。

第二，根据本馆有关规定，定期组织进行采选工作检查，检查项目是否齐全、安排是否合理。其一，对采选工序环节的检查，应包括审核选书质量和数量，抽查图书发订、验收、登记、移交等环节的工作数量和质量情况。其二，专项检查文献误采率、加工时限、书商的配书情况、业务统计、购书经费使用等情况。其三，文献采购管理检查应包括有关政府采购的法律、行政法规和规章的执行情况，采购范围、采购方式和采购程序的执行情况，本馆有关文献采购经费管理的执行情况。

第三，发现问题及时要求改正，并撰写检查报告报有关领导和部门。

第三章　高校图书馆信息资源的组织管理

第一节　信息资源组织管理概述

一、信息资源组织管理的内涵

（一）信息资源组织管理的概念

所谓的信息资源组织管理，指的是图书馆将收集到的信息进行优质化以及信息化的组织。也就是根据一定的要求并采取科学的方法和规则，通过表述以及排序信息内外的特征，将无序信息流向有序信息流的有机转换实现，让信息集合可以达到科学的排序、有机的组合以及有效流通，对用户在利用以及获取信息上起到一定的促进作用。换言之，就是通过现代技术手段，对信息资源进行组织、计划、调控的活动过程。

（二）信息资源组织管理的意义

图书馆收藏了诸多多样化信息资源，这样一来，用户选择信息的时空得到了有效拓展，与此同时，在一定程度上将用户多信息需求的意愿满足了，但是，图书馆收藏的这些多样化信息，对于用户利用信息来说带来了一定的影响。由于不同信息系统所依托的技术环境不同，使得检索界面和方式出现了差异性与复杂性，这样一来，对用户提出了更高的要求，他们需要掌握多种检索的方式方法，在查询信息上也有一定的难度；不同载体和类型的信息缺少一定的关联，使得用户在检索以及查找信息上有一定的困难，同时也会花费很多时间；由于信息资源的来源不同，使得它们出现了冗余、重复，对用户查询信息造成了一定的影响；不同载体形态的信息资源之间缺少联系，对信息查全率造成了一定的影响。

所以，图书馆需要科学合理地对入藏的信息资源进行整合，去除冗余、重复的信息；让分散无序的信息资源变得井然有序；进而将查找方式和检索界面统一，这样一来，用户便能够非常轻松地找到自己需要的信息；让各载体以及各类型的信息规律化地分布。所以，图书馆一定要对入藏信息进行科学地整理，现代图书馆相较于传统图书馆而言，在管理观念和服务的技术手段上都比较重视，与此同时，也具备一定的条件去开发利用信息资源。图书馆员的工作不再只是被动地提供服务，简单地进行文献保存和传递，而更应该成为信息的导航员与管理者。其最主要的任务是对不同载体和类型的信息进行有序化、优化整合，让用户可以荡漾在信息的海洋中去寻找自己所需要的知识，或者给予用户一定的帮助，甚至直接为他们提供知识，进而将信息资源的活性和利用价值增强，通过分析和研究信息，为社会提供研究成果，进一步实现信息的增值。

二、信息资源组织管理的内容

（一）信息资源布局结构的规划与组织

图书馆信息资源开发利用的关键与核心问题是信息资源体系结构的规划。对信息资源组织管理的具体要求是把馆藏信息资源的作用充分体现出来，在最大程度上满足图书馆读者不断变化的信息需求。信息资源布局的结构对图书馆服务的保障能力造成了一定的影响。

信息资源布局结构所规划的目标是：把相对有限的信息资源组织成一个具有合理空间布局以及科学层次结构的保障体系和网络系统。它需要将下列四方面的问题处理好：第一，在馆藏信息资源的组织上，要选取怎样的模式；第二，对于馆藏信息资源的可持续发展，要采用怎样的思路确保其持续发展；第三，对于馆藏信息资源要采用怎样的方式序化；第四，选取怎样的策略以供读者利用。

为了将这一目标实现，需要做到图书馆信息资源的组织和管理工作。在时间范围上，反映并组织不同时期的人类文化知识成果，传承历史，把人类文明发展的脉络延续下去；在空间区域上，其主线是馆藏信息资源的学科分布，把多种载体的信息资源和读者的信息需求有效结合，进而形成不同的信息资源使用空间；在数量发展上，把存量和增量的配置进行了强调，处理品种和复本的关系，多种形态的信息资源要互相进行补充。此外，通过规划和研究信息资源的组织结构层次，把最优化的信息资源组织模式建立起来，进而，有着合理结构的信息资源保障格局便构成了。

（二）信息资源的序化和管理

图书馆信息资源组织管理最基础的工作内容便是信息资源的序化和管理，基于信息资源布局结构规划的指导，进而展开具体的活动，其主要目的是保持图书馆信息资源体系的有序性、层次性以及有效性。

信息资源序化和管理包含的工作内容有：第一，组织与排架；第二，复选与剔除；第三，保存与保护。第一项内容是对图书馆已经加工处理过的信息根据一定的排列方式再次进行序化，进而把信息资源精准的位置确定下来；第二项内容是再次筛选图书馆的信息资源内容，进而对馆藏结构进行优化，同时也能节约馆藏的空间，馆藏信息资源体现活力的过程也得以进一步加强，保存与保护信息资源是对馆藏信息资源的载体形态进行维护和修复、延长信息资源使用寿命的过程。由此可以看出，序化和管理馆藏信息资源是建立信息资源流通渠道的完整过程，其是否通畅对图书馆读者使用信息资源有着直接的影响，与此同时，信息资源体系利用的质量也受到一定的影响。

（三）信息资源评估活动的组织

在图书馆信息资源建设中，评价信息资源是重要内容，同时也是信息资源组织管理工作中最重要的环节。若是要全方面地检验信息资源组织管理的工作，可以开展信息体系评价活动，同时也可以对信息资源体系运行状态进行信息反馈与目标校正。它通过采用多种定量以及定性的方法，检测信息资源体系的功能与结构，将既定目标和实际效果之间的区别找出来，进一步完善信息资源体系的功能，从而使图书馆信息资源体系结构进一步得到优化，并提升了图书馆的服务能力。

信息资源是信息资源评价的对象，包含传统馆藏信息资源中的印刷型文献以及少量的缩微文献、机读资料、声像资料、光盘、数字型馆藏中的各种电子文献以及数据库，与此同时，联机数据库以及以网络信息资源为主的虚拟馆藏都涵盖在内。所以，在评价馆藏信息资源质量上，要将其整体性充分体现出来，一方面要全面衡量图书馆的馆藏能力和建设的系统运行状态，实行整体的调节和控制；另一方面还要检验馆藏信息资源建设的整个过程，对信息资源采集和组织管理的发展规划及相关政策、原则与发展、经费配置等问题进行分析。

三、信息资源组织管理的原理

（一）控制原理

控制论的理论核心便是控制原理。控制者在进行控制时通过对系统施加作用与影响，进而将系统预定的运行目标达到，然而，系统在不停地适应运行目标时，要对各种信息及时做出反馈，让控制者可以进行纠正，以保证实现既定目标。控制以及系统原理具有一定的内在联系，在系统运行状态和规律这一问题上，若是说控制原理是其理论基础，那么，系统原理则成了解决系统自身组织层次问题的理论基础。

最优的馆藏信息资源系统，不单要将系统内的各个要素进行有机整合，合理地进行周转和运行，同时，还要有自我调节以及与时俱进的功能。如果要将这些功能实现，则需要依托于控制原理的使用和指导。馆藏信息资源管理主要是为了优化其结构，完善其体系的调节和控制功能，并且，也能够获得最好的运行状态，这样一来，馆藏信息资源可以与社会发展需求相适应，最大限度地满足社会信息需求。在组织管理图书馆信息资源的同时，怎样将控制和协调机制建立起来，并且还要实现信息资源体系的结构优化以及布局的整体性目标，是馆藏信息资源组织和管理的重点。

（二）系统原理

现代图书馆信息资源建设的重要指导思想是系统原理，并且，在信息资源组织管理的序化阶段有着重要的指导作用。系统论认为，系统是通过诸多互相制约、互相约束的要素所形成的有机整体，并且，依据一定的原则运行，即：有序性、目的性、层次性、整体性以及联系性等原则运行。图书馆馆藏是由多种不同成分的信息资源所构成的具备特定功能的有机整体，也是一个系统。特别是在现代图书馆信息资源组织管理中，一直以来，数字以及印刷型信息资源相互补充，两者并存，但现实以及虚拟馆藏又各自独立。怎样根据图书馆信息资源建设的整体目标构成完整统一的信息资源体系，是图书馆信息资源组织管理的长期任务。因此，馆藏信息资源基于网络环境下进行组织需要将系统原理充分运用起来，把各种信息资源之间的关系处理好，在对印刷型信息资源有效保存和利用的情况下，对收藏和组织数字信息资源进行强化，互相补充，适度并存。对现实以及虚拟馆藏关系进行处理的时候，首先，虚拟馆藏是不可排斥的，其次，对虚拟馆藏也不可过分地进行依赖。因此，组织管理馆藏信息资源，需要依托于系统原理科学、合理地组合馆藏信息资源，将其系统功能的活动过程充分体现出来。

馆藏信息资源组织和管理是辩证统一的整体，馆藏信息资源建设的基础性工作是其组织，是把信息资源从分散变整体、孤立变系统的过程；然而，在管理馆藏信息资源时，需要基于有序化之上，针对某一目的，根据结构功能优化原理对信息资源结构进行优化的过程，是对信息资源序化的继续和升华。图书馆实现信息资源社会利用的重要条件之一是馆藏信息资源的组织管理，与此同时，馆藏信息资源组织管理也是提升社会价值以及实现信息资源增值的主要依据。

四、信息资源组织管理的方法

伴随图书馆数字化和电子化信息资源的迅猛发展，信息资源的数量和品种逐渐增加，馆藏信息资源体系也得以进一步扩展，从而使得信息资源也具有了多种组织管理方法。整体上，信息资源的组织管理可以从两方面进行，即：信息资源内容与形式，详解如下：

（一）从信息资源内容方面组织

馆藏信息资源组织的重要方法之一是从内容层面组织图书馆信息资源。它是依据信息资源的内容特征，采用包含语义关系的符号系统组织信息资源。这样的组织方法即为内容组织法。这一方法对信息资源具有序化功能，而且，在读者利用图书馆的信息资源上也具有指引及认知的功能，同时还是信息资源组织的核心方法。分类以及主题组织法是经常使用的内容特征组织法。

分类组织法是根据学科及体系范畴，将馆藏信息资源根据类别特征组织和排列的一种方法。因为在人类活动中，分类是一种最基本的思维方式，是从本质上对事物之间的差别和联系进行把握和解释的一种重要手段。所以，通过知识属性对文献内容关系进行描述和表达的一种馆藏信息资源组织方法即为分类组织法。

依据信息资源的内容相关主题概念的特征进行馆藏信息资源组织的方法即为主题组织法。若将分类组织法看作是信息资源内容的逻辑关系顺序进行馆藏信息资源组织的话，那么，主题组织法则是从文字的形式以及事物本身进行馆藏信息资源组织的一种方法。以语词作为检索标识，根据字顺排列馆藏信息，并且，在特定的空间内汇聚了同一主题的内容以供利用，直观性较强。

（二）从信息资源形式方面组织

这一方法指的是依据信息资源的外部形式特征以及物质形态特征进行组织的一种方法。因为馆藏信息资源具有多元化特征，使得图书馆信息资源的组织利用方式多样化，这一特点将读者利用的基本条件形成了，它也是馆藏信息资源组织序化的基本要素，所以，根据信息资源的物质形态特征与外部形式特征组织信息资源则成了最基本的方法。时序特征组织法、出版形式组织法、载体形态组织法、地序特征组织法等是经常见到的组织方法。

第一，时序特征组织法。其是指根据信息资源编辑出版的时间特征进行馆藏信息资源组织的方法。这种信息资源组织方法体现了信息资源收藏的历史价值，反映了馆藏信息资源的形成和发展的历史脉络。同时，这种馆藏信息资源组织方法还能够使读者掌握相关信息资源的发展历史和社会价值。如图书馆将珍藏的古籍善本文献按照时间的顺序进行区分和集中组织，以实现妥善保存和有效利用的目的。

第二，出版形式组织法。其是指根据信息资源的出版编辑形式进行的组织方法。图书馆按照信息资源的出版形式，将信息资源划分成图书、连续出版物、特种文献等不同的组织空间，在构建馆藏信息资源集中利用通道的同时，也便于按照信息资源的出版特点进行集中管理，如注重图书收藏的系统性与针对性，注重特种文献收藏的完整性和全面性，注重连续出版物收藏的连续性、时效性等，使图书馆信息资源体系得到充分的体现与利用。

第三，载体形态组织法。其是指根据馆藏信息资源外部单元的载体形态特征进行组织的方法。在信息技术环境下，新型的信息载体不断出现，改变了图书馆信息资源体系的载体结构，丰富了图书馆馆藏信息资源的类型。为了使不同类型的馆藏信息资源被读者所认知和利用，图书馆根据信息资源载体形态（如磁带、光盘、网络等）的不同特点，组成了不同资源的管理和利用区间，如很多图书馆将光盘文献、视听资料、缩微文献等采取集中组织的方式，在全面了解信息资源载体特征的基础上充分发挥不同载体形态资源的作用，指导读者进行有效利用。

第四，地序特征组织法。其是指根据信息资源内容涉及的国家和地区以及信息资源出版的地理区域特征进行馆藏信息资源组织的方法。它能以地区为中心集中所有的相关馆藏信息资源，反映某一地区的历史面貌和发展，因此具有较强的系统性和地方性。如图书馆对地方文献的组织就宜采用这种方法，既突出了地方特点，又便于读者查找和利用。总之，馆藏信息资源组织方法多种多样，图书馆可以根据自己的馆藏特点和读者的实际需要进行选择和利用。

第二节 图书型馆藏的组织管理

一、图书型馆藏的组织

将知识和信息以复印、铅印、胶印、石印、油印等方式，以纸张为载体记录形成的文献形式的信息资源的集合是图书型馆藏。现代图书馆馆藏中图书型馆藏是不可缺少的一部分。

（一）图书型馆藏的布局

所谓图书型馆藏布局，是指将图书馆入藏的全部印刷型文献，按照一定的标准，划分为相对独立联系的若干部分，建立各种功能的书库、为每一部分藏书确定合理的存放位置，以便保存和利用。图书型馆藏布局的实质就是对图书型馆藏信息资源进行空间位置上的科学、合理划分，力求使图书型馆藏信息资源与读者需求达到最佳结合点。

图书型馆藏布局所研究的具体问题是，怎样使所收藏的文献依据科学的布局模式，发挥最大的效益，并最大限度地满足用户的需求利用，以及所收集的印刷型信息资源采选到馆后，怎样科学合理地将其分配到适合的印刷型信息资源收藏地点。

1.图书型馆藏布局的依据与要求

图书型馆藏布局是为有效利用和妥善保存印刷型信息资源的目的而进行的一项活动，它由以下几方面的因素决定：

第一，图书馆的任务和读者需求。不同类型的图书馆，所担负的服务任务不同，读者的需求特点和规律不同，按需设置，区别服务，是馆藏布局的一个重要出发点。

第二，图书型馆藏信息资源的数量、质量和学科、等级、文种、时间及印刷型信息资源类型的供求状况，决定了馆藏布局的结构、功能和规模。

第三，人力、物力、财力条件及图书馆建筑格局。图书型馆藏布局的规模、藏书点的多寡，必然受到图书馆人员、馆舍、设备、资金等物质条件的制约，此外，图书馆的建筑格局也客观制约着图书型馆藏布局。比如，书库空间狭小则限制了图书型馆藏信息资源的借阅一体化布局，制约了图书馆构建大空间的印刷型信息资源收藏与利用模式的发展。

因此，图书型馆藏的布局要综合考虑以上制约因素，要通过科学的组织与规划，使图书型馆藏信息资源在客观条件许可的情况下发挥最大的作用。

一个理想的图书型馆藏布局体系，应满足以下要求：①有利于提高图书型馆藏资源利用率，充分发挥图书型馆藏信息资源的效益；②有利于满足不同读者的需要，提高图书馆服务工作的效率；③有利于充分利用图书馆的有效面积，节约书库和阅览室的空间；④有利于图书型馆藏资源的馆内流动，并与图书馆其他资源利用相协调；⑤有利于图书馆工作人员熟悉和研究图书型馆藏，便于开展灵活、迅速、周到的服务；⑥有利于印刷型信息资源的保管，避免丢失和损坏，延长印刷型资源的保存寿命。在图书馆实际工作中，以上要求不可能完全实现，要互相兼顾，也要有所取舍。

2.图书型馆藏布局的原则

尽管各图书馆由于类型不同、方针任务的差别和规模大小的不同，其图书型馆藏信息资源的布局也不尽相同，但他们在遵循图书型馆藏布局的原则时还是有共同点的，主要表现在以下三个方面：

第一，方便用户利用的原则。图书型馆藏信息资源是供用户利用的，图书型馆藏信息资源布局的目的就是最大限度地方便用户的利用。因此，方便用户利用是图书型馆藏布局遵循的首要原则。

第二，印刷型信息资源运转灵活的原则。印刷型信息资源运转灵活的原则是指各文献库文献布局的方位，要便于用户选择、借阅，便于馆内对文献的日常整理，便于各文献库间文献的调整流动，便于文献从采编部到各文献库、借阅处、阅览室、参考咨询室之间的迅速运转交流。

第三，充分发挥印刷型信息资源功能的原则。图书型馆藏信息资源布局在最大限度地方便用户利用的同时，要体现充分发挥各学科专业、各类型文献的使用功效的原则。功能明确是图书型馆藏信息资源整体质量不断提高的前提。因此，在图书型馆藏布局划分时，要考虑主要用户群对印刷型信息资源的需求利用情况，各学科专业、各类型印刷型信息资源之间的有机联系。

3.图书型馆藏布局的方式

图书型馆藏布局的方式多种多样，它们从不同方面、不同程度上体现出了印刷型信息资源布局的要求。

（1）展开式水平布局

展开式水平布局主要适用于直接面向读者的开架流通书库。由于这种布局形式的书库、阅览室、借书处都是在同一水平面上，因而便于读者对图书馆印刷型资源的查找和利用，提高了馆藏利用效率。这种布局方式的不足是占据空间范围大，印刷型文献传递路程长，限制了自动化传递装置的使用，书库的建筑造价高，同时不利于印刷型资源的保管。

（2）立体交叉式混合布局

立体交叉式混合布局是对不同的印刷型文献采用不同的布局形式，常用书尽可能放在和阅览室处于同一平面的书库，使其最接近于读者；不常用图书放在书库中不与阅览室相连的垂直位置上，形成立体的交叉布局。一般来说，藏书规模在 10 万册以下的小型图书馆通常采用水平布局，使图书的采、分、编、典、流形成一个直接的平面工作流程；而 10 万册以上的中型图书馆则应有单独的书库建筑，藏书布局可以两种方式并用；对于 100 万册以上的大型图书馆，一般建立塔式书库，藏书采用立体交叉式布局。

（3）三线典藏制布局

所谓三线典藏制，就是指按照图书型馆藏信息资源的利用率高低及新旧程度，结合服务方式，将其依次划分为三个层次，组成一、二、三线的布局体制。一线书库布局特征是：提供利用率最高、针对性最强、最新出版的印刷型信息资源，供读者开架借阅；二线书库的布局特征是：提供利用率较高，参考性较强、近期出版的印刷型信息资源，可根据情况供读者开架借阅或查目借阅；三线书库的布局特征是：集中收藏利用率低的、过期失效的以及内部备查参考的印刷型信息资源。

三线典藏制的理论依据是美国图书馆学家特鲁斯威尔（R.W.Trueswell）总结的图书型馆藏信息利用的"二八率"，即在图书馆全部的图书型馆藏信息资源中，大约 20% 的常用印刷型信息资源满足了 80% 的借阅需求，其余 80% 的图书型馆藏信息资源仅能满足 20% 的读者需求。由于图书型馆藏信息资源得到了充分的利用，因而这是一种科学合理的图书型馆藏信息资源布局方式。

（4）塔式垂直布局

塔式垂直布局主要指塔式书库。这种塔式书库主要适用于闭架流通书库和保存书库。其优点是能使藏书在最小的空间范围内得到最大程度的集中，保持了藏书的安全状态，同时使得书库藏书接近各阅览室，与读者保持短距离联系。现在许多大中型图书馆的书库都采用了这种结构。其缺点是每层书库都要设置管理员，或者是管理员负责几层书库，这样不仅体力负担过重，还会降低劳动效率和为读者服务的效率。此外，这种书库大都安装全自动或半自动的运输设备和联系设施，所占空间太大，馆舍的建筑费用和使用费用也较高。

（5）藏借阅一体化布局

所谓藏借阅一体化布局，指的是一种全开架布局，它利用计算机技术、通信技术、网络技术等信息技术，采用"统一管理方式"，即大开间、少间隔的建筑格局，各处设有桌椅，方便读者就近阅览；印刷型文献按学科、知识门类集中起来，读者可以随意浏览和自由获取，除特藏文献和现刊以外，其他印刷型文献尽量不单设阅览室。这种布局被国外图书馆普遍采用，现在国内新建馆舍的图书馆大多也都采用这种布局。

藏借阅一体化布局的优点主要体现在：提高了图书型馆藏信息的利用率；减少复本，节约购书经费；节约人力资源，提高了服务质量。

藏借阅一体化布局的要求主要有：①图书馆建筑设计要体现灵活性，功能转换要便利。②管理模式要更新。③强化用户参与意识和自我服务能力。④提高馆员的参考咨询能力。⑤营造人性化学习环境，形成集藏、借、阅、管于一体的综合性功能空间。

（二）图书型馆藏的排架

图书型馆藏排架，就是将图书型馆藏信息资源有序地陈放在书架上，并形成一定的检索体系，使每一种印刷型信息资源在书库及书架中都有固定的位置，以便于图书馆员及读者能准确地取书与归架。

1. 图书型馆藏排架的目的与要求

图书型馆藏排架的目的是便于藏书的检索利用。为了达到检索利用的最佳效果，对藏书排架有以下几个方面的要求：

（1）有利于提高检索效率，取书、归架迅速简便，节省时间和体力消耗。

（2）建立实用的排列系统，便于馆员直接在书架上熟悉和研究馆藏，也便于读者选择使用藏书。

（3）建立准确清晰的排架标识，尽量减少误差。

（4）充分利用书库空间，节约书库面积，减少倒架的麻烦。

（5）有利于对藏书进行管理，便于藏书清点和剔除。在实际工作中，要满足按内容系统选书和研究馆藏的需求，其往往与提高检索效率和排架经济简便相矛盾。因此，要选择适合不同类型藏书的排架方法，尽可能找到各种排架方法的结合点，以便灵活地加以运用。

2.图书型馆藏的排架方法

图书型馆藏排架方法，按出版物的特征标识，可分为两大类型：第一类是内容排架法，以出版物的内容特征为标识，包括分类排架、专题排架。其中，分类排架是主要排架法。第二类是形式排架法，以出版物的形式特征为标识，包括登记号排架、字顺排架、固定排架，以及文别排架、年代排架、书型排架等。

（1）内容排架法

内容排架法书指以印刷型信息资源内容特征为排架标识而进行排架的方法。它又分为分类排架法和专题排架法。

第一，分类排架法。其是指按照印刷型信息资源本身内容所属的学科体系来排列藏书的方法。由于这个体系与图书分类体系相一致，所以分类排架就是以图书分类系统为主体排列藏书。分类排架号由分类号和辅助代表同类图书的区分号组成。分类排架先按分类号顺序排列，分类号相同，再按区分号排列，一直区分到各类图书的不同品种。区分不同品种、不同书名以至不同版本的区分号，通常包括著者号（字顺号）、种次号、登记号等。

分类排架法的优点是：①使内容相同的书集中在一起，内容相近的书联系在一起，内容不同的书区别开来。②便于馆员系统地熟悉和研究藏书，为调整藏书结构提供依据，也便于宣传推介图书，有效地指导阅读。③便于读者直接在书架上找到同类书或相近类藏书，扩大借阅范围。

分类排架也有一些明显的缺点：①书架不能排满，造成空架的浪费，不能充分利用书库空间。②当新书大量增加、某些类别图书排架饱和、同类新书无法排进而又必须集中在一起时，则需要进行倒架，倒架耗费较多人力和时间，增加了劳动强度。③分类排架号是内容与形式的双组号，排架号码较长，造成排书归架速度较慢，容易出错，检索困难。

第二，专题排架法。其也是按出版的内容特征排列藏书的方法。它是将出版物根据一定专题范围集中起来，向读者宣传推荐，带有专架陈列、专架展览性质。专题范围与分类范围不同。分类是纵向层次展开，专题则是横向范围的集中，它打破了科学隶属界限，将分散在各个小类甚至大类下的同一专题的出版物集中在一起，提供给某一专题内容感兴趣的读者。专题排架法机动灵活，适应性强，通常在外借处、阅览室及开架书库，用来宣传某一专题、某一体裁的新书。它是一种辅助性内容排架法，不能按它排列所有的藏书，只能排列部分藏书。

（2）形式排架法

形式排架法是按照藏书的外部特征来进行藏书排列的。主要有六种方法：

第一，登记号排架法，其主要按图书馆为每一本书刊编制的个别登记的顺序排列藏书。这些登记号只反映出版的先后顺序或入藏的先后顺序，而不管它们的内容归属。按个别登记号排列出版物，简单清楚，一书一号，方便取书、归架、清点，但不能反映出版物的内容范围，不便直接在书架上检索利用。

第二，字顺排架法，是依据一定的检字方法，按照出版物的书名或著者名称的字顺排列藏书的方式。中文书刊通常采用四角号码法、笔画笔形法、汉语拼音字母来确定排架顺序。外文期刊及连续出版物，按刊名字母顺序排列。英文图书有克特著者号码表，俄文图书有哈芙金娜著者号码表，中文图书有汉语拼音著者号码表，在图书馆目录组织和图书排架中使用较为广泛。字顺排架法，可以单独用排列闭架的中外文期刊，并同年代顺序结合使用。作为一种辅助性方法，它同分类排架法结合，成为分类字顺排架法。尤其是分类著者排架法，在用来排列中外文普通图书时，能使同类著者同复本的书集中在一起，便于读者检索使用。

第三，固定排架法，即按照出版物的固定编号排架的方法。图书馆给每本书刊按入藏先后编制一个固定的排架号，这个固定排架号由四组号码组成：库室号、书架号、层格号、书位号。固定排架的优点是：号码单一，位置固定，易记易排，节省空间，不会产生倒架现象；其缺点是：同类同复本书不能集中在一起，不便直接在书架上熟悉、研究与检索藏书。我国国家版本图书馆，即采用固定排架法，密集排列各种长期保存的样本书。

第四，文种排架法，即按出版物本身的语言文字，排列各种外文文献的方法。这又是一种辅助性组配排架法。文种排架号通常由两组或两组以上的号码组成。

第五，年代排架法，是指按出版物本身的出版年代顺序排列藏书的方法。这是一种辅助性组配排架法，特别适用于排列过期报纸杂志合订本及其他有年代标志的连续出版物。

第六，书型排架法，即按出版物的外形特征，分别排列特殊规格或特殊装帧的书刊资料的一种辅助性组配排架法。这种排架法，将不同类型、不同规格的出版物区别开来，并用不同的字母标示特殊类型、特殊规格的出版物。

3.各类型印刷型信息资源的排架

在藏书排架实践中，图书馆对不同类型、不同用途的藏书，采用不同的排架方法，并用两种以上的排架法结合使用，以发挥各种排架法的固有长处，克服各自的局限性。

中外文普通图书的排列，一般采用分类与字顺（著者字顺、书名字顺）或分类与序号（种次号）组配，以分类著者号、分类书名号、分类种次号为排架号。其中，分类种次号排列法比较简单，容易掌握，工作效率高，但不能集中同一门类中同一著者的著作。分类著者号不仅能集中同一门类的图书，而且还可以在同一门类中集中同一著者的著作。这两种排列法，为较多图书馆所采用。

期刊排列的方法繁多，一般来说，现刊宜采用分类排架，方法有两种：一种是分类刊名字顺排架法，另一种是分类种次号排架法。两种方法均先将现刊按知识门类分类，同类的现刊再按文种区分，然后，前者对同类、同文中的各种现刊按刊名顺序排列，后者则按种次号排列。过刊一般情况下按不同文种分开排架。同文种过刊可采用形式排架或分类排架。形式排架法有三种可供选择的方法：一是刊名字顺排架法，即按期刊名字顺排列，同种期刊按年、卷数字顺排列。二是登记号排架法，即按过刊合订本的财产登记号顺序排列。三是种次号排列，给每种期刊按其到馆先后顺序编一种次号，然后按此号顺序排列。分类排架则和现刊分类排架相同，一是分类刊名字顺排架法，二是分类种次号排架法。

资料一般用形式排架法排列。内部资料和零散资料，出版形式多种多样，篇幅也较小，应装入资料盒或资料袋中，采用登记号顺序排架。科技报告、专利说明书、技术标准等特种文献资料，因原来就编有各自的报告号、专利号、标准代号，所以可按原编号的顺序排列，原编号就是索书号。

版型特殊的图书，如大开本书、图表等，采用书型排架法并和其他排架法配合。一般是先分成几个类型，以不同字母标示，即书型号，然后再在同一类型中按登记号排，由书型号和登记号构成该书的索书号。

二、图书型馆藏的管理

（一）图书型馆藏的登记

1.图书型馆藏登记的意义

印刷型信息的登记是图书型馆藏管理的第一步。图书馆对采访到馆的印刷型信息资源以及印刷型信息资源收藏的变化情况（如遗失、剔除、寄存等）进行准确记录的工作，称为图书型馆藏登记。

通过馆藏登记，可以了解和掌握全馆图书型馆藏信息资源发展的总动态，有利于掌握和了解馆藏、文献清点、文献保管等工作；统计分析各类印刷型信息资源发展变化的数量比例，检查书刊经费的分配使用情况，为制定和修改馆藏补充计划和馆藏发展规划提供了精确的统计资料及可靠的书面依据。同时也可以了解到某一册文献的具体细节信息。凡是到馆的印刷型信息资源，无论是购买的、赠送的、呈缴的，还是通过其他方式到馆的印刷型资源，都要进行登录。同时对于遗失、损毁、剔除的印刷型资源也必须予以注销登记。馆藏登记的基本要求是：完整、准确、及时、一致。登记财产账目记录的印刷型信息资源数量要与实际馆藏印刷型信息资源数量相符合。

2.图书型馆藏登记的方法

现在各高校图书馆都采用图书馆集成管理系统进行登记验收，印刷型信息资源登记一般是在图书馆集成管理系统中按入藏的先后次序进行，每一册印刷型文献都给一个登记号，又称入藏号；每一批入藏文献给一个批次号。因此，当前的图书型馆藏登记合并了传统登记的总括登记和个别登记，只需在采访模块中的验收模块一次性登记各种信息就可完成验收登记工作。登记内容包括：登记日期、登记批次号、印刷型文献来源、文献种数册数、单册价格、本批次文献价格、文献登记号、本批次起止登记号、登记验收的 MACR 数据等。

（二）图书型馆藏的编目

图书型馆藏的编目实质就是对文献进行编目及完成编目后所进行的编目组织。所谓文献编目是指按照特定的规则和方法，对文献进行著录，制成款目并通过字顺、分类等途径组织成目录或其他类似检索工具的活动过程。其主要作用是记录某一空间、时间、学科或主题范围的文献，使之有序化，从而达到宣传报道、检索利用和管理文献的目的。

文献编目工作，必须事先确定和准备好所要采用的著录规则（编目条例）、分类法、主题词表、著者号码表、分类规则、主题标引规则以及目录组织规则等。在著录规则、分类法和主题词表方面，中国图书馆界目前普遍采用的是国家标准《文献著录总则》及各分则，《中国图书馆分类法》《中国科学院图书馆图书分类法》以及《汉语主题词表》。此外，还应配备有若干常用的专业参考工具书。

目前各高校图书馆都采用联机合作编目。所谓联机合作编目，就是指在特定范围内的图书馆编目机构，在约定的规则下，通过一定的技术手段，使本地终端或工作站（客户端）与远程中心数据库相连，即时实现记录的处理和传送，达到编目工作的共建和共享。

联机合作编目流程一般包括文献著录、文献分类和主题标引、文献技术加工、打印批次财产账等基本程序。以图书馆图书编目为例：图书经过采购或缴送、交换等途径到馆并进行财产登记验收以后，即转到编目部门（或环节）进行编目加工。首先进行查重，以确定是否为已经编目的复本书。如果是复本书，则无须再进行编目，只要在编目数据上添加登记号然后保存即可。如果是未经编目的图书，则按照所采用的著录规则进行著录，同时按照所采用的图书分类法和主题词表进行分类和主题标引，将著录项目、分类号、主题词等按照规定的格式著录在 MARC 数据上，采用著者号码来区别同类图书的，还须按照特定的著者号码表给出著者号码，并将其（或者按其他方法确定的种次号）记录在分类号下一行以组成索书号进行存盘，一条 MARC 编目数据即完成，然后打印本批次财产账。同时，对已编目的图书进行图书技术加工：粘贴书标、RFID 标签转换等，以便于图书排架和流通阅览。编目组织工作可根据书名、分类等途径由计算机自动完成。

三、图书型馆藏的保护

收藏印刷型信息资源的目的是利用，而利用则必须以印刷型信息资源的有效保管为前提。有效地保护好图书型馆藏信息资源，延长其使用寿命，为现在和将来的有效利用创造了条件。发挥印刷型信息资源潜在的使用价值，是图书型馆藏信息资源保护的重要任务。要保护好馆藏印刷型信息资源，必须了解和研究馆藏印刷型信息资源损失的原因、保护的方法。

（一）图书型馆藏信息资源损失的原因

造成图书型馆藏信息资源损失的原因是多方面的，归结起来主要是社会原因和自然原因两个方面：

第一，社会原因。图书馆藏书遭到人为的丢失和损坏，如一部分读者甚至个别图书馆人员不爱惜图书型馆藏信息资源，不认真执行图书型馆藏信息资源的保护制度，造成印刷型信息资源的丢失、损毁、甚至有少数读者撕毁、涂抹、踩蹒、偷窃图书馆藏书。还有种种社会因素造成的书厄、文化灾难更是大规模毁灭印刷型信息资源的原因。

第二，自然原因。自身老化、变质、丧失原有的力学、化学和光学性能的过程，如变黄、变脆、变散、折卷、开胶、脱落等现象。而图书型馆藏信息资源所处的环境条件，如温度、湿度、光照、清洁状况以及各种微生物、昆虫、水火的侵袭等都会影响这个老化变质过程的速度。如果在保存中缺乏适宜条件，再加上客观环境中各种有害物质的催化和侵蚀，这种过程便会加速，甚至造成毁灭性的损失。

（二）图书型馆藏信息资源保护的方法

针对图书型馆藏信息资源损毁的原因，图书馆应采取系统的安全保护措施，以预防为主，最大限度地改善图书型馆藏信息资源保存的条件，消除导致图书型馆藏信息资源损失变质的各种隐患。就一般图书馆而言，印刷型信息资源保护的方法和措施要注意温湿度控制、防火、防光、防虫、防霉、防鼠、防破损等。

第一，加强教育。加强工作人员自身的职业道德教育；加强对读者的道德素质教育；建立健全赔偿、惩罚制度；安装自动防盗报警系统。

第二，温湿度控制。控制温度最有效的方法就是采用空调设备，另外还可以采取在书库建筑上设置隔热层、库外植物绿化等方法。通风也是调节书库温湿度的一种简便易行的措施，还有安放干燥剂吸潮的办法。

第三，防尘与防菌。书库、阅览室内应保持通风，使室内外空气得到流通；要经常进行卫生清洁，清除灰尘；控制书库温湿度；用蘸有甲醛的棉花揩拭消毒灭菌。

第四，防虫防鼠。书库内经常通风、防尘、防潮，除去虫、鼠滋生繁殖的条件；堵塞书库的各种漏洞、墙缝，放置杀虫、灭鼠的药物。用化学药物熏蒸法、低温法、缺氧法、射线辐照法、诱捕诱杀法等消灭虫害、鼠害。

第五，防火防涝。采取一切有效措施，防止火灾的发生；图书馆内禁止吸烟；严禁携带易燃易爆物品入馆；定期检查电路及电器设备是否完好；定期检查灭火器材是否有效；最好安装自动火灾探测报警系统。图书型馆藏信息资源最怕水浸，要注意防涝；书库尽可能建造在地势高处，平时要注意防漏。

第六，装订修补。及时裱糊、修补磨损、撕页或脱线的书刊；期刊、报纸及时装订成册。

第七，缩微复制。对于珍贵的文献资料进行缩微复制，备份保存。

四、贮存图书馆

（一）贮存图书馆的概念

贮存图书馆是专门保护各图书馆提出的无用印刷型信息资源或利用率较低的印刷型信息资源的图书馆，又称寄存图书馆。各国对贮存图书馆的定义并不一致。苏联把它看成是仍然起作用的图书馆，其地位相当于中心图书馆，只是主要负责收藏陈旧过时而又具有潜在科学价值的书刊。在英国一般指根据法律被授权免费接受已经出版的全部图书的图书馆，亦称版本图书馆。

（二）贮存图书馆的形式

贮存图书馆的形式多种多样，有附属馆形式的贮存馆，有总馆本身临时贮存低利用率印刷型信息资源的资料库，有地区合作贮存馆，有向所有图书馆开放的国家贮存馆，此外还有一些被国际性组织指定为这些组织出版物的接收单位的贮存图书馆（如欧洲许多大学图书馆可以按照自己选定的官方语种，分别免费接受欧洲共同体的各种文件和出版物）。

（三）贮存图书馆的任务

贮存图书馆应承担的主要任务是：接受各图书馆不常用的出版物；满足读者和各图书馆对某些印刷型信息资源的需求；指导有关图书馆做好不常用书刊的发掘和重新分配工作。贮存图书馆的建立，可以促进馆际藏书协调，避免在印刷型信息资源收集上的重复和浪费，有利于实现印刷型信息资源的合理布局；有助于控制藏书量的迅速增长，克服书库空间的不足；可以促进馆藏的新陈代谢，使利用率较高的馆藏更好地集中，更方便地被读者利用；有利于提高图书馆的服务水平，并使整个图书馆馆藏趋向体系化，为全国印刷型信息资源保障体系的建立奠定基础。

第三节 数字型馆藏的组织管理

一、数字型馆藏的概念与特点

（一）数字型馆藏的概念

数字型馆藏也称之为电子馆藏或者数字化馆藏，是图书馆馆藏中通过数字形式进行保存以及凭借计算机网络能够利用的一些信息资源的集合。详细而言，是图书馆馆藏中，依托计算机等信息技术设备进行管理与利用的数字资源的总和。在现代图书馆馆藏中，数字型馆藏所占比例逐渐增大。

数字型馆藏从形成方式而言，主要类型如下：第一，购入，主要包含图书馆通过签约付费之后所获得使用权的电子期刊、图书、镜像版数据库，以及通过购买后所具备的所有权的视听和光盘资料；第二，将网络资源形成的虚拟馆藏开发利用起来，这一类馆藏是依据特定要求，进而收集的具有很高相关度的网页、文件等数字形态的资源，一方面可以下载到本地存放，另一方面还能在网络的各个节点进行分散，它只是单纯地由链接集成在本地所构成的源导航体系；第三，依据图书馆的服务任务及对象需求，建立与本校教学科研需求抑或是本地经济文化发展需求相适应的特色数据库和数字内容管理系统。

（二）数字型馆藏的特点

首先，在存放形式上与印刷型馆藏有一定的区别，与此同时，还有一定的共享性以及没有地点和时间限制的服务能力，让人们对数字型馆藏的建设和发展逐渐重视。整体而言，其特点主要有下列几方面：

第一，所占用的馆舍空间非常小，便于计算机操作。

第二，高度的共享性。一份数字型馆藏，就像一个数据库或者一种期刊，通过网络能够同时让诸多地区的读者使用。

第三，服务范围广，开放时间长，没有作息时间及地域的限制。

第四，对设备有较强的依赖性。数字型馆藏需要依托信息技术设备才可以进行利用，如光盘镜像服务器、光盘库、磁盘阵列、磁盘库、光盘塔以及服务器等。

第五，对环境有较高的要求。存储数字信息的服务器、存储设备以及网络设备对环境有较高的要求，例如：要防静电、湿度、温度、防尘等。

第六，容易受到损害。这存在两方面的意义：其一，数字型馆藏容易感染病毒，进而无法正常应用；其二，由于磁盘、光盘等存储设备的损坏而丢失数据。

第七，管理有很大难度。虽然数字型馆藏能够依托计算机进行自动管理，但是，因为形成数字型馆藏的数字信息资源的存储设备的更新换代、知识产权、数字型馆藏的不定期迁移以及阅读相关资源的软件升级问题等，使得数字型馆藏管理有很大难度。

二、数字型馆藏组织的含义与内容

数字型馆藏组织，是指依据数字信息资源的固有特征，运用一定的方法和技术，对其进行揭示和描述，为数字信息资源提供有序化结构的过程。数字信息资源特征包括外部特征和内容特征。数字信息资源的外部特征一般是指信息载体的物理形态、题名、责任者、出版事项等。在信息组织中，记录信息外部特征称之为描述，即根据特定的信息管理规则和技术标准，将存在于某一物理载体上的信息记录的外在特征进行选择和记录的过程。在信息组织中，对信息的内容特征进行的加工和整序称之为揭示或标引，是指在分析信息内容的基础上，根据特定的标引规则与工具，赋予信息内容一定标识，以便将信息记录组成概念标识系统的信息处理过程。

从形式上看，数字信息资源组织与印刷型信息资源组织并无太大区别，但是，其基本内容与印刷型信息资源存在一定的区别。数字信息资源组织内容包括优化选择、描述与揭示、确定标识和整理存储。

（一）优化选择

选择是数字信息资源组织的第一步。数字信息浩如烟海、优劣杂糅、真伪混同。所谓选择是指在浩瀚的信息海洋里发现并确认具有组织、整理和保存价值的信息。从信息管理的角度来看，信息资源选择是根据用户的需要，从纷繁复杂的信息中把符合既定标准的一部分挑选出来的活动，是以选择主体对数字信息资源现象的认识为前提的，是人的主观认识与客观现实的相互作用。要对数字信息资源进行整理，提高信息质量，并控制信息的流量流速，就必须进行优化选择。

（二）描述与揭示

描述与揭示是数字信息资源组织的重要内容，在数字信息资源组织中起着至关重要的作用。一般而言，对数字信息资源组织形式特征进行描述的过程称为著录。这个过程如同传统文献编目工作，其数据要按照一定的逻辑以一定的格式形成款目。对数字信息资源内容特征的揭示称为标引，是数字信息资源组织的专业化工作，是在分析信息内容属性及相关形式属性的基础上，用特定的检索语言（如分类语言、主题语言）表达分析出的属性和特征，并赋予信息检索标识的过程。标引是一项传统图书馆的信息组织工作，对于数字信息资源组织来说，同样适用。

（三）确定标识

检索标识，是以简练的形式表征的信息特征，其目的是区分和辨识信息，作为有序存储和检索信息的依据。无检索标识的信息，不能形成检索系统，也不能有效地对之进行检索。与传统的印刷型信息不同，数字化信息复杂，其利用和处理需要依赖一定的格式和环境，而且，在数据层面上，数字化信息还可以与另一个信息单元相联系，形成一种网状结构。在网络环境下，数字信息处于一种无序状态，同时，数字信息又是一种动态信息，因而，确定数字信息资源的标识，对于建立一个有序的数字化信息资源保障体系十分重要。

（四）整理存储

对给定检索标识的数字信息进行整理，将内容相同的集中在一起，不同的区别开来，组织成为一个条理清晰、层次分明的信息系统之后，还应将这些信息按照一定的格式和顺序存储在特定的载体中，如各种光盘检索系统、联机检索系统、数据库、学科信息门户、网络检索工具等都是数字信息存储的方式。利用新型载体存储数字化信息，可增强数字信息资源的可控性、有序性和易用性，为高效率地利用数字信息资源提供条件。

三、数字型馆藏组织的标准

数字信息是一种以数字代码方式将图、文、声、像等信息存储在磁、光等介质上的信息。数字信息资源组织体系的建立，需要遵循有关信息加工、描述等方面的标准。数字信息资源组织的标准主要包括数据格式标准和信息资源描述标准。数据格式是对数字化信息的基本结构描述，它可以实现不同计算机系统间交换数据；信息资源描述的标准可以实现用户和系统以及系统与系统之间的有效沟通。

（一）数据标记格式标准

数据标记格式标准是指对不同类型的数字文件的格式进行限定，以便于不同计算机系统间交换数据的标准。包括页面著录标准（如 PDF）、图形格式标准（如 TIFF、CIF）、结构信息标准（如 SGML）、移动图像与音频格式等。其中超文本标记语言（HTML）、通用标记语言（SGML）与可扩展标记语言（XML）是用于数字信息资源组织方面的结构信息数据格式标准的典型，它们是人工可读格式文献与数据库信息的超文本提供的标记语言。

（二）信息资源描述标准

资源的规范化描述是通过元数据规范和著录规范控制的，即在数据库中以字段的方式对数字信息资源的各种属性进行描述，如题名、作者、URL 等。这些描述信息是读者评判某一数字信息资源的依据、访问所选择站点的入口，也是导航系统检查的基石。元数据是对数据进行组织和处理的基础，是用来描述数字化信息资源并确保这些数字化信息资源能够被计算机自动辨析、分解、提取和分析、归纳的一种框架或一套编码体系。在信息资源组织中，就元数据的功能而言，它具有定位、描述、搜索、评估、选择等功能，而其最基本的功能在于为信息对象提供描述信息。

所有信息资源的属性都可以使用特定团体或相关元数据方案的规则进行描述。为了规范对信息资源的描述，国际上从事信息与文献工作的标准化组织和相关机构曾制定过多种标准、规则，包括书目及通用元数据方案（如 ISBD、AACR2R、DC）和专业领域元数据方案（如 ISAD（G）、EAD、FGDC）。在图书馆界，ISBD、AACR2R、DC 影响较大。

四、数字型馆藏组织的目标、原则

（一）数字型馆藏组织的目标

庞杂的信息资源与人们特定信息需求的矛盾是信息交流的基本矛盾，这种矛盾早在信息交流活动诞生之日起就存在着，只不过在早期的信息交流活动中，矛盾并不突出，文献信息的搜集、整理和查找工作基本上由科学家本人完成，科学信息交流也是在科学家之间进行。随着信息技术的发展和用户信息需求的变化，个性化信息服务的趋势愈来愈强劲。在个性化信息需求日益强烈和信息服务个性化快速发展的情况下，基于个性化服务的数字信息资源组织就显得特别重要。如何满足用户的个性化和专业化的信息需求，探求面向语义的数字信息资源组织技术与方法，提供面向语义的信息服务，则成为人们关注的焦点。数字信息资源组织的目标就在于利用最新的 Web 技术，实现面向语义的信息检索，最大限度地满足用户的检索需求。

（二）数字型馆藏组织的原则

基于个性化服务的数字信息资源组织必须遵循如下原则：

第一，客观性原则。如实地将数字信息资源的外在特征和内容特征进行描述与揭示，并有序地形成相应的数字信息资源组织的成果，这也是数字信息资源检索和利用的需要。只有这样，才能实现不同系统间的数据交换，才能实现用户与系统以及系统与系统之间的有效沟通。

第二，系统性原则。在对数字信息资源进行组织的过程中，坚持系统的观点和方法十分重要，没有系统性的数字信息资源组织工作是不可能实现其整体目标的。在信息组织中贯彻系统性原则就能够平衡好各种关系，获得最佳的整体功能。

第三，目的性原则。基于个性化信息服务的数字信息资源的组织具有鲜明的目的性，即以用户为中心，紧密围绕用户的信息需求开展工作，注意信息机构的目标市场需求状态及其变化特征。在信息资源组织与开发中，要充分了解用户需求，改进信息资源组织方式，运用先进的信息组织技术，使信息资源组织成果方便用户的选择和利用，尤其要注意将被动的信息资源检索变为主动的信息资源报送和知识导航，在信息资源与服务的整合开发和个性化服务方面下功夫，提供方便用户的功能，以优质的服务吸引用户。

第四，完备性原则。在现代技术条件下，数字信息资源组织已经超越了信息媒体的限制，它可以利用高新技术，依托国家信息基础设施，建立数字信息资源组织网络体系，构建整合各种载体、各种类型的数字信息资源，如全文本信息、图像、声音、视频信息等，使之成为一个完整的有机整体，其对于特定数字信息对象范围的收藏是完备的。这是完备性原则的第一层含义。另一层含义是，数字信息资源组织包括对传统图书馆信息资源的数字化处理，使之在存取层面构成一个整体。

第五，易用性原则。数字信息资源组织的最终目的是方便用户有效利用，在其组织过程中，一方面要考虑普通用户的信息检索特点，尽量简单易用；另一方面也要考虑研究型、专业型用户的信息需求，提供一些较为复杂的功能。使用方便是任何类型的信息资源组织系统中都必须遵循的一条通则，数字信息资源组织亦不例外。

五、数字型馆藏组织的方法

实际上，数字信息资源组织的方式是一种模式，它所讨论的是数字信息资源组织的一种标准形式或是在人们组织数字信息资源时可以照着做的标准样式，如以上列举的文件方式、超媒体方式、主题树方式、数据库方式等，都是数字环境下信息资源组织的几种常用的方式；而数字信息资源组织的方法则是研究信息资源组织途径，研究如何揭示信息资源，并建立信息检索系统的基础。

（一）分类法

分类就是按照事物的性质、特点、用途等作为区分的标准，将符合同一标准的事物聚类，不同的则分开的一种认识事物的方法。

分类法是指将类或组按照相互间的关系，组成系统化的结构，并体现为许多类目按照一定的原则和关系组织起来的体系表，可作为分类工作的依据和工具。

在网络环境下，分类法的优势在于通过建立一个共有的概念性的上下文关系，能够超越不同的信息存储形成一种凝聚力，提供按等级体系的浏览检索方式。目前，运用分类方法组织数字型馆藏主要有以下几种形式：

1.人工神经网络（ANN）

人工神经网络（ANN）是根据人类的生物神经系统结构设计的计算机系统，应用范围很广，在信息组织领域，它可以用于自动分类，在主题及主题词关系可视化显示方面的发展潜力不可估量。

2.参考文献分类法

这种分类法是面向一切网络信息的，它是根据搜索引擎或网站的性质，搜索和收录重点设计分类大纲，将网站上的网页归到相应的类目体系中，类目可以按等级体系的方式浏览。

3.文献分类法

在联机系统中，电子分类法的应用不仅便于浏览，同时还能实现字顺检索，只要分类法在类名上更加规范化、注释更加充分和详细，按主题或事物名称进行跨类的多途径检索功能就很容易实现，比如深受专业用户青睐的学科信息门户，就是因为它运用了文献分类法组织了高质量的数字信息资源。

（二）主题法

按照表达主题概念的语词标识的构成原理和特征划分，主题法一般分为标题法、单元词法、叙词法和关键词法。在网络环境下，用于组织数字信息资源的主要是叙词法和关键词法。

（三）Ontology（本体）

Ontology 的概念源于哲学，即对世界上客观存在物质的系统描述，一般译作本体论。本体的目标是捕获相关领域的知识，提供对该领域知识的共同理解，确定该领域内共同认可的词汇和术语，从不同层次的形式化模式中给出这些词汇和词汇间相互关系的明确定义，并通过概念之间的关系来描述概念的语义，应用本体可以很好地对信息语义关系进行分析。从某种意义来讲，本体同叙词表一样是一种控制词表，是一种知识组织工具。事实上，本体的应用范围远比叙词表来得广泛，而信息组织与检索只不过是它的一个适宜应用的领域而已。数字图书馆是本体的重要应用领域。本体在其中可以发挥重要的作用之处主要包括处理信息组织、检索信息和异构信息系统的互操作。

（四）主题图法

主题图是一种新型的数字化信息组织方法，使用这个方法可以提供最佳的信息资源导航。在信息管理领域，主题图运用十分广泛，如在叙词表的编制和应用方面、在网络教学的教育信息资源组织与导航方面、在电子商务方面、在门户网站、科研助理和知识交流共享等方面都有较好的应用价值。可以预示，随着信息技术的不断发展，主题图方法将在数字化信息资源组织和知识表示方面发挥更大的作用。

六、数字型馆藏的管理

数字型馆藏不同于传统的印刷型馆藏，由于存放载体形式和服务要求的不同，在采集、组织、存储、维护、保护、协调等方面都具有显著的特征。

第一，需要制作思路清晰、结构合理、界面友好的智能检索型网站或数字图书馆平台，将馆藏有效地组织起来提供给读者和用户共享使用。

第二，需要专用的、可扩展空间的、相对稳定的信息存储设备存放数字型馆藏，例如镜像服务器、磁盘阵列、NAS 系统、存储区域网络 SAN 等，同时要求存储设备具有可置换功能和保证资源安全的性能。

第三，数字资源的管理有很高的技术要求，网络系统的架构、特定存储设备与管理软件的使用方法、数字资源安全的维护等等都对管理员提出了较高的要求。

第四，各类型数字型馆藏运用的系统平台多种多样，导致格式千差万别，仅就单个数据库进行检索，已经远远不能满足用户的要求了，需要按照一定的标准进行数据、功能的整合，实现对资源的内容管理。

从以上数字型馆藏的特征不难看出，数字型馆藏的管理主要有四层含义：选择什么样的模式存放数据；选择什么样的方式组织信息；选择什么样的策略供读者访问；选择什么样的思路保证馆藏的可持续发展。

数字型馆藏的管理对图书馆来说是一项富有挑战性的工作，当前不仅没有足够的可供参考的理论依据，而且随着信息技术的发展，许多不确定因素的影响也逐渐显露出来，如数字型馆藏的利用、支配、更新、修改的手段常常跟不上快速的技术发展，不断"膨胀"的数字型馆藏量导致存储设备无法固定引发数字资源的"迁移"问题。使用何种标准进行资源组织以及将内容反映到何种深度，都亟待图书馆管理者进一步提高认识、摸清规律。

七、数字型馆藏的长期保存与维护

数字信息资源的长期保存与维护应包括对数字信息资源的安全存储、数字信息资源的元数据管理和永久获取，即包括长期保存和提供检索与利用两大方面，因为保存的目的是提供利用，所以数字信息资源的价值体现在共享度和重复使用率这两个重要指标上。

（一）数字型馆藏长期保存与维护的必要性

1.数字信息资源是重要的数字资产

随着数字技术的不断发展，信息的生产、存储和传递的方式发生了革命性的变化。数字信息资源已经成为研究（特别是科技研究）和教育活动的主要信息源。越来越多的学术交流活动、智力劳动成果以数字化形式或仅以数字化形式展现，越来越多的有价值的信息内容已经而且只能以数字形式来管理、保存、使用。

数字信息资源有传统信息资源难以比拟的优势，因此逐渐成为信息资源的主体。数字信息资源作为信息资源的重要组成部分，越来越受到各国政府与图书馆界的重视，在有些国家甚至被置于国家战略资源的高度，被誉为国家的"数字资产"（Digtal Assets），是学术研究信息的数字存档。一个国家的科技创新能力以及与此相关的国际竞争力都依赖于其快速、有效地开发与利用数字信息资源的能力。

如何保障这些有益我们的研究和教育活动、丰富我们生活的数字资产的安全，并使之可长期存取，是我们需要关注的问题，也是全社会的责任。数字保存联盟第一年活动的报告就指出，长期保存我们的数字资产是一个渐进的步伐。

2.数字信息资源具有脆弱的特性

第一，在许多情况下，数字资源比物理资源更脆弱。这些文档本身更容易被毁坏，或者它们存储的载体很容易被淘汰。

第二，原生数字信息资源面临着更大的消失和不可获得的风险。根据数字信息资源产生的形态可以分为数字再造资源和原生数字资源。数字再造资源（Digital Double Materials）是指对以前存在的物件进行数字化再造而形成的"数字拷贝"，不声称与原作一模一样，只是原物的一种表现形式，往往能利用数字化的特长将原物更好地展现和利用。"原生数字资源"没有其他的存储形式，一旦破坏，就永远丢失，因为通常没有单独制造出来数字格式资料的模拟（物理）材料版本，这些作为历史资源的所谓的"原生数字资源"即将面临着更大的消失和不可获得的风险，或阻止未来研究人员利用它们原始的形式研究它们的风险。

第三，数字信息资源的长期可获得性面临许多威胁。数字资源长期可获得性的威胁包括技术、法律、金融、组织等因素，数字信息的长期可获得性不仅仅是图书馆的问题、技术问题、经费和某个机构的问题，而且是研究机构、教育机构、文化机构的问题。它是从事知识创造、加工、管理的一个专业化问题，是为了确保我们的信息被我们的下一代获得。它同时是一个发展的问题，可以保障我们创造的知识被用来促进发展。它甚至是我们政府的一个政治问题，需要保护我们的知识资产，而这些知识资产大部分是由公共资金资助而产生的。数字化信息具有基础性、普遍性，长期保存的负担已经远远超出单个或某些机构的能力，长期保存数据价值的丧失经常是由于机构的短期目标和市场利益造成的。因此，数字信息的保存十分迫切，很多国家已认识到保存数字信息资源的紧迫性，为此进行了一系列研究和实验。

3.有利于将珍贵的数字信息资源提供使用

保存的目的是提供使用。一方面将散落的、特色的文献聚集起来进行数字化转化，以有利于更好地保存和提供利用；另一方面将珍贵的、特色的原生数字资源加以保存、保护，有利于长期存取和利用。

4.数字信息保存已引起国际关注

为应对数字资源长期保存带来的挑战，欧美等发达国家的图书馆和相关联盟正在大力开展研究和试验。我国相关部门、图书馆界等都已经意识到科技文献和科技信息长期保存存在的危机，并已经在科技部支持下开始建立数字化资源长期保存网络的尝试，组织国内主要科技信息机构协商联合建立数字资源的长期保存机制，联合开发和试验长期保存系统。

（二）数字型馆藏长期保存与维护的特性

1.数字信息对存储介质的依赖性

由于数字信息从形式、传输到存储都是通过计算机实现的，因此数字信息需要依托于一定的存储介质而存在，它对数字信息能够起到的主要作用有：保存数字信息；利用备份保存数字信息；以自身为媒介便于数字信息的使用等。离开存储介质及计算机的软硬件平台，数字信息既看不见也摸不着，这就决定了数字信息对存储介质的依赖性。这一特性对数字信息的长期保存带来了许多问题，如存储介质发生故障、系统瘫痪，数字信息就读不出来；数字信息对其他设备环境的不兼容性，使其只能在某种设备上处理，而不能在其他设备上处理；不同软件环境形成的电子文件存储在载体上，有时难以互换；技术设备更新时，不及时解决格式转换问题便无法读取等。数字信息对存储介质的依赖性还带来了一系列的存取问题，如双重性问题、隐蔽性问题、完整性问题等。

2.数字信息的脆弱性

如前所述，数字信息比物理信息更为脆弱。数据是数字信息的代码，是数字信息存在的前提，没有了数据，数字信息是无法再现的，然而数据是脆弱的。West World 公司报告指出，每 500 个数据中心每年都有一个要经历一次灾难。由于病毒、黑客、存储介质故障、误操作等各种意外情况，重要数据被破坏的现象同样层出不穷，造成的损失巨大。数据被破坏或是数据损失被称为数据丢失，是指用户无法接触到数据，如突然不能打开文件、文件被破坏或数据不能读出或使用等。在丢失的数据中有一类是用户无法接触或找到数据，但数据尚存；另一类是数据永久性损坏。前一类有可能通过专业的数据修复技术，重新找回这类数据；后一类数据的丢失是无法修复的，这样的后果是严重的。

数据在线风险。计算机与网络是使得数字信息具有魅力的重要工具，但许多数据就丢失在存储与传送过程中。硬件故障、系统故障、人为因素和灾祸等原因都有可能导致数据丢失或被破坏。

离线数据丢失。离线数据丢失的主要原因是密码丢失和存储介质失效或损坏。

3.数字信息的动态性

数字信息不像贮存于传统的印刷型文献或缩微文献的信息那样固定不变。它处于一个动态的状态中，随时更迭。它可以完美地被复制，也可以不留痕迹地被窜改或删除，特别是在互联网的环境中，这种修改和删除的可能更是难以防范。以下几种情况是会经常出现的：①用户通过计算机屏幕看到的文章和原文不完全相同，其可能是被人修改过了，也可能是其他原因使信息丢失；②网络信息一直处于动态的过程中，信息的数量是在变化着的，很多有价值的信息在下载以前就已经消失了；③联机的计算机系统和数据库处于一种种完全开放和动态的状况，很可能会因为黑客的攻击、病毒的侵害、证件设备的出错甚至瘫痪、操作的失误等原因而丢失信息。

4.数字信息对标准化的依赖性

在数字信息的形成与管理中使用标准，有助于数字信息在存取与保存时具有完整性。标准要求不同的支持者提供兼容产品，保证了数据的易传性与共享性。只有支持共同的标准才能保证数据、应用程序与应用系统具有最长的技术寿命。标准不仅有利于数字信息的科学管理，同时，遵守与使用标准还便于数字信息随技术的发展在新、旧数字平台间转换，这将直接降低保存数字信息的费用。有利于文献保存的标准涉及方方面面，除了文件格式标准外，对数字信息的管理，也有相应标准。在储存与存取数字信息方面，也存在着 ISO 标准，采用这些标准，有利于图书馆间的数据交换，促进图书馆系统的互操作并支持我国与国际图书馆网络的互操作。

5.数字信息对元数据的依赖性

如前所述，元数据可以用来揭示各类型数字信息的内容和其他特性，进而达到对数字对象的组织、分类、索引等目的。它所包含的数据元素集用来描述一个信息对象的内容和位置，以便能在数字资源集合中方便查找和检索。关于数字信息的元数据必须特意附在数据信息中，否则将无法恢复数字信息的原貌。数字信息的运作往往是在网络上进行，操作者互不见面，因而体现行政背景的元数据就不那么完整、详细，如果不特意提供或补充这些元数据，就可能给数字信息的保管和长期保存带来问题。

6.数字信息的不安全性

随着全球网络化的不断发展，数字信息面临的网络安全问题日益突出，可以说网络的不安全性已成为限制其发展的最大障碍。较多信息资源产生以后，由于多渠道、多媒体交叉而无序传递，导致信息失控，也造成严重泄密和知识产权保护不力；又由于信息技术的高度发展，人们可以很容易复制任何信息产品，因而导致了诸如计算机病毒泛滥、信息失真、国际交流的不信任等一连串恶果。由此看来，数字信息面临的这些不安全性，要求我们在制定保存策略时不仅要从工程技术方面来解决问题，还要从政府和社会行为上采取有力措施。

八、数字型馆藏的安全管理

（一）数字型馆藏安全管理的策略

数字型馆藏的安全管理策略就是图书馆在一定时期内为保障馆藏数字资源的安全所制定的安全管理措施。由于数字型馆藏安全涉及数字资源的内容、数字资源存储管理与服务系统以及存储设备等方面的因素，因此，在制定安全策略时，要在综合考虑管理、技术、设备、免疫等因素的基础上，确定数字型馆藏的安全管理策略。

第一，从思想上认识安全管理的重要性。图书馆必须充分认识到数字型馆藏安全管理的重要性，从开始进行数字信息资源建设时就要制定数字型馆藏安全管理制度，并对有关馆员进行培训。明确专职专人负责，定期检查维护是确保数字型馆藏安全的重要保证。

第二，健全技术防范、预警和保障体系。认真研究有关信息安全的理论、标准和规范，充分研究并掌握包括入侵检测技术、防火墙技术、防病毒技术、加密技术、认证技术、电源保护技术、电磁信息防漏技术、存储备份技术、鉴别技术、安全软件工程、灾难备份及灾后恢复等各项技术防范、预警和保障措施，确保各系统安全运行。同时，要根据基础设施、硬件系统、网络系统、操作系统、数据库系统和应用系统的分布和层次结构，安排不同特性的安全策略和措施，使这些策略和措施相互配合和补充，形成数字型馆藏管理的整体安全防护体系。

第三，加强数字型馆藏管理信息系统的运行管理。建立健全监控管理、事件管理、配置管理和变更管理等管理制度，解决信息技术管理中的信息不对称现象，逐步推行信息安全风险管理制度，完善信息系统风险识别、评估、分析和规避办法，制订信息安全风险应急管理计划。

第四，免疫与灾难处理。免疫是预防措施，一般图书馆会考虑对病毒的防护和黑客的入侵，但对灾难处理常常缺乏考虑。一旦灾难出现，就显得束手无策。尽管灾难处理是应急措施，但对保护数字资源是至关重要的，在制定安全措施时应高度重视。

（二）数字型馆藏安全管理的宏观解决思路

1.确立制作者最终责任机制

数字资源的制作者与发行人，受其自身利益的驱使、技术程度的局限，以及对维护自身数字产品资源存取与资源共享的利益关系的认识与看待角度的不同，很难将自身在维护数字资源长期存取中所应承担的责任与义务放在首要位置。他们在数字产品形成的开始就决定着文件用什么格式产生、以什么媒体存储，是否执行标准等，从而限定了其数字作品的性质与长期存取方式，其他人的任何改变都将或多或少地影响其作品的原始形态，因此数字作品的创建者应对数字作品的长期存取负最终责任。

2.建立集中式和分布式相结合的数字型馆藏长期保存机制

建立数字资源制作者样本呈缴国家集中保存制度，是实现数字资源长期存取的关键。为此，国家应以法律形式确定数字资源制作出版机构免费呈缴数字资源产品样本的义务和责任，以确保数字资源在国家控制下能够长期保存，这是保证国家文化遗产长期存取的必要措施，也是监督、检查出版者数字作品制作技术的标准性和长期存取技术的规范性的需要。当然，国家数字资源保存基地应对呈缴样本的复制与流通采取严格的控制措施，以确保版权人的合法权益。

但是，完全由国家集中于某个基地，如国家图书馆或版本图书馆承担数字型馆藏的长期存取任务，可能使其承受太大工作压力与经济负担，同时也使其他图书馆丧失保证数字型馆藏长期存取的责任意识，因此，有人认为，应该建立以国家基地为中心，各数字图书馆或数字图书馆联盟为分支的二级数字型馆藏的长期保存机制，以在全社会范围内分担数字型馆藏长期存取工作的责任与义务。一方面可大大减轻国家的负担，分担数字型馆藏长期存取的风险；另一方面通过分工与合作，便于进一步研究数字型馆藏长期存取的技术方法，促进数字型馆藏长期存取技术的发展。

第四章　高校图书馆信息资源的质量管理

第一节　信息资源质量管理体系

一、质量管理体系的概念

质量管理体系（Quality Management System，QMS）是指确定质量方针、目标和职责，并通过质量体系中的质量策划、控制、保证和改进来使其实现的全部活动。EMBA、MBA 等主流商管教育均对质量管理及其实施方法有所介绍。

质量管理体系是组织内部建立的、为实现质量目标所必需的、系统的质量管理模式，是组织的一项战略决策。它将资源与过程结合，是以过程管理方法进行的系统管理，根据企业特点选用若干体系要素加以组合，一般包括与管理活动、资源提供、产品实现以及测量、分析与改进活动相关的过程，可以理解为涵盖了从确定顾客需求、设计研制、生产、检验、销售、交付全过程的策划、实施、监控、纠正与改进活动的要求，一般以文件化的方式，成为组织内部质量管理工作的要求。

二、建立质量管理体系的必要性

（一）建立质量管理体系是高校图书馆管理者提高管理效率的需要

按照管理学的观点，管理的最高境界就是不用管理，古代称之为"无为而治"。所有的员工都不用管了，各司其职，都能自动自发地、称职地干自己的工作，管理者是称职的管理者，职工是称职的职工。

按照新领导理论的观点，在 21 世纪，领导不是越来越复杂，而是越来越"简约"。对于 21 世纪的领导者而言，需要不断地减少领导的工作量，提高领导工作的质量。以领导决策为例，领导应该将一般的事务性工作简约掉，将工作重点放在做好决策这一重要工作上；应该将决策过程中的"谋"（出主意）的工作简约掉，集中精力做好"断"（选主意）的工作；把过去经常由自己"断"的事尽量交给别人去"断"。作为图书馆的管理者，以上的理想境界虽然不容易做到，但这应该是每个管理者所追求的目标。

长期以来，图书馆尤其是高校图书馆的领导往往身兼数职，要从事教学、科研、日常管理、党务等工作，还要协调各方面的关系，经常会感觉力不从心，如果再有新的任务，如新馆建设、教学评估等，就更显得分身乏术了。因此，如何从繁重的日常工作中解脱出来，制订更加具有战略性的发展策略，是每一个管理者都渴望实现的理想境界。质量管理体系的建立在某种程度上可以满足这个要求，第一，质量管理体系囊括了组织管理活动的所有过程和内容，并对全过程进行监控；第二，分清职责，在撰写质量管理体系文件之前首先要画出组织结构图，分清各部门岗位之间的职责和工作范围，对于职责不明的方面，可以用行政手段加以规定或限定；第三，质量管理体系的原则之一就是全员参与，每个人都清楚本身的职责、权限和相互关系，了解工作目标、内容以及达到目标的要求和方法，理解其活动的结果对下一步以及整个目标的贡献和影响，在正常情况下，不需要进行非常详尽和具体的管理；第四，基于事实信息和数据的决策方法能够保证决策的科学性和时效性；第五，具有持续改进的手段和措施，对于质量目标有相应的测量手段以及管理评审等持续改进的工具。这一切都是为评估工作（产品）质量而采取的手段。所有这些工作的完成和质量管理体系的实现都能够在很大程度上减轻管理者的负担，并节省时间。

（二）高校图书馆建立质量管理体系是教育国际化的要求

世界经济全球化使国与国之间的联系更加紧密，国际的交流和合作更加频繁。目前教育国际化已经成为教育发展的历史潮流。在国际交流与合作中，一些国家的教育机构对外国学生的学历或学位是否是由国际质量认证机构认证了的学校所授予的做出了硬性规定。如美国加州大学规定："凡到加州大学攻读博士学位的外国学生，其在本国所获得硕士学位的授予机构必须通过教育质量国际认证。"因此，将 ISO9000 族这套结构严谨、内容丰富、实用性、操作性和通用性强的国际认证标准应用到高等学校，这必然会增强我国教育的国际竞争力，进一步推动教育的国际交流与合作。短时间内在高校全面建立质量管理体系还是有一定难度的。学校图书馆作为学校的"心脏"、学校的信息文献中心、面向全校所有读者的服务机构，是学校最先获得和接受新的信息和事物的机构，也是可以迅速将新的管理模式让读者接受的机构，其率先引入该管理体系，可以为学校全面建立体系树立形象打下基础。

三、质量管理体系的特点

（1）质量管理体系代表现代企业或政府机构如何真正发挥质量的作用和如何最优地做出质量决策的一种观点；

（2）质量管理体系是深入细致的质量文件的基础；

（3）质量管理体系是使公司内更为广泛的质量活动能够得以落实质量管理体系的基础；

（4）质量管理体系是有计划、有步骤地把整个公司的主要质量活动按重要性顺序进行改善的基础。

任何组织都需要管理。当管理与质量有关时，则为质量管理。质量管理是在质量方面指挥和控制组织的协调活动，通常包括制定质量方针、目标以及质量策划、质量控制、质量保证、质量改进等活动。实现质量管理的方针目标，有效地开展各项质量管理活动，必须建立相应的管理体系，这个体系就叫质量管理体系。它可以有效进行质量改进。ISO9000 就是国际上通用的质量管理体系。

四、质量管理体系的特性

（一）符合性

保持、实施、建立、设计质量管理体系是有效开展质量管理的必要前提。根据 ISO9001 国际标准保持、实施、建立、设计质量管理体系的决策由最高管理者负责；文件程序的运行、建立、实施、制定由质量职能部门和管理者代表直接负责。

（二）唯一性

组织的实践经验、过程特点、产品类别、质量目标等应在设计和建立质量管理体系时融入进去。所以，质量管理体系因组织的不同呈现不同的特点。

（三）系统性

质量管理体系包含组织结构、程序、过程、资源等，是它们相互作用和联系的组合体。组织——合理的组织机构和明确的职责、权限及其协调的关系；

程序——规定到位的形成文件的程序和作业指导书,是过程运行和进行活动的依据;过程——质量管理体系的有效实施,是通过其所需全过程的有效运行来实现的;资源——必需、充分且适宜的资源,具体包括方法、技术、能源、料件、设备、设施、资金、人员。

(四)全面有效性

运行质量管理体系能满足组织与顾客的合同需求,组织内部质量管理的需求,还能满足第三方认证与注册、第二方认定的需求。

(五)预防性

质量管理体系应具备预防重大质量问题发生的能力,因此要适当地运用预防措施。

(六)动态性

最高管理者定期批准进行内部质量管理体系审核,定期进行管理评审,以改进质量管理体系;还要支持质量职能部门(含车间)采取纠正措施和预防措施改进过程,从而完善体系。

(七)持续受控

质量管理体系所要求的过程及其活动应持续受控。质量管理体系应最佳化,组织应综合考虑利益、成本和风险,通过质量管理体系持续有效运行使其最佳化。

五、质量管理体系的策划与设计

资源配备,调整组织结构;分析和调查现状;制定质量目标,确定质量方针;拟订计划、组织落实、教育培训等都属于质量体系的策划与设计阶段主要要做好的各项准备工作。

(一)培训认识

第一层次,成立以最高管理者(厂长、总经理等)为组长,质量主管领导为副组长的质量体系建设领导小组(或委员会)。其主要任务包括:

(1)体系建设的总体规划;

(2)制定质量方针和目标;

(3)按职能部门进行质量职能的分解。

第二层次，成立由各职能部门领导（或代表）参加的工作班子。其主要任务是按照体系建设的总体规划具体组织实施。

第三层次，成立要素工作小组。质量体系要素的责任单位，依据各职能部门的分工来明确，如采购部门负责物资"采购"，设计部门负责"设计控制"。工作计划在落实组织和责任之后，根据不同层次分别制订，以下是在制订工作计划时要注意的地方：

（1）要明确目标。主要完成的任务是什么，达成什么目标，需要解决的问题有哪些。

（2）要控制进程。建立质量体系的主要阶段要规定完成任务的时间表。

（3）要突出重点。重点主要是体系中的薄弱环节及关键的少数方针目标。

质量方针的要求是：

（1）与总方针相协调；

（2）应包含质量目标；

（3）结合组织的特点；

（4）确保各级人员都能理解和坚持执行、调查分析。

现状调查和分析的目的是合理地选择体系要素，内容包括：

（1）体系情况分析；

（2）产品特点分析；

（3）组织结构分析；

（4）生产设备和检测设备能否适应质量体系的有关要求；

（5）技术、管理和操作人员的组成、结构及水平状况的分析；

（6）管理基础工作情况分析。

（二）文件编制

质量体系文件的编制内容和要求，从质量体系的建设角度讲，应强调几个问题：

（1）体系文件一般应在第一阶段工作完成后才正式制定，必要时也可交叉进行。如果前期工作不做，直接编制体系文件就容易产生系统性、整体性不强以及脱离实际等弊病。

（2）除质量手册需统一组织制定外，其他体系文件应按分工由各职能部门分别制定，先提出草案，再组织审核，这样做有利于以后文件的执行。

（3）质量体系文件的编制应结合本单位的质量职能分配进行。按所选择的质量体系要求，逐个展开为各项质量活动（包括直接质量活动和间接质量活动），将质量职能分配落实到各职能部门。质量活动项目分配可采用矩阵图的形式表述，质量职能矩阵图也可作为附件附于质量手册之后。

（4）为了使所编制的质量体系文件做到协调统一，在编制前应制订《质量体系文件明细表》，将现行的质量手册（如果已编制）、企业标准、规章制度、管理办法以及记录表收集在一起，与质量体系要素进行比较，从而确定新编、增编或修订质量体系文件项目。

（5）为了提高质量体系文件的编制效率，减少返工，在文件编制过程中要加强文件层次间、文件与文件间的协调。尽管如此，一套质量好的质量体系文件也要经过自上而下和自下而上的多次反复。

（6）编制质量体系文件的关键是讲求实效，不走形式。既要从总体上和原则上满足 ISO 9000 族标准，又要在方法和具体做法上符合本单位的实际。

六、高校图书馆管理者在建立质量管理体系中的主要任务

按照杜拉克的管理思想，高层管理者就是一个做出指导、提供境界及设定标准的器官，其主要任务有：一是具有审慎研讨组织的使命，也就是说要研究"本组织是个什么组织，以及应该是个什么组织"的问题，经过这一研究，管理者才能制定目标、策略和计划；二是为组织机构设定标准及型样，为组织的各项关键性业务提供境界与价值；三是明确职责，建立规章制度，培养人力资源，建立沟通渠道，让组织内部都明确组织的目标和精神；四是组织还应该有一副"备用"的器官，每逢某个部门出现危机时，总有"一位"备用来接替，也就是说组织中要有一批最具经验、最为敏慧，以及最为优秀的备用人选，也就是常说的梯队；五是建立和维系各项"关系"，也就是说，管理者的主要任务就是厘清思路、明确定位、制定目标、建立体系、培养梯队、应对突发事件、保持对外联系。由于保持对外联系的内容与质量管理体系的建立关系不大，在此就不再论述。

遵循以上管理者的主要任务，在图书馆建立质量管理体系过程中，管理者的角色和作用就非常明确了。

（一）建立良好的信息交流和沟通渠道

沟通可以促进组织管理者与管理者之间、管理者与各职能部门之间、各职能部门之间以及图书馆与读者之间的信息交流，从而增进理解，提高质量管理

体系的有效性。沟通的内容可包括体系运行过程、管理等多方面。因此，图书馆的管理者致力于打造组织内适当的沟通平台和方式，其主要是会议，如全馆职工大会、馆务会议、馆长办公会议、党政联席会议、管理评审会议、读者座谈会等。图书馆内部会议的内容和结果以会议纪要的形式发至各个部门，读者座谈会的内容以书面的形式进行报道；利用网络搭建沟通平台，主要是建立了网络办公平台，馆内任何一名职工都可以通过这个平台了解馆内的最近工作思路、工作部署、各部门业务工作记录、网络故障情况、设备财产调配情况以及参与专题讨论等；在图书馆主页开设交互式的读者留言栏目，及时了解读者需求和建议，提高服务的针对性；开设网上馆长信箱，接收读者投诉、建议和职工的建议及想法。

（二）确定图书馆的定位、质量目标和质量方针

对于图书馆的定位，图书馆借鉴了国内外许多专家的论述，并与专家对服务概念的理解相结合，仔细研究图书馆的工作实际，经过充分的讨论和研究，认为图书馆是知识、信息的积累和利用场所，是为读者提供文献信息服务的，图书馆的最终目的是满足读者的需求，多数工作要与读者进行接触，所有的业务工作和科研工作的目的都是为读者服务，有形产品如图书、期刊、数据资源等的借还和阅览本身也是一种服务，而且是通过这些产品来支持达到服务的目的。因此，图书馆是一个学术性的服务机构，图书馆的产品就是服务，而这种产品往往是无形的或含有较多无形产品或成分的有形产品（如信息产品）。它的无形产品往往具有即现即逝的特点（如接待读者等）。确定了图书馆的定位后，管理者就应该根据该性质确定本馆的质量方针和质量目标。质量方针是由组织的最高管理者正式发布的该组织总的质量宗旨和方向。管理者制定质量方针时需要注意以下几点：一是质量方针是图书馆总方针的一个重要组成部分，必须与图书馆的总方针相一致；二是质量方针是为图书馆全体员工指明质量方向的，必须要有实质性内容，要反映对于服务的要求，体现全体员工的愿望和追求的目标，尤其要针对如何全面满足读者需求以及努力开展持续改进的承诺；三是质量方针是质量活动的纲领，不能过于烦琐、冗长和深奥，要方便记忆，保证全体员工都能理解和实施方针，以取得读者和其他相关部门对质量方针的理解和信任。综上所述，图书馆的质量方针就是：立足科学管理，持续改进服务，提高顾客满意度。质量目标是在质量方面所追求的目的。在质量目标制定的过程中应该注意以下几个方面：一是质量目标必须以质量方针为依据，

而且必须与质量方针保持一致；二是质量目标应是可测量的，要便于操作、比较、检查和不断改进；三是质量目标应该是切合实际的，是经过努力可以实现的，应该避免过于保守或脱离实际，盲目追求先进的倾向；四是总的质量目标的建立应该是便于分解的，因为图书馆的各部门应该在图书馆总目标下建立自己的分目标。质量目标一般情况下包括读者满意率、图书（期刊）加工合格率、顺架率、读者投诉处理率等方面。

由于图书馆的主要产品是服务，读者满意是根本，因此，以读者满意率作为测量标准是必要的，但具体定为多少合适呢？经过对图书馆几年来优质服务岗评选活动中读者满意率调查结果进行分析，认为总的质量目标定为读者满意率 90% 以上是可行的。另外，服务是一种互动的方式，读者的反馈是很重要的，对此，图书馆长期以来非常重视。因此，有效投诉处理率 100% 也是可以实现的。

该方针和目标的建立既体现了建立质量管理体系的目的，又具有可测量性，简单易懂，容易记忆，该方针制定后很快就为广大职工所理解和熟记。

（三）做好实施质量管理体系建立的准备工作

第一，管理层要学习和研究质量管理体系的内容，掌握基本概念和术语，对于质量和质量管理形成一个正确的认识。通过学习统一管理层对于建立质量管理体系的不同意见，并由此引发对于建立质量管理体系的一些思考，例如，图书馆建立质量管理体系需要解决的主要问题，质量管理体系内容是否应该包括图书馆的所有方面，建立质量管理体系需要投入多少人力、物力，体系建立后想达到一些什么样的目标等。

第二，建立相应组织。由于管理者不可能包办体系中的所有内容，这是客观需要，也是体系的要求，因此，成立相应的机构来完成这项工作也是必要的。首先是要选择合适的人作为管理者代表，管理者代表的主要职责是确保质量管理体系所需要的过程得到建立、实施和保持，向最高管理者报告质量管理体系的业绩和任何改进的需求，确保在整个组织内提高。

鉴于此，图书馆在选择管理者代表时，主要注重以下几个方面的要求：要有很强的责任心和勤奋好学的精神；具有良好的图书馆学、信息学相关知识，熟悉图书馆业务工作；具有较强的沟通和协调能力，最好是在图书馆任中层领导。管理者代表确定后，就要组成质量委员会，该委员会主要由馆领导、管理者代表、各部门主任以及部分业务骨干组成，主要职责是协助管理者代表完成所在部门以及部门包含岗位的业务指导书和程序文件的撰写，负责质量管理体系在本部门的正常运作工作，开展内审工作以及对于本部门内部不合格项提出纠正和预防措施。

第三，为质量管理体系的建立和实施提供所需的物质资源。这应该包括工作环境、基础设施、提升顾客满意度所需资源等。对于图书馆来讲就是包括改善阅览环境、改善藏书环境、改善工作环境、配备完善的消防安全设施、增加培训场地、配备必要的硬件设施、完善图书馆的导引系统、减少噪声、保证照明等。

（四）明确组织机构和职责

在质量手册中要以"组织结构图"的形式表述组织结构。因此，管理者要重新梳理图书馆各部门的基本任务、作用、职责、权限和相互关系。然后将质量职能逐级分解，最终落实到最基层人员。对于有可能有交叉的职能，应该尽可能地划分清楚，如确实无法分清的，可以用行政手段加以区分，尽量避免模糊地带，如信息咨询与读者教育部具有对读者进行培训的职责，而读者服务部的导读工作也具有培训和教育功能，这两部分职能是否有重复之处，是否应该归到同一部门？鉴于这种情况则需要加以区分，读者教育与培训部的培训职责主要是一种比较被动的培训，主要是针对图书馆引进的资源；而导读工作是一种主动培养读者阅读兴趣和引导读者阅读倾向的一种引导性工作，两者是有不同之处的，所以还是应该分属两个不同的部门。

（五）主持管理评审

由于图书馆所处的内外部环境在不断变化，外部环境的变化可能有学校制订新的发展规划，由于学校招生的变化而引起的读者层次的变化，国家出台有关的法律、法规等；内部的变化可能有馆领导人员的调整，中层机构以及职责的变化，先进的信息技术在图书馆的应用。除此之外，在质量管理体系运作过程中，读者也会提出一些对于服务方面的意见和建议，在内部审核过程中出现与质量体系和质量目标不相符合的内容（也就是不合格项），因此，要不断调整图书馆的质量体系以适应这种变化，消除不合格项，螺旋式地提升管理水平和服务质量。

针对以上情况，管理评审是解决问题和达到目的的最好方法。所谓管理评审是指对质量管理体系进行评价的一种重要方法，是为确定体系达到规定目标的适宜性、充分性、有效性而对体系所进行的系统评价，并确定各种改进的机会和变更的需要，是最高管理者的一项重要职责，由最高管理者负责主持。简单来讲，管理评审就是最高管理者结合各种审核结果、顾客反馈以及其他方面出现的与质量体系和质量目标不相符合的内容进行纠正性的决策。一般情况下是以会议的方式进行讨论、审议和评价，对于取得共识后的事项形成决议，对需采取的纠正和预防措施以及改进措施形成决定，并保持记录；对于未取得共识的事项及各种不同的看法则分别详细记载于会议记录。

图书馆管理评审需要输入的内容包括：审核结果（包括内部审核、第二方审核、第三方审核及其他相关证件或资质的审核等）、读者反馈意见或者改进的建议、过程业绩（读者满意度测评结果比较分析、资源配置及利用率等）、预防和纠正措施的实施状况以及有效性、可能影响体系的内外部环境的变化以及以往管理评审的跟踪情况等。

在高校图书馆建立质量管理体系，使图书馆在持续改进的理念引导下，把提高服务质量和增强读者满意度作为出发点和落脚点，明确工作目标，明显消除部门之间的障碍，增强每一个员工的责任感和服务意识，不断提高管理水平和服务质量，真正体现图书馆的服务宗旨，同时，也可以使图书馆呈现一个良性循环的局面。在质量管理体系建立过程中，图书馆的高层管理者只要明确自己的职责，有所作为，就能够提高体系建立的效率和质量。

第二节　信息产品的质量管理

一、质量的基本特征

（一）质量的系统性

质量是非常烦琐的系统，受使用、制造、设计等因素的影响。如汽车不仅是烦琐的机械系统，同样也是涉及交通制度、货物、乘客、司机、道路等特点的使用系统。拥有确定质量标准的产品和为使用所必需的技术和管理上的步骤网络是质量系统。

质量管理发展到全面质量管理，是质量管理工作的又一大进步。统计质量管理着重于应用统计方法控制生产过程质量，发挥预防性管理作用，从而保证产品质量。然而，产品质量的形成过程不仅与生产过程有关，还与其他许多过程、许多环节和因素相关，这不是单纯依靠统计质量管理就能解决的。全面质量管理相对更加适应现代化大生产对质量管理整体性、综合性的客观要求，从过去限于局部性的管理进一步走向全面性、系统性的管理。

（二）质量的社会性

要从整个社会的视角以及直接的用户视角来评价质量，与生态平衡、环境污染、生产安全等问题相关的质量更要如此。

（三）质量的经济性

质量要从使用消耗和价值、价格、成本等方面综合评价，而不是仅用单一的技术指标来评价。在确定质量水平或目标时，要充分考虑质量和价格的合理性，以及使用上的经济合理性，但前提是满足社会需要和条件，不能一味地强调先进技术。

二、信息产品的本质属性

（一）信息产品是信息含量很高的产品

对未经加工或已加工的信息资源进行加工或再加工而形成的产品是信息产品。在生产信息产品的过程中融入了人们的信息劳动，因此很多的信息在信息产品中。信息产品的主要成分是信息，信息在信息产品中的成分远大于物质产品中的成分。信息成分在物质产品中也存在着，但是物质才是形成物质产品的原材料，才是产出物的主要成分。信息产品的一个重要的本质属性是以信息为其生产过程的起点和终点。

（二）信息产品是以满足人们的信息需求为主的产品

在现实社会中人们会有各种各样的需求，人们的需求可分为精神需求和物质需求两大类。满足人们的精神需求是信息需求的目的所在，同时也可以更好地满足物质需要。人们在生活、生产、工作中对情报、知识、信息等的需求是信息需求。信息产品可以直接满足人们的精神需求，也可以运用到信息和物质产品的生产中，生产出性能和质量更好的信息和物质产品，这间接地丰富了人们的精神生活，也改善了物质生活。

（三）信息产品是信息劳动的结晶

信息产品是信息劳动的结晶，这也是它的第二个本质特征。第一，没有凝聚人类劳动，没有经过劳动加工的信息资源不是信息产品，其必须是劳动的产物。如人类社会中产生的原始信息和自然界中的动植物、自然现象所发出的信息都不属于信息产品。这也是区分一般信息和信息产品的重要依据。第二，必须是以信息劳动为主而形成的产品。相对而言对体力要求较低，对智力要求较高的劳动是智力劳动，信息劳动属于智力劳动的一种，是满足人类发展需要的、由知识进步引起的智力集约化劳动。智力在信息产品生产和提供过程中占据着很大的比例，但不是所有的智力劳动都是信息劳动。

三、信息产品的分类

（一）不同劳动特征的信息产品

信息产品根据劳动特征的不同，可分为扩张型、深化型、物质型等信息产品。

第一，扩张型信息产品。其是指不断扩大信息含量、范围、内容的信息产品，如数据库、二次信息产品等。

第二，深化型信息产品。其是指对同一内容不断增加信息量和深入加工的信息产品，如学术论著、研究报告等。

第三，物质型信息产品。其是指重复翻印信息量和内容得到的信息产品。如音像制品、书刊等就属于这一类型信息产品，因为与物质产品生产相似，所以被称为物质型信息产品。

此外，信息产品还可以按其内容的学科性质不同划分为科技信息产品、经济信息产品、政治信息产品、法律信息产品、军事信息产品等类型；按其功能不同划分为决策性信息产品、控制性信息产品、调节性信息产品、组织性信息产品等；按其载体形式不同可划分为口头信息产品、文献信息产品和实物信息产品；按其交流方式不同可划分为无偿交流型信息产品和有偿交流型信息产品。

（二）与物质载体具有不同关系的信息产品

按照信息产品是否固化在其物质载体上，可将其分为有形信息产品和无形信息产品两类。有形信息产品是指必须依附于物质载体而存在的信息产品，也可称为信息物品。按其内容是否随物质载体的变化而变化，有形信息产品又可分为两类：第一类有形信息产品是其内容不随物质载体形态的转换而改变，如科技信息产品、经济信息产品等，绝大多数有形信息产品都属于这一类；第二类有形信息产品是因物质载体形态的转换而改变其内容，如工艺、美术方面的信息产品。

无形信息产品是指无固定物质载体的信息产品。这类信息产品是可以脱离物质载体而存在的，或者以人脑为储存载体，或者以声波、电磁波、数字化形式存在的一种特殊的信息产品，其特点是不易积累和保存。在课堂教学、广播电视服务、口头咨询服务中，用户只能得到无形的信息，也有人将无形信息产品称为信息服务。如今广泛存在的数字产品、网络产品即属于这一类。

（三）不同加工深度的信息产品

信息产品的生产主要是对信息进行不同程度的加工和处理。按照生产者对信息产品中信息内容加工深度的不同，信息产品可分为零次信息产品、一次信息产品、二次信息产品和三次信息产品。其中：

（1）零次信息产品是指只有信息的搜集而未经加工的信息产品，是信息产品中最初级的产品形态；

（2）一次信息产品是指经过科学研究而得到的信息产品，如论文、专著等；

（3）二次信息产品是指对一次信息产品进行浓缩、编排而形成的信息产品，如书目、文摘、索引等；

（4）三次信息产品是指在利用二次信息产品的基础上，对一、二次信息产品进行综合、浓缩加工而成的信息产品，如综述、述评等。

（四）数字产品和网络产品

数字产品和网络产品属于信息商品的范畴，它们是信息商品新的发展形式。

1. 数字产品

数字产品就是信息内容基于数字格式的交换物。数字产品包括表达一定内容的数字产品即内容性数字产品；代表某种契约的交换工具型数字产品，如数字过程及服务，即任何可被数字化的交互行为。数字产品具有不易破坏性、可改变性、可复制性等物理特征。

（1）不易破坏性。不易破坏性是指数字产品的存在依托于一定的物质载体，但是物质是可损坏的，而数字产品本身则不易被破坏，只要数字产品能被正确地使用和存储，那么，无论反复使用多少次，数字产品的质量都不会下降，它是没有耐用与不耐用之分的。

（2）可改变性。可改变性是指数字产品的内容是可以改变的，它们很容易被定制或随时被修改，生产商不能控制其产品的完整性。数字产品一旦在网上被下载，就很难在用户级上控制内容的完整性，尽管有些办法可以验证数字产品是否被改过，如加密技术和数字签名，但程度和范围都非常小。

（3）可复制性。其实大量的信息产品都具有可复制性，但是这里是特指复制的边际成本几乎为0的可复制性，这种特性一方面给数字产品生产者带来了丰厚的利润，另一方面数字产品的可复制性又为数字产品的盗版活动提供了边际生产成本低廉的制造基础，从而给数字产品生产者带来了巨大的经济损失。

数字产品的经济特性除了具有信息商品的特性外，还有自己的特点，具体表现为易被定制化和个性化。数字产品中包含了大量的信息，相同的信息可以用不同的外在形式来表现，如用不同的字体、背景颜色、图片等来表达相同的信息，这主要源于数字产品的可改变性，因为数字产品易被改变，那么生产商就可以参考消费者的需要，提供个性化的产品或服务了。

2.网络产品

网络产品是以网络为载体的信息商品，这些产品都可以用专门网站提供的搜索引擎来查找，继而消费。网络信息产品不但具有一般信息产品的内在特征，还具有如下一些更为独特之处：

（1）及时性。网络信息产品的购买者可以在生产者刚在网上开始销售该产品的同时得到它。

（2）低成本性。由于网上下载或订阅信息产品，无须向消费者提供信息产品的载体（如磁带、光盘等），因此销售成本将更低。另外，由于网上销售的市场是覆盖全球的，因此它将激发更多潜在群体的购买欲望。

（3）易被知性。网络信息产品除通过各种广告和其他媒体的宣传外，一旦与搜索引擎连接，真正需要它的人会很快通过关键词检索得到，这比在传统市场中像大海捞针一样去搜寻，效率更高。

（4）充分共享性。信息生产商将加工的信息产品存储在数据库中，可以供成千上万的浏览者在同一时间调用，这种由全球大量用户同时享用同一产品的情形只可能在互联网上才能进行。

（5）可追溯性。网络信息产品如报纸、杂志等除了销售最新的以外，用户还可以购买以往发行过的任何一期，这也是传统媒介难以做到的。

这两种信息产品是可以脱离载体而存在的，它们可以通过电磁波等形式传播，而且很容易共享，是比传统信息产品更为先进的信息产品形式。

图书馆信息产品是图书馆生产的而不是其他单位生产的。图书馆有很多信息产品，如书、刊、报、文献资料、软件、光盘等，并不都是图书馆生产的，如书是出版社生产的；刊是杂志社生产的；报是报社生产的；软件、光盘是软件公司、信息企业等单位生产的，这些单位生产出来的信息产品不能称为图书馆信息产品，尽管这些信息产品存在于图书馆内，为图书馆所用。

但是，如同铁矿厂的产品铁矿石经过加工处理后成了炼钢厂的产品钢材一样，上述其他单位所生产出的信息产品，经图书馆加工处理后，增加了附加值，便成为图书馆生产的信息产品了。例如，出版社生产的书经过图书馆分类、编目、装订等加工处理后，便成了图书馆生产的信息产品；杂志社生产的期刊上的某篇文章经图书馆复印后便成了图书馆生产的信息产品；报社生产的报纸经图书馆剪报整理后便成了图书馆生产的信息产品；信息部门生产的网上信息经图书馆有选择地下载之后便成了图书馆生产的信息产品；其他单位生产的文献信息经图书馆整理加工分析综合之后形成的咨询决策、参考报告等更是图书馆生产的信息产品……总之，不管图书馆对外来产品，即其他单位生产的信息产品，所进行的是粗浅加工还是精深加工，只要是经过图书馆加工处理后的信息产品，就属于图书馆生产的信息产品，如果没有经过图书馆加工处理就不属于图书馆生产的信息产品。

至于图书馆信息产品的生产者图书馆，是指各级各类、各种经济性质的图书馆，即各级公共图书馆、院校图书馆、党政企事业单位图书馆及以独资、合资、中资、外资国有、私有等不同性质的图书馆。

四、图书馆信息产品的分类

（一）物质产品

富含物质，以提供物质为特征，如彩电。

（二）劳动产品

富含劳动，以提供劳动为特征，如娱乐服务。

（三）精神产品

富含精神，以提供精神为特征，如爱国教育报告。

（四）信息产品

富含信息，以提供科学、技术信息为特征。信息产品又分为三种：一是文献信息产品，以纸质印刷为载体，如书刊、文摘等文献资料；二是电子信息产品，以电子数据的形式将文字、图像、声音、动画等多种形式的信息存放在光磁、光盘等载体中，并通过网络通信、计算机等方式再现出来，如网上信息、数据库、光盘等；三是口头信息产品，以声波为载体，如口头咨询、信息发布会等。

长期以来，图书馆生产了大量的信息产品，如剪报、数据库、信息汇编及各种加工后的书刊等，但由于受计划经济体制、意识的影响，用户意识十分淡薄，从而使自己生产出来的信息产品不能供用户享用，具体表现在：一是只为本馆所用。为应付上级检查、为本馆达标晋级，或只供"内部使用"。二是产而不用。图书馆信息产品生产出来后，"生产者们"或者将之"藏而不用""束之高阁"，或者"守株待兔""产而不销"，单等用户上门。

图书馆信息产品在本质上应作为商品来生产。而商品具有二重属性：价值和使用价值。图书馆信息产品凝结了馆员大量的劳动，体现了其价值，但如果不提供给用户使用，则无从实现其使用价值。深圳大学图书馆生产的信息产品如"留学资料""期货贸易"就是针对用户需求而生产的，就是为用户所享用的，很好地实现了其使用价值。

图书馆信息产品是有偿提供给用户的，而不是无偿提供给用户的。图书馆信息产品是充分利用图书馆的文献信息资源、人力资源、技术设备资源生产出来的，是投入了人力、物力、财力的。这就决定了图书馆信息产品必须是有偿提供给用户的，否则，为生产图书馆信息产品所耗费的各种资源，所投入的人、财、物就得不到应有的补偿，图书馆的信息产品生产就会萎缩，就会难以为继，直至消亡。

图书馆信息产品实质上是商品，它是作为信息商品进入信息市场来实现其价值的。而要实现图书馆信息产品的价值，就必须通过市场中的有偿供给，即图书馆进入信息商品市场向用户提供自己生产的、有相应价格的、收取相应费用的信息产品。作为图书馆信息产品的生产者，不仅希望自己生产的信息产品在信息商品市场中"赚"回成本，同时更希望"赚"得利润，从而达到扩大再生产，发展图书馆信息产业的目的，而"赚"回成本也好，"赚"得利润也好，都只能通过有偿供给完成而不能通过无偿供给完成。作为图书馆信息产品的消费者，因为得到了于己有用的图书馆信息产品，所以就得自己支付费用，谁使用谁付款，谁受益谁掏钱，这是市场经济的普遍原则。进入信息市场的图书馆信息商品也必须遵循这一原则，这也是维护市场公平竞争秩序的需要。

信息市场是信息商品时代的产物，是商品经济发展进入一个更高阶段的表现，图书馆信息咨询服务进入信息市场标志着图书馆正在部分走向产业化。图书馆开展使信息增值的活动，并与其他信息产业展开竞争，旨在改变管理制度"机关化"和"吃皇粮"的情况。可见，这不仅是买卖、供求的关系，而且也蕴含着社会发展的要素，任何信息商品都需通过供求关系才能形成信息市场，对图书馆来说，一要有信息需求者，二要有可提供的信息商品，这样才能形成图书馆信息咨询服务市场。信息的价值贵在传播，而传播取决于需求，信息需求者在信息市场中居于重要地位。我国图书馆信息市场的需求扩展是由许多因素决定的，主要有信息的价格是否适合消费者的承受能力，消费者本身的文化素质和信息意识，咨询服务的质量。咨询服务的关键是快速地向用户提供所需要的可靠、适用、经济、时效性强的信息资料。为了扩大需求，促进消费，图书馆不仅要以优质服务树立自身的形象，还应针对用户开展调研，了解当前用户和潜在用户的数量、用户的构成、接收利用信息的能力、用户的特定需求等，以便培育图书馆咨询市场，并促进其发展。

图书馆信息咨询服务市场所提供的信息商品，其使用价值是比较抽象的，因为它不像生产资料那样可以从被感知的形式加工转化成最终产品。信息产品的使用价值最终表现为通过信息的使用，提高企业或其他利用者的经济效益，而且所提高的经济效益往往要大于信息本身的价值。信息商品的价格受市场供需关系、竞争形态、垄断程度和信息商品的成本等因素的影响。但是信息商品的价格与其他物质商品的价格不同，物质商品只能交换一次，而信息商品具有非消耗性，可以多次转让，反复消费。它能同时为众多用户服务，由这些特点来看，图书馆信息商品的价格具有很大的弹性。市场营销包括产、供、销三个基本环节，信息营销也是如此。消费者的需求和欲望是营销的起点，交易是营销活动的中心，生产者通过各种营销方式满足消费者的需求，以达到营利的目的。

作为信息机构之一的图书馆，其传统的服务方式正越来越受到现代信息环境的巨大挑战，现代信息网络和市场经济正在推动信息服务市场运作机制的成熟和普及。在社会信息化进程和网络化信息服务的推广普及中，市场化运作机制起了主导作用，在此基础上，谁发现了需求，谁有了服务创意和产品创新，谁就可以去投入、占领市场并获得收益，从而带来多元化投资。这种发展趋势和经营方式将对图书馆经营思想、经营方式和管理体制提出严峻的挑战。实行图书馆企业化管理是发展信息产业的有效手段，几个在信息开发方面走在前沿的图书馆所取得的成绩已经证明了这一点。

五、图书馆信息产品的企业化管理

（一）效益与风险观念的确立

1.效益观念

美国 M.凯尼格博士关于信息服务价值和效益的实例是鼓舞人心的。美国能源数据库回报率为 1：22，阅读一篇杂志论文、一篇内部技术文献、一本书的效益分别为 385 美元、706 美元、1160 美元，美国科学家全年通过阅读所获效益为 3000 亿美元。这意味着信息产业是一项高效益、高回报的行业。但是图书馆信息产业作为一个经营型部门，面对市场经济的双刃剑，回避不了客观存在的"投入产出"法则，企业必须将"减少投入，增加产出"作为效益目标，在投入不变的情况下，高质量的产出才会带来高效益，这是由顾客对产品和服务质量的期望造成的。

2.风险意识

在企业经营中效益与风险是同时存在的，高效益也就意味着高风险。在信息产品的开发中，其风险存在决策、经营、信用、选题策划等各个方面。可以说是效益无处不在，风险无处不在，要想获得高效益就必须具备风险意识，在经营中制定合理的规划，规避风险，做到有的放矢，不打无把握之仗。

（二）以市场为中心的经营原则的确立

市场是企业经营管理的出发点和归结点，是企业一切管理活动的依据，所有成功的管理都是从外到内，依据市场情况决定管理的原则、方式、方法的。这一点同样适用于在市场环境中的图书馆信息产业。以市场为中心的管理定位需要处理好以下几种关系：

1.现实需求与潜在需求的关系

市场的现实需求需要企业通过市场调查和分析确定各种需求的内容，并调动力量以满足需求。潜在的需求则需要企业在市场调查和分析的基础上发挥创造力和想象力，预测市场潜力，进行风险决策，以创造需要。无论是满足需要还是创造需要，企业均须确立正确的市场定位，包括选准目标市场以及在市场中确立自己的位置。选准目标市场是信息产品开发的首要问题，图书馆信息部门必须经过研究，调查摸清用户的信息需求，然后根据自己的实力和条件有针对性地生产多品种、系列化产品。

2.市场变化与企业特点的关系

市场总是变幻莫测的，用户的信息需求会随着社会环境的变化而变化，而不同的市场变化也有不同的信息需求，并形成各自需求特权。一般来说，用户都对信息服务的针对性、可异性和时效性要求很高，图书馆信息部门在塑造产品与众不同的个性时，必须有力塑造企业自身鲜明的形象，从而使产品在市场中确立位置，形成风格。

（三）以人为中心的运行机制的确立

企业的运行关键在于人的作用。以人为中心，从根本上说是探索解决人的权力和需要的合理途径，即建立有效的运行机制。在图书馆信息部门中所谓的"人"包括：领导、职工、用户、经营业务主管。有效处理好这四者的关系将有利于企业的正常运转。很显然，传统的运行机制和管理体制已经无法满足信息产业发展的需要，面对激烈的市场竞争，图书馆信息产业部门有必要建立一套信息开发与利用激励机制、责权机制、分配机制。

1.激励机制

无论任何企业，要想获得一定的发展，都需要有一定数量的职工。企业内部员工的集体荣誉感以及高度的凝聚力、强烈的责任心关乎到一个企业的良好运行。然而，这一切都需要很长时间的累积才能形成，与此同时，企业经营者的赞赏以及认同也涵盖在内，简言之，企业内部一定要具有相对完善的激励机制，给予员工一定的鼓励，将他们的创造性和积极性充分调动起来。

2.责权机制

作为一个经营型部门，所面对的是变幻莫测的市场和激烈的同行竞争。如果不了解市场、不熟悉业务的主管，对经营业务管得太多，统得过死，就无异于自取灭亡；而作为经营部门的主管如果没有责任心，搞好搞坏一个样，那么在竞争中又何能有立足之地？所以信息产业部门，不管规模大小，均应该实行经济目标责任制，责任到位。要在规定的权力范围内，自主经营，独立核算。经营责任者在职权范围内有一定的决策权、管理权和人事聘用权以及合理开支的财权。为防止出现总体管理的失控与不协调，出现各自为政的现象，在市场经济环境下，随着竞争机制所形成的灵活、分权、分散化的管理趋势，必须使统一领导与协调相结合，必须制定科学的集体决策，大事和宏观上坚持统一领导与控制，制定切实可行的统一规章制度，经营责任人由领导聘任。

3.分配机制

责权利统一分配机制必须同责任制相对应，这样机制才能真正发挥责任制管理的效力。对信息产业部门实行馆、部门、个人兼顾，以馆为主，贯彻效益优先、兼顾公平、奖励优秀的分配原则。

六、图书馆信息产品开发策略的形成

（一）确立竞争优势

在信息公司林立的现在，图书馆之间的竞争愈演愈烈，如果想要占有一席之地，就要认清自己的优势，明确在市场竞争中处于怎样的地位。就目前来看，图书馆具备的主要优势如下：

第一，资源优势。图书馆开发信息产品是基于信息资源进行开发的，图书馆所拥有的信息资源非常多，例如：印刷型文献以及非印刷型文献资源，这样一来，为图书馆发展信息产业提供了非常强大的物质基础与条件。

第二，用户优势。一直以来，在社会和广大读者中，图书馆的服务具有非常好的形象，并且获得了一批比较稳定的用户群体。其作为一种公益性的事业，在用户中有着非常高的信任度。诸多企业也都对"图书馆"这一金字招牌比较看重，愿意与其展开项目合作。这样便可以借助图书馆良好的名声在外组织一批相对稳定的用户群体。

第三，服务优势。图书馆进行文献检索的手段和途径相对比较齐全，同时也具有较高的标准化程度，馆员也具有专业信息综合叙述以及定题服务的经验，通过现代设备将实现馆际互借和资源共享。

（二）产品促销策略

无论哪一款产品，都需要一定的过程才能走向市场，促销手段的成功运用将带来非常好的效果。图书馆在信息产品开发时，要具备较强的宣传意识，并通过合适的促销方式，针对不同的用户采取不一样的销售方法。例如：对儿童教育方面的产品进行推销，可以通过游戏的形式，将儿童们的家长以及儿童自己吸引过来，并积极参与其中，进而达成产品推销这一目的，与此同时，也能够采用上门推销或者是大众传媒、产品试用等方式推广，让更多的用户接受产品。

（三）规模经营策略

企业若是想要产生较好的效益，减少生产成本，就必须要进行规模经营。

图书馆信息产业部门针对这一点要有非常清晰的认识。最主要的是要将信息时常的脉搏把握好，进而寻找用户的需求点及规律，将相近或是比较相同的归于一类，并且，要与用户建立比较稳定的关系，并对他们的需求动向有一定的了解。除此之外，采用计算机联机检索技术以及现代化服务手段把工作环节节省下来，进而进行大批量生产。

（四）产品适销性策略

这一策略包含产品多品种、高品质以及相对合理的价格。此处提到的多品种指的是在开发产品的过程中，要力求长短项目以及难易项目的有效融合，进而可以在具体的工作过程中确保细水长流，而不会因为外界环境发生了变化而使信息经营部门无所事事，与此同时，关乎到多个领域（文化、经济、法律等）。高品质是以用户的满足程度作为标志的，它与一般的商品完全不同，用户对信息产品最根本的要求便是时效性。相对合理的价格会在定价适度上体现出来，若是定价过高，那么，用户是接受不了的；若是定价过低，用户便会怀疑产品的效果以及质量，因此，在用户的购买欲望和能力这一方面，适当的定价起到了一定的促进作用。

第三节　信息服务的质量管理

一、图书馆信息服务的质量

满足社会和读者明确或隐含需求的图书馆信息服务能力的特性和特征的总和是图书馆信息服务的质量。其主要包含两方面内容：第一，服务的结果，也被称为服务的技术质量，也就是用户通过图书馆的信息服务得到了什么；第二，服务的过程，也被称为服务的功能质量，也就是用户如何得到信息服务的。

（一）功能性

通过图书馆的信息服务用户的信息需求是否得到了满足，这是图书馆信息服务矢量的功能性。

（二）安全性

在接受图书馆信息服务的过程中，财物、人身得到保障的程度是安全性，图书馆要提升馆内的安全性，就要时刻采取安全措施，确保用户财物、人身不受损失和伤害，这是其责任和义务。

（三）时效性

图书馆的信息服务能否及时满足用户的需求是时效性，其包含信息提供是否及时和服务效率是否满意等两方面的含义。

（四）经济性

为了得到图书馆的信息服务付出的代价的合理程度是经济性。代价在这里包含了使用图书馆所必须承受的交通问题、付出的时间等许多不便，而不仅仅是相关费用。

（五）舒适性

为读者提供的环境的舒适程度是舒适性，包含各种服务设施是否齐全、使用方便，环境是否安静整洁，馆舍是否美观大方。

（六）文明性

在提供信息服务过程中，图书馆能否为用户营造出友好、和谐的氛围是指文明性。

二、高校图书馆信息服务与信息产品的关系

图书馆为用户提供研究报告、述评、综述、机读目录、话题目录等产品指的是图书馆信息产品，为读者提供的网络导航、参考咨询、阅览、外借等各种服务指的是信息服务。它们是两个不同的概念，但有着紧密的联系。离开信息产品信息服务将无法开展，如馆藏目录是为用户提供外借服务必须要用到的。同样，提供信息产品的过程也是一个服务的过程。所以，高校图书馆不仅要提升信息服务的质量，也要提升信息产品的质量，两者是相得益彰、相辅相成的关系。但是它们质量的形成因其内涵的不同而不同，所以需要运用不同的手段和方法对两者进行质量管理。

三、高校图书馆信息服务质量存在的差距

通常用户的不满是自身预想的与体验到的信息服务质量有较大的距离时产生的。所以，如何减少用户产生差距的概率，即缩小出现的差距，是当代图书馆要攻克的难题，也是不能规避的责任。寻找差距产生的原因，是缩小差距的先决条件。这一差距产生的原因，一方面来源于对读者需求工作的不重视，即由于图书馆的领导不重视读者需求，缺乏对读者需求的分析工作，使信息服务的开展脱离了读者需求，从而导致了读者的体验质量与预期质量不符；另一方面来源于对读者需求的分析不正确，即虽然重视需求分析，但由于读者调研工作设计的不完善，导致搜集信息的结果不准确，或虽然搜集的信息是准确的，但由于组织机构的冗余，导致信息在传递过程中失真，图书馆领导在这种错误或失真信息的基础上做出的决策，必然与读者需求相脱节。

（一）信息服务提供中的差距

信息服务提供中的差距主要是指图书馆在为读者提供信息服务的过程中，没有达到信息服务规范的要求。产生这一差距的原因主要有：首先，由于服务规范的制定没有广泛听取工作人员的意见，工作人员对之的认同感不强；其次，服务规范过于复杂，工作人员没有能力达到这一水平；再次，图书馆的设备、工作流程或组织文化与服务规范之间存在冲突，导致服务规范的要求不易达到。

（二）信息服务规范的差距

虽然图书馆领导对读者信息服务质量的预期是正确的，但在根据这一认识制定全体工作人员所遵守的服务规范时，出现了差错，结果使服务规范与读者的预期不一致。产生这一差距的原因有三个，一是图书馆对信息服务质量的目标制定不正确；二是图书馆的高层领导对服务规范的不重视；三是服务规范的制定过程不完善。

四、高校图书馆信息服务质量的对策

（一）根据图书馆信息服务质量产生差距的原因，改善业务流程

根据对信息服务质量的差距分析，现代图书馆可以采取以下措施来提高信息服务质量。

1. 开展读者需求调研

读者调研是公共图书馆一切信息服务工作开展的基础，公共图书馆必须对

这项工作加以重视。

2.加强内部信息沟通

为了保障读者需求信息在公共图书馆中及时、有效利用，图书馆要保证内部信息渠道的畅通。一方面加强横向协调，另一方面精简组织机构，改善组织冗余的现状。

3.重视听取工作人员意见

在制定信息服务规范时，要全体动员，广泛听取意见；规范制定后，要最大限度地进行内部推广，保证全体员工对信息规范的接受。

4.工作人员培训

开展工作人员培训工作，提高他们的业务素质，保证他们的工作能够达到服务规范的要求。

（二）根据读者与公共图书馆的接触点，改善业务流程

信息服务具有无形性的特点，它的生产过程大部分是读者不可见的，只有少部分与读者相接触。而正是这一小部分为读者所关注，在服务业的经营管理中，顾客与服务提供方的各种资源相互接触的时空环境叫作"关键时刻"。因此，现代图书馆信息服务质量的提高，应从这些关键时刻入手。根据读者使用的服务类型不同，这些关键时刻有所差别。现代图书馆要识别这些关键时刻，并分析出哪些对读者来说非常重要，哪些是不太重要的，进而根据其重要程度，投入人力、物力，进行管理。根据读者与图书馆的接触点分析图书馆的业务流程，是从读者出发的工作方法，也是一个有益的探索。

图书馆的信息服务是一个复杂的系统工程，其中经过加工整序后形成的信息资源体系是整个系统的核心要素。除此之外，它还包括信息基础设施、读者与图书馆的馆员。要有效地配置系统要素，使这些组成部分构成一个有机的整体，加强质量管理，强调信息知识系统建立、开发与使用的全过程中各项因素的质量，确保信息服务质量的全面优化，使之具有远程、快速、全面、有序等服务优势。

1.传统高校图书馆信息服务模式的主要结构因素

第一，对象。图书馆服务的对象显然是读者，但一般而言，读者并非是任何有信息需求的人，只有具有利用图书馆各种资源条件的社会成员才可以成为读者，从而得到图书馆的服务。因此，人们只有到了图书馆才能成为真正的读者，图书馆才可为其服务。

第二，资源条件。从广义来看，图书馆资源含有较多内容，包括图书馆所收藏的文献资源，以及在此基础上由图书馆开发组织的目录等参考资源、建筑设备资源、业务人员资源等。狭义地看，资源主要指馆藏文献资源。

第三，服务人员。图书馆传统的信息服务不是面向用户的服务，而是面向资源的利用，这些服务活动的承担者就是部分资源管理人员。严格地说，服务人员不是信息服务者而是资源管理者。因此，可以说图书馆信息服务人员的角色没有自成一体，而是与资源管理者的角色相重叠并附着于其中。

第四，服务方式。图书馆的读者服务方式综合起来有几十种，但严格地讲，图书馆的读者服务一直没有脱离馆藏文献的物理查检与传递，除此以外的其他服务方式如咨询、情报研究等，虽然存在但规模小，质量也不高，而且还没有像借阅那样规范化、系统化和普及化。

第五，时间。图书馆的读者服务有时间限制，读者在图书馆开馆的有限时间范围内一般都可获得服务，除此之外的时间读者都不能利用馆内文献资源。但在某些情况下，如学校图书馆在周末时虽可能开馆，但不提供外借服务。

第六，空间。读者服务活动是在图书馆内开展的服务活动，服务的主体、客体等都集中在图书馆的建筑实体内，图书馆建筑实体对于读者服务而言是重要的物质基础。

2.传统图书馆信息服务模式的特点

第一，图书馆的读者服务是一种面向资源的服务，它围绕着馆藏而展开。读者服务的范围和水平都严格地受制于藏书的布局、规模及其他实体因素。在服务中，藏书是核心，是主体因素；而读者则是客体，他们始终有求于图书馆，居于从属地位。

第二，以资源提供为主要方式，为满足读者信息需求的各种读者服务基本上属于简单信息服务而非增值信息服务。

第三，以文献资源为主要基础条件的读者服务的核心能力是由馆藏文献的多少来决定的，而非图书馆的信息服务能力。在这一过程中服务人员的智力资源被忽视了，且其发挥的作用也极小。

第四，文献资源为一馆所藏，来源单一，脱离了完整的社会信息资源体系。

第五，读者服务是阵地式服务模式，它以图书馆为界，要求读者必须到馆才能获得服务，且读者到馆又会受开馆时间的限制，所以这种模式是受到时空约束的被动式服务模式。上述特点也是传统图书馆读者服务的缺陷与不足所在，在这种模式下的信息服务其社会满足率和服务效果是可想而知的。

第五章 高校图书馆信息资源建设的方法

第一节 图书馆信息资源的配置

一、信息资源配置的内涵

（一）信息资源配置的定义

信息资源的配置有广义和狭义之分，首先，广义的信息资源配置指的是有用的，以及与信息活动有关联的信息系统、人员、设施、网络等资源在空间范围、时间和数据内进行匹配、流动以及重组；其次，狭义的信息资源配置是指把有用的信息在不同的地区、时间、行业以及部门进行分配、流动和重组。

信息产业内部适合使用广义的信息资源配置，然而，在其外部，信息人员、设施等配置均属于一般性的资源配置。狭义的信息资源配置，在信息产业以及其他产业上都适用。在习惯上，有些时候，信息资源的配置指其广义含义，也指其狭义含义，还有时是可以混合应用的，没有严格意义上的划分。

（二）信息资源配置的特点

1.层次性

信息资源自身的层次性以及用户需求的层次性决定了其配置的层次性。其自身的层次性包含两个方面，即：内容上以及载体上的层次性。首先，内容上的层次性是指信息资源开发程度的深浅，可以是一次信息或者二次信息；其次，载体上的层次性是指信息资源具备不同性质的载体形式。用户需求的层次性指的是用户们的年龄、文化、知识等结构的不同，包括在信息资源上的不同需求，进而，不同层次的需求系统便形成了。

2. 连环性

信息资源的配置过程并非孤立存在的，通常情况下，它与其前后的配置过程在逻辑上具有一定的关联性。从图书馆来看，通过购入方式（书目征订、现场邮购、采购、复制等）以及非购入方式（交换、赠送等）进行资源配置的过程就是收敛配置的过程。之后，图书馆需要对保管的文献资源基于加工和整序之上进行排列、布局与组织，这一过程是重组性配置的过程。最后，图书馆采用多种服务方式沟通信息资源以及各类用户的联系，让客户可以充分地将信息资源进行消化和吸收，这一过程则是一个发散性配置过程。

3. 渐进性

信息资源在信息资源系统中，不管是通过政府、市场或者是产权配置，究其本质上，基本的配置过程是一个从不合理慢慢走向合理、从无效率或低效率慢慢走向有效率的一个过程。此处提及的"合理"或者是"有效率"指的是经济上的合理或者有效率，也就是通过配置成本获得最大的配置效益，抑或是采用最小的配置成本获得一定的配置效益。在信息资源配置的过程中，合理或有效配置是一直追求的目标。

4. 动态性

信息资源配置具有相对稳定的特性，但是，就整体而言，总的趋势一直是不断变化的。其动态定会伴随信息资源共享条件、环境以及要求的变化而变化，同时，需要重新改变信息资源配置的模式与结构，不然，配置过程和配置结果的有效性则无法实现。

5. 时效性

在信息资源配置过程中，其时效性决定了要把握好时机，只有具备合适的时机，才能够将信息资源配置的效益最大化。诚然，此处提及的把握时机并非越早投入开发利用便会收获更好的效果，而是要依据信息资源的特点以及投入利用所收获的应用价值综合考虑，在合适的时间内进行配置。

6. 人工性

信息资源配置是一种人类活动，它的整个生命周期都与人息息相关，需要人进行参与，简单来说，信息资源配置的前提和理论依据是信息资源配置人工性的特点。

（三）信息资源配置的内容

信息资源在时间、数量、品种类型、空间等方面的配置状况、特征和要求形成了信息资源配置的内容。

1. 时间上的配置

时间是事物运动、变化的持续性表现，时间具有不可逆的特点。信息资源的时间矢量配置指的是信息资源在时间坐标轴上的配置。信息资源在时间配置上的经济意义是通过资源内容自身的时效性所决定的。如：一条非常及时的信息或许会带来意想不到的价值，让沉睡已久的，抑或是即将倒闭的经济部门复苏，然而，对于一条已经过时的，或者是过早的信息或许没有任何价值，甚至会在应用之后出现非常严重的后果。虽然，信息效用的实现程度和时间起始点以及所选择时间段大小都具有非常紧密的联系，但是，不一样的网络信息资源，其变化情况与时效性大小是不同的。

除此之外，例如商务信息等资源强烈的信息，由于受到多种不定型因子的影响与干扰，会体现出无规律性以及波动性。还有一些信息会表现出渐渐过时的规律，以及快速过时的规律，甚至还有些信息受到多种不定型因子的影响与干扰，会体现出无规律性以及波动性。针对已经过时的，具有非常显著的规律的信息，其在时间矢量上实现有效配置目标是非常容易的；在时间矢量上对无过时规律的信息进行控制和协调是信息资源有效配置的难点，这是因为不单单需要理论上的知识作为基础，还需要具备一定的实际配置经验，其是配置者高素质且多方面的完美结合。

2. 数量上的配置

信息资源的数量配置包含信息的总量以及个量配置、存量配置以及增量配置。

信息资源的存量配置指依据一定的模式与原则，采用不一样的方式方法，合理地分布已经产生的多种信息资源，并在不同的信息机构中进行存储。存量配置主要表现为载体形式的信息资源的再配置，主要倾向于处理、调整目前不合理的信息资源分布，不思考整体容量的增减问题，仅是单纯地就目前所具备的信息资源在不一样的行业、地区或者组织之间进行调剂与流动。其增量配置指的是新增信息资源配置的问题，主要表现为调整以及切分配置经费，并意味着从整体上加大了信息资源的容量，其核心是怎样在不同的行业、地区以及组织之间进行均衡配置。信息资源配置的经济意义在于其在应对变化极大的用户信息需求上具有重要作用。

在信息资源的数量配置中，相关信息资源政策法规的制定、倡导其共享观念、确立有偿调剂准则、建立其定期申报以及评审制度、建立网络信息资源存量配置信息系统等是处理存量配置问题的关键所在。若是将增量配置这一问题有效解决，最关键的是全方位地分析信息资源在不同地区、行业或组织的现实情况，预测信息需求的变化倾向及其在不同地区、行业或组织的差异，深刻理解和领会国家信息化的战略方针和重点，合理配置信息活动经费，加强信息资源的宏观调控。

3.品种类型的配置

信息资源在时间和空间矢量上的配置必然要涉及信息资源的品种类型。对于既定的信息资源系统，其规模的大小和服务能力的强弱应当综合性地以信息资源品种类型的多寡及其对用户信息需求的满足程度作为主要评判依据。

因特网是信息资源存在的主要形式，它所具备的开放特性使得任何入网者都可以在网上自由存放信息，并方便地获取网上信息。随着因特网上的信息提供者和使用者的不断增多，必然会刺激大量冗余信息在无"主管"的网络上迅速地膨胀，届时迅速膨胀的信息冗余又在网上形成了新的、巨大的信息干扰，它们或被重复配置，造成信息资源品种类型十分丰富的假象，或在真正的有共享价值的信息资源表面形成一层面纱，使人们难识其庐山真面目。由此可见，尽管当前信息资源品种类型很丰富，但其配置仍有相当大的难度。信息资源有效配置的目标仍然需要借助一定的市场或非市场手段经过艰苦的努力才能最终实现。

4.空间上的配置

信息资源的空间矢量配置是指信息资源在不同的地区、不同的行业部门之间的分布，即在不同使用方向上的分配。由于信息资源存在着严重的不均衡性，其在行业、地理区域的信息量分布和网络技术水平上也存在着很大的差距，因此，要保证信息资源在空间上的合理配置就必须充分认识到国家经济发展在不同区域、不同行业的不平衡因素，有重点地配置信息资源。

按空间矢量配置信息资源就是要运用一切市场的、非市场的手段调节和控制信息资源在不同国家之间以及同一国家内不同地区或行业部门之间的分配关系，其目的是追求信息资源在按空间矢量配置后能产生最大化的社会福利。信息资源按空间矢量配置后所产生的社会福利的大小取决于多种因素。

（四）信息资源配置的意义

信息资源是信息化社会的重要基础，随着信息技术的广泛应用，国民经济和社会信息化进程的不断加快，信息资源的作用日益显著，已经成了现代社会生产力的基本要素和重要的战略资源，与物质资源、能量资源一起构成了现代社会发展的三大支柱。信息作为社会资源的流动和重新配置，必然会引起社会各要素之间的互动作用，激励相应的社会行为反应，引起物流运动和人的思维活动，从而创造出新的物质和智力财富。

1.提高社会效应，需要信息资源配置

信息资源的重新配置必然会引起相应的社会知识资源的改造和更新。由于信息的传播是不断转移新知识的传递过程，信息的流动会向缺乏这种资源的地区、社会或个人移动。这会使获得新信息的社会重新审视自己的知识储藏，增加知识库存并推动知识向社会个体转移。尤其是随着经济信息资源的加速分配，其对社会生产活动也将产生决定性的影响。

2.提高用户的需求，需要信息资源配置

通信技术和计算机技术迅速发展的同时，也为图书馆界创造了一个全新的信息环境和网络环境。网络环境给图书馆带来的影响是广泛而深刻的，使图书馆的资源基础突破了传统的"馆藏"局限而扩展到整个世界，从而极大地丰富了可提供服务的信息资源。

但是，由于网络信息增长迅速，没有统一的标准和规范，从而使得当前信息价值良莠不齐，存在状态多为无序性和不稳定性。这种变化无常、不稳定的网络信息给用户带来了诸多不便。因此，必须配置网络信息资源、调整网络信息资源的分布和流向，以尽可能小的配置成本取得尽可能大的配置效益，即在网络建设的基础上，进一步规划不同"节点"上信息资源的重点、范围、类型、时间和数量分布，保证网上信息资源的全面性、针对性和及时性，最大限度地满足用户的需求，便于用户使用信息。

二、信息资源配置的模式

信息资源分布的广泛性，致使信息资源配置工作也具有多样性，这就要求在对各时期、各地区、各行业进行组织配置的过程中，为了达到最大配置效益，必须采用标准统一、互联互通、相互协调等资源配置模式，使信息资源能够顺畅地在不同领域间流动和交互，参与配置的主体应相互协作，形成一个有机结合的信息资源配置体系。

（一）信息资源配置的目标模式

信息资源配置的目标模式包括配置手段多元化、组织专业集团化、观念思维全新化、运行机制灵活化、运作目标高效化等。

1. 配置手段多元化

配置手段多元化要求根据市场情况和国家有关产业政策，既吸收市场机制配置手段的自动性，同时又借鉴政府计划配置手段的自觉性，并将二者有机结合起来。

2. 组织专业集团化

在信息资源配置中，要求配置主体以专业集团化的规模优势形成竞争实力和优势，从而扩大市场占有率，实现信息资源的优势配置。

3. 观念思维全新化

对信息资源进行配置，需要按照市场经济的基本要求，从感性思维逐步过渡到理性思维，同时还需要逐步强化资源配置的竞争观念、开放观念、可持续发展观念、科学决策观念以及效益最大化观念。

4. 运行机制灵活化

进行信息资源配置时，需要依据市场机制的特点和规律，改革传统的供求机制、分配机制和奖惩机制，建立灵活高效的商业化运作机制。

5. 运作目标高效化

要达到信息资源运作目标的高效化，就需要按照专业化、集团化重组资源，并依据相应的手段来自动和自觉配置资源，实行灵活高效的运作机制。

（二）信息资源配置的内容模式

信息资源配置的目的是使信息资源为全社会所享用，从而获得最大的经济效益。

在不同的时空环境下，对信息元资源、信息本体资源和信息传播资源的整体配置，可以使不同的子资源体系在整体环境中达到最佳和谐，提高信息资源的效度。由于信息资源配置是复杂系统的动态集成过程，需要对不同子系统的内涵有一个明确的认识，因此这里具体对信息资源配置的过程进行了描述。信息资源是一个完整的体系，可以分为信息主体资源、信息本体资源、信息表体资源。

1. 信息主体资源

信息主体是信息化测度体系中一个很重要的指标体系。这里就以主体的概念来阐述信息主体资源，其包括信息资源中的元资源（信息与信息产品生产者）、信息与信息产品中介者、信息与信息产品的主要利用者。由于很大部分用户仍然是信息与信息产品的生产者，因此，在资源配置过程中，可以仅局限于元资源，而不用完全考虑信息资源中的人力资源。

2. 信息本体资源

信息本体资源也就是传统意义上的信息资源，其主要是资源库中具体存在的，当然也可以是传输的信息与信息产品。若将信息资源的本体资源以载体和传播途径划分，则可将其分为实体信息资源和虚体信息资源。实体信息资源主要是指以纸介质、磁介质为载体，保存在一定物理空间中，供用户使用的信息资源；而虚体信息资源则是以磁介质为载体，保存在不同物理空间中，通过计算机网络传播，以供利用的信息资源。

3. 信息表体资源

表体是与信息本体、信息主体相对而言的。信息表体资源主要是指信息与信息产品传输的资源体系。在网络环境下，研究信息资源的配置，必然会涉及信息、信息产品以及资源流动的问题。因此，如何增加信息与信息产品的流量和提高流速，并能较好地控制信息流，就是研究信息表体资源的主要目的。

（三）信息资源配置的具体模式

目前，对信息资源配置的具体模式主要有分散型、集中型、多元型三种。

1. 分散模式

分散模式是一种以市场经济为依据的市场调节型组织结构。该资源配置体系内各单位之间是相互独立的经济实体。

分散模式体系使信息部门与信息用户之间的供求关系完全由信息市场的价值规律自行调节，形成竞争机制。由于国家对网络信息资源部门的控制手段是通过政策、法规以及必要的投资，因此，采用这种模式可充分发挥市场机制的调节作用，使信息市场充满竞争和活力。但是这种模式缺乏统一管理，容易导致重复建设和资源的浪费。

2. 集中模式

集中模式是一种行政管理式的职能型组织结构，倾向于高度集中的中央集权化管理，其体系内各信息资源开发服务机构相互依存，且在业务上相互补充。

由集中模式组成的体系对信息资源配置规划、计划、机构设置、人员与经费、业务范围等实施的是单一化的管理。其信息资源配置的各部门之间层次分明、相互协调，各自接受上级机构下达的任务，从而构成了有序的信息资源配置网络。

3.多元模式

多元模式介于分散型和集中型之间，是一种具有双重效能的信息资源配置组织模式。其体系内各部门之间是相对独立的，但这些相互独立的部门之间又保持着协调发展，即各部门之间既有分工合作，又有平等的竞争。

多元模式既受国家统一指导、调控，同时在规划活动上又可以独立自主地开展工作。因此，在经费来源渠道上，既可以通过国家投资获得，又可以通过市场的多渠道获得，并且还可以通过市场调节，调整信息资源结构。由于多元模式的整个体系是由国家集中进行宏观管理的，在运作上受市场的分散控制，因此，整个信息资源配置活动可以持续、稳定、协调地发展，从而可以充分发挥整体效益。

上述三种模式各有优缺点，分别对应于一定时期的各国体制，但在现代条件下基本上趋于统一。

三、信息资源配置的策略

（一）加强科学管理，提高信息资源的利用率

科学管理是信息资源利用与配置的基本保障。一般而言，需要从宏观和微观两个层次对信息资源进行科学管理。宏观就是从大方向着手，解决存在的普遍问题；微观则是各图书馆情报部门研究、掌握各自部门内部各层次用户对信息资源的真正需求，合理引导各部门内部信息资源的流向，对实体资源和虚拟资源进行合理配置，科学管理。

网络信息资源作为当前信息资源的主要形式，其种类繁多、信息海量、结构复杂、良莠不齐，为用户的使用带来了诸多不便，因此，科学管理信息资源显得尤为突出。为了更好地利用网络信息资源，人们开发了搜索引擎。用户输入自己的检索词，搜索引擎将与其存储在网上的一次信息特征进行匹配，从而将符合用户要求的信息记录以超文本的方式呈现出来，供用户浏览。可以说，搜索引擎实现了对网上信息的控制，优化了网络信息资源，为利用网上资源提供了便利。

但是，搜索引擎的针对性不强，面向大众的资源覆盖面广，而面向科学技术的则相对较少，同时其检索结果中包含大量相关性很小的内容，用户必须花大量的时间进行剔除，检准率很低，且它们对资源不具有选择和价值判断的能

力。为了满足用户专业性较强的、深度的信息需求，图书馆、情报机构一直在寻求更高级的信息资源的组织形式。

1. 采用都柏林核心集元数据

网上资源编目的方法，逐渐实现对有用的所有载体文献信息进行有序化控制。目前，这一方法还有待于进一步完善。

2. 组织问题资源库

首先根据用户需求有针对性地做好选题工作，其次确定某一问题信息的收藏范围和标准，最后对收集到的信息进行去粗取精、去伪存真的查重、过滤和整序，并发布在网页上。

3. 建立学科资源库

图书馆可以组织专业馆员通过对网上信息的浏览，重点收集参考价值较高的信息进行加工、组织、分类标引，分门别类地向用户提供如学术动态、科研成果、会议信息、电子论坛、科研论文等信息资源。

4. 建立重点学科导航数据库

重点学科导航数据库是以学科为单元对网络上的相关学术资源进行搜集、评价、分类、组织和有序化整理，并对其进行简要的内容揭示，动态链接学科资源数据库和检索平台，发布于网上。

总之，图书馆、情报部门要对本部门的信息资源进行科学组织管理，提供针对性强的、适时对路的信息，以供用户使用，提高服务水平，提高用户的满意率。

（二）加强信息技术的发展和应用

信息技术是现代化图书馆信息服务发展的技术基础，也是信息资源的有机组成部分。信息技术的基本功能包括信息的获取技术、信息的传递和存储技术、信息的分析处理技术以及信息的标准化技术四个方面。信息技术的发展和广泛应用减少了人类的手工劳动，从根本上增强了人类的信息能力，提高了人类有效配置信息资源的水平，是信息资源有效配置最有力的支撑手段。

第二节　图书馆信息资源的整体布局

一、信息资源整体布局的作用

信息资源共享的重要前提以及信息资源保障能力提升的有效措施是信息资源整体布局。我国信息化建设从 20 世纪 90 年代开始快速发展，一系列重大信息工程，如金桥、金关、金卡等取得了巨大的进展。作为社会资源体系重要组成部分的信息资源，其建设和分布情况与国家信息化发展程度息息相关，所以，在此时实行信息资源整体布局是尤为重要的。信息资源整体布局的作用主要体现在以下方面：

第一，将各地区的信息资源充分有效地利用并进行协调，以更好地服务于现代化信息建设。

第二，信息资源的共建共享要进一步促进。

第三，各个图书情报系统以及信息机构之间的联系和合作要进一步加强，进而多功能、多层次的信息资源体系便形成了。

第四，降低重复建设，把信息资源建设的经济效益提升上去。

第五，地区信息的贫富差距要进一步缩小，对落后以及边远地区的发展也起到一定的促进作用。整体而言，信息资源整体布局的理论研究与实践，对信息化建设有着深远的战略意义和现实意义。

二、信息资源整体布局的基本原则

图书馆信息资源同其他资源相同，也具有合理布局以及配置的问题。所谓信息资源布局指的是在三方面（实践、空间和数量）上的有效配置。所谓时间上的配置指的是信息资源在三种时态（过去、现在以及将来）上的配置。信息资源的价值对实践有着极高的灵活性，也就是具有很强的实效性。所谓信息资源的空间配置指的是其在不同地区以及部门之间的分布，也就是在不同应用方向上的分配。信息资源数量上的配置包含存量以及增量配置，也就是对已经存在的信息资源配置与不断产生的信息资源的分布。

（一）适应国情原则

在信息资源整体布局上有一条最基本的原则，即：要适应我国的国情。只有这样，信息资源整体布局的基础才更加坚实可靠，并具备可行性与科学性。

第一，我国作为发展中国家，信息资源的整体布局需要密切与国民经济发展水平、教育、科学、文化事业的发展同步，同时还要具备超前性，也就是一定要走在文化事业、科学、教育的前面，当然，也不可跨越经济发展所许可的规模与速度，过于追求高速度与大规模。

第二，我国每个地区在教育、科学、经济以及文化上的发展都是非常不平衡的，因此，出现了强烈的梯度差。所以，原有的基础我们不可忽视。要在信息资源整体布局时，依据地区之间的不同，以及地区文献需求梯度理论，让一些先进的、有较强信息吸收能力的地区和部门优先获得国外最新的信息资料，并通过吸收与转化，逐渐把先进的科学技术转向相对落后的地区。从实际需求出发，对发展整体信息资源建设起到一定的促进作用。

第三，我国信息基础设置一直以来都处在一个相对落后的状态，并且，会在很长一段时间内成为制约信息资源整体布局的因素之一。从这个国情出发，我们要将以区域发展为核心强调出来，把地区性的信息资源保障体系建立起来。在我国或者地区的信息资源布局中，将各个专业和系统的信息资源布局融入进去，进一步加强地区的信息资源合作。

（二）效益原则

效益原则的要求是，在进行信息资源整体布局时，要对社会以及经济效益做出充分的思考。

在单元信息利用的消耗、文献资源收藏的完备性以及信息资源的利用率等方面体现出了经济效益。在投入相对稳定的情况下，把文献资源收藏的完备程度进一步体现出来，并且，最大限度地把这些资源利用起来，进而满足用户的信息需求。通过合理的协调和规划，降低重复建设，把地理分布的合理性予以满足，以便于利用文献。社会效益指的是把优化的信息资源整体布局建立起来，实现信息资源共享，并且，将信息资源充分利用起来，进而影响社会的发展与进步。在衡量社会效益上，很难采用精准以及具体的数据去衡量，但是，一定要重视它所造成的影响。

（三）需求导向性原则

达到资源共享，并最大限度地将所有社会成员对于信息资源的需求满足是信息资源整体布局的最终目标。所以，信息资源整体布局需要遵循以需求为导向的重要原则。

信息资源的整体布局一定要将目前最急需、最有实效的领域牢牢把握住，一切以需求为导向，有顺序地进行。从我国目前的形势来看，依旧有一定的地区差别，地区发展非常不平衡，所以，我们不可盲目地用信息资源数量的平衡对地区发展的水平进行衡量，而是需要依据不同的系统、地区以及层次的发展需求，从最急需的信息需求以及最有可能获得实际信息服务内容着手，协调发展，统一规划，并且，要充分地将新技术的发展应用起来，进而培育新需求。除此之外，信息资源整体布局要符合社会的信息需求规律，针对这一规律，采用不同的文献保障层次满足不同的信息需求。

（四）协调共享原则

信息资源保障体系是一个相互联系的整体，具备层次性。因为构成这一体系的信息资源保障体系的各个图书馆的性质、类型以及任务都不一样，其信息资源的服务内容以及收集水平也不相同，无论哪一个信息机构或图书馆的信息资源都是非常有限的，无法将社会上所有的需求都予以满足，所以，一定要强化联合，协调发展。

系统协调以及地区协调是我国在信息资源整体布局中采取的两种方式。地区协调，是指在一定区域范围内，由各系统、各类型图书馆和信息机构参加的横向协调活动。一般由地区综合性协调组织领导，根据本地区发展的实际需要进行统筹规划和合理布局，建立区域信息资源保障体系。系统协调，是指在同一系统内进行图书馆和信息机构之间的信息资源协调建设。它在系统内部建立起自上而下的组织协调与业务协调关系，统一部署，统一布局，根据学科和专业发展的实际需要，构建协调补充、互为利用的信息资源保障体系。地区协调和系统协调是我国信息资源整体布局的两种基本形式，在实践中应根据发展的需要将两者结合起来，以取得信息资源整体布局的良好效果。

总之，经济效益和社会效益并重，是建立和优化信息资源整体布局的一个重要原则。

三、信息资源整体布局的模式

经过许多学者的探讨，人们将信息资源整体布局的模式总结为集中控制型、分散控制型和等级控制型三种。

（一）集中控制型模式

集中控制型模式是建立一个具有绝对权威的信息资源管理与控制机构，对各类型图书馆和信息机构进行统一指挥、集中调度。这种模式的关键在于建立集中决策机制，充分发挥整体的系统功能。

（二）分散控制型模式

分散控制型模式由若干分散的图书馆和信息服务机构共同承担信息资源建设的任务。这种模式的核心是充分调动各图书馆和信息机构的积极性，从整体的利益出发，正确处理局部利益与整体利益的关系。

（三）等级控制型模式

等级控制型模式是指逐级建立信息资源保障系统，并通过系统间的协调与合作，优化信息资源结构，形成相互依存、共同发展的共享体系。这种模式的重点是建立系统间的互动与联动机制，注重图书馆和信息机构之间的分工与协调，以保障信息资源的整体功能得到最充分的发挥。

等级控制模式能够建立系统间的隶属关系，既便于信息资源建设的协调和控制，又拓展了信息资源利用的范围，是我国信息资源整体布局的最佳选择。目前，我国在等级控制模式理论的基础上，又提出了信息资源整体布局的三级保障体制，即第一级是建立国家信息资源保障体系，承担全国信息资源的协调与控制，制定国家信息资源发展政策和规划等任务；第二级是建立地区信息资源保障体系，承担区域的信息资源协调与合作任务，积极调动本地区图书馆和信息机构的信息资源，满足大部分本地用户的信息需求；第三级是建立省（市）、自治区各种类型图书馆与信息机构的信息资源保障体系，通过信息资源的组织与布局，最大限度地满足用户的信息需求。

我国信息资源整体格局已经初步形成，具体的实施内容如下：

中国高等教育文献保障系统（China Academic Library & Information System，CAIJIS）是"211工程"中两个公共服务体系之一，建设了文理、工程、农学、医学四个全国文献信息中心，华东、华中、华南等七个地区中心和一个东北地区国防信息中心，并开展了多种服务。目前，CALIS各成员馆建设了一批特色数据库，联合购买了一些国外著名的数据库，并提供给成员馆联机使用。

国家科技图书文献中心（National Science and Technology Library，NSTL）由中科院文献情报中心联合中国科技信息研究所等8个科技信息机构共同组建。同时，还建立了国家科学数字图书馆，在其数字信息服务的平台上，我们看到联合服务系统（包括联合编目系统、馆际互借系统、读者网上服务系统和联合采购系统）和海外图书采购系统等几个模块，构筑并支撑科学研究和国家创新体系建设的开放、联合的信息服务体系，提供一站式检索、网上借阅、网络参考咨询、信息推送服务、网络定题服务等。

与此同时，地区内跨系统的信息资源协作网也开始投入建设，如上海市文献信息资源共建共享协作网成功地实现了区域文献信息资源的采购协调、联机联合编目、计算机网络和数据库建设、馆际文献的互阅与互借、网上信息资源共享等方面的共建共享。广东珠江三角洲地区建立了珠江三角洲公共图书馆网络，实现集中编目和联机检索，提供远程服务。同时，广东地区高校系统也建立了广东高校图书馆文献信息网络系统，并与因特网相连，在全国高校范围内实现信息资源的整体化建设。

第三节　图书馆信息资源的整合

一、信息资源整合的概念

信息资源整合是信息资源优化组合的一种存在状态，它在符合条件的情况下，依据一定的需求，对各个独立的，已经实现一定程度有序化的信息系统进行类聚、融合、重组，将新的有更好效能、更高效率的信息资源体系的发展过程以及结果重新组成了。

通过整合信息资源，进而形成了信息资源体系，一方面是物理的，另一方面也是逻辑的。物理的指的是除了各个成员信息系统具有自己的数据库系统之外，还具备一个中央数据库，为各个信息系统共享；然而，在逻辑的信息资源体系中是没有中央数据库的，中央数据库只是在整合各个信息系统之后的逻辑意义上的统一表达。

通常情况下，信息资源整合活动是在信息资源组织发展至一定程度之后进行的。它是横向的、宏观意义上的信息资源组织，强调的是单个信息系统之间的横向联系，信息资源之间所进行的融合重组以及整体之间的资源共享。

二、信息资源整合的背景

伴随数字图书馆的诞生，人们对将来图书馆的发展方向进行了大胆的猜测，认为以后将是复合图书馆，也就是实物 + 虚拟的馆藏形式，并且可以形成相互联系的有机整体。

一直以来，图书馆的主要形式是实物馆藏，其技术、组织和方法相对都比较成熟。基于自动化以及计算机技术的促进，在信息资源组织上，图书馆发生了一定的转变，即从手工阶段向现代化和自动化阶段转变。但是，因为图书馆任务、性质以及经费对其有所限制，馆藏信息资源需要通过资源共享和馆际合作的模式将信息资源的来源进一步扩大，进而将用户的信息需求满足。然而，各个图书馆在组织信息资源的过程中，都是以自我为中心，在编目条例、著录格式上都具有一定的区别，进而所产生的书目数据也只停留在本系统中使用。基于此，对整合图书馆之间的书目信息资源要有所规划，提上日程。

在图书馆资源中，不单实物馆藏是重要的组成部分，虚拟馆藏也如此，也是非常重要的，与此同时，这些虚拟资源的数量众多，且非常丰富。它们通过数字化的形式进行记录，并且会在计算机、网络、光介质、磁盘以及各类通信介质上存贮，用户若是要访问则需要通过计算机网络通信的方式进行。眼下，图书馆的这类数字资源主要涵盖三种，即：电子图书与期刊以及数据库。其中，图书馆数字资源的主体部分是数据库，其分两种，即联机和网络数据库，就其内容而言，全文数据库是其发展的方向，现在，已经渐渐地在概念上与源数据库脱离了，慢慢成了一种独立的电子资源类型。电子期刊有印刷型以及严格意义上的电子期刊两种类型，首先我们详细了解一下第一种，它是以印刷型期刊为底版，内容基本上相同；第二种可以说是期刊的投稿、编辑、出版发行、订购、阅览等，均由网络实现。每种印刷型期刊在图书馆的书目数据库中的书目信息形成了一条记录，只能实现到刊名信息的检索；然而，在电子期刊中，任意一篇期刊论文都是一条记录，篇名信息的检索即可实现。基本上，电子图书没有统一的格式，均是将出版图书进行电子化，对不同格式的电子图书进行阅览，相应的专业阅读浏览器需要下载并安装上，并且，电子图书馆的阅读浏览器都是无法兼容的。在检索电子图书的时候，市场上一般都可以实现书名查询。与电子期刊相同，图书馆在收藏电子图书时，其主要的方式是购买一定期限的使用权。

三、信息资源整合的意义

信息资源体系经过整合之后具有了统一的用户交互接口，这对用户信息资源检索利用率的提升起到了一定的帮助作用，并将资源响应时间进一步减短，从而能够便捷地将图书馆的信息服务职能实现。

（一）提高检索效果，方便用户使用

通过整合信息资源体系，用户可以进出不同数据库，无须来回反复，可以通过统一检索词进行操作，多种信息资源可以做到完美链接，让用户觉得就像在一个资源系统中进行操作一样，进一步提升用户的服务效果，与此同时，图书馆信息服务的便捷性和全面性也得以增强。

（二）评价信息资源，提高竞争优势

通过图书馆员整合信息资源，能够有效评价各类信息资源，并给予客户一定的指导，让他们可以更加精准地使用这些信息资源。图书馆信息资源整合系统，可与所掌握的信息资源有效融合，通过各类统计分析法，明确和寻找图书馆的服务竞争优势，并采取相应的措施，对信息服务提供方式进行协调、优化，在对原有优势进行巩固时，寻找新的服务点，进而确保顺利实现图书馆的社会职能，对图书馆整体事业的健康发展起到一定的促进作用。

（三）满足用户多元化需求

需要通过科学的方式方法去整合资源，将隐藏于信息中的知识内涵充分挖掘出来，整合并且精准地将信息资源揭示出来，从而全方面地满足社会信息需求。大多数老师都有着繁重的教学和科研任务，所以势必要进出不同的数据库，这样一来，需要花费的时间和精力就非常大。通过对信息资源的整合，不仅呈现出了图书馆馆员的智力劳动成果，具有较高的利用价值，而且还可以满足用户的个性化、专业化以及多元化的信息需求。

（四）方便操作、管理

由于平台、系统、存储设备、配置、标准等的不同，给系统管理员造成了很大的麻烦。通过整合信息资源，管理员需要建立一个统一的检索平台，这样

可以给用户揭示多种数据库。

（五）减少信息污染，确保信息有序

网络信息资源有非常混乱且繁杂的内容，精度和规范比较欠缺，同时，信息污染也非常严重。通过对信息资源进行去粗取精的过滤式组织，能够有效降低信息污染。除此之外，网上资源未经过著录、分类等标准化加工，通过对其采取分类加工的处理，可与馆藏资源有效结合，这对提升资源的有序化程度起到一定的帮助作用。

四、信息资源整合的目的

针对信息资源组织目的，我们进行了总结，从而实现将信息环境从局部有序化到整体有序化的转换。详细内容如下：

（一）加强信息系统与用户的联系，提高信息资源利用率

之前各个独立信息系统之间所具有的区别使得用户信息检索非常不便，进而让用户面临着繁重的学习负担以及时间上的浪费，基于此，需要在原有信息的组织上，依据用户的需求和信息系统之间的区别，疏通信息渠道，并且提升各个独立信息系统和用户的接触率，与此同时，信息资源的利用率也能有效提升。

（二）减少信息资源的混乱程度

每一个独立信息系统之间都具有内容交叉重复，抑或是拖沓冗长，以及关联程度不高的问题，这样一来，在一定程度上使得信息资源出现混乱。通过整合信息资源，可以基于原有信息系统整合、重组信息资源，进而构成新的且有序化的信息资源体系，同时，信息资源的混乱程度也降低了。

（三）节约社会信息活动的总成本

整合信息资源可以将广大用户穿梭在不同信息系统之间所造成的精力和时间上的损耗降低，进而使整个社会信息活动的效率得以提升。诚然，整合信息资源之后，或许对各个独立信息系统发挥强大的个性化检索功能有一定的限制。但是，这并非整合信息资源的目的，伴随信息资源整合理论和实践的逐步深入发展，会逐步攻克这些局限性。

五、信息资源整合的基本原则

(一) 科学性原则

科学性原则也称之为客观性原则，是指在信息收集、加工、整合的过程中需要具有科学的态度，基于事实之上进行计量和分析。其主要包含的含义是要获取真实可靠的信息内容以及在整合过程中，工作人员要具有严谨、客观的科学态度。

(二) 前瞻性原则

这一原则指的是要立足现在，着眼于未来，也就是在整合信息资源的同时，需要从其机构将来的发展需求出发，利用前瞻性的眼光，并采用多种方式方法对现有的信息资源结构进行调整，让其更科学合理，与此同时，需要将现有的信息资源最大限度地开发出来。此处需要注意的是，坚持这一原则，需要依据国家、地区、系统和本单位信息资源的现实状况，重新整合信息资源，进而将其利用率提升上来，进一步促进信息资源的开发，并满足社会复杂的多样化需求。

(三) 动态性原则

这一原则也称之为开放性原则，指的是信息资源系统是开放性系统，并非毫无变化的，而是与信息资源、用户需求等环境息息相关，并且是会随着外界环境的改变而改变的有机整体。信息资源整合的特点之一即为动态性，它可以立体动态地将图书馆信息服务的基本情况反映出来，这样一来，在整合的过程中就需要具备发展和变化的眼光，第一时间筛选并过滤虚假信息，并将最有价值的信息资源提取出来给到用户。特别是在组织、利用网络信息资源的时候，其更新的速度非常快，同时也有很强的时效性，图书馆也需要广泛且持续地进行搜索，将最具学术价值的信息明确下来，定期进行追踪，并吐故纳新，对信息资源系统进行优化。

(四) 易用性原则

所有的系统都需要遵守使用方便这一准则，其是信息资源整合的基本原则之一。面向用户的信息资源整合服务以用户为中心，将他们的需求予以满足，所以，在整合的同时，要尽量对不同层次的用户需求程度进行考虑。易用性主要涵盖易学性、可记忆性以及错误管理三方面的内容，下列详细讲述这三方面的内容：首先，易学性，指的是用户能够对系统内容、使用方法、提供的服务等有一定的了解；其次，可记忆性，指不经常登录的用户，并且也没有重新进行学习，在这种情况之下，能否还清楚怎样使用；错误管理，指的是保证用户不会出现很多错误，并且给予他们一定的帮助，让他们在最短的时间内进行改正。在这三方面的内容中，对信息系统成败起到主要作用的是易用性，国外的一些大公司已经开始注重产品的易用性了。

（五）需求导向原则

信息资源整合是具有一定的目的和针对性的，而并非盲目进行的，它从用户对信息资源的需求角度出发，进而适应新形势对信息资源机构的新要求。整合信息资源要遵守用户导向以及需求导向的原则，调查与分析用户的信息需求要进一步开展起来，并且，将其作为开展所有工作的出发点。若是整合之后的信息资源体系对用户有效利用信息资源造成了一定的影响，那么，整合信息资源便没有任何意义了。诚然，需求导向不是对用户的需求一味地被动迎合，而是应该积极主动地把用户的新需求培育出来，进而进一步将信息资源利用起来。

（六）经济性原则

这一原则在以下两方面有所反应，第一：在自身经济力量有限的条件下，通过最优化方法和理论，在经济上少量投入，进而获得较大的产出；第二，指数字资源系统通过整合，进一步扩大服务范围，并将服务能力提升上去，通过多种服务手段，最大程度上获得经济效益。

（七）安全性原则

信息资源机构在进行信息资源整合时，需要遵循以下安全性原则：①要注意保护信息资源载体。②产权意识的树立，在信息资源开发过程中，所有者的知识产权不可损害。③要具备保密意识，在整合信息资源的过程中，国家或单位的有关机密不可泄露。④要注意保护用户和公众精神，将健康、有益的信息产品和信息服务开发出来，以防为公众和用户造成消极影响和信息污染。

六、信息资源整合的层次与方式

我国图书情报界在20世纪90年代后期，开始研究信息资源的整合，随着在理论研究上的深入，在实践上，信息资源整合也获得了很大的进展。马文峰将汇合、组合、重组以及一体化综合这四个层次的整合方式提了出来。图书馆依据自身的现实情况，可以在上述四个层次的整合方式中选择一种抑或是几种。黄晨提出信息资源整合包含两方面的含义，首先是资源整合，其分为导航以及平台整合，其次是数据整合，其包含本地数据整合和网络数据整合。通常，当代图书馆包含电子型、印刷型、网络型等不同载体以及视频、文本、音频、图像等不同类型的信息资源，所以，整合要针对上述这些资源进行，以实现彼此的融合以及互相关联的效果。

（一）馆藏数字信息资源的整合模式

1. 基于跨库检索系统的信息资源整合

跨库检索还称之为联邦、多数据以及集成检索，是以多个分布式异构数据源为对象的一种检索系统。以跨库检索系统的数字信息资源为基础整合，指的是用户提出一定检索需求之后，会被提交到服务器端的搜索服务器程序中，搜索服务器便会针对不同的数据库，把用户请求转为与自身数据库规范格式相符的请求，之后把转化的请求向各个数据库进行发送，在获得不同数据库的返还结果之后，将结果转为统一的表现格式，进而提供给用户。

跨库检索为不同信息资源访问提供了统一的检索入口，对用户学习应用不同数据源的负担有所缓解；用户通过提交统一的检索请求，将多个数据库的同时检索实现了，这样一来，用户的检索时间会有所节省；可以整合结果，使在用户面前所呈现的结果具有统一的格式，并且根据一定的标准进行排序，以便于用户浏览。跨库检索系统的显著优势和特点是一次认证、一次检索，并可以获得全部的检索结果。

跨库检索系统的整合共分为检索界面整合以及实现数字资源系统间的分布式异构整合检索两个层次，首先，第一个层次指的是在统一用户查询界面和信息反馈的形式之下，可以共享多个网络资源的检索以及索引技术；其次，第二层次是将数字资源系统之间的分布异构整合检索实现了。通常情况下，检索本地以及远程资源可以同时实现；多种类型的数字资源也可以实现；例如：OPAC、全文、网络资源链接、文摘等。

2. 基于资源导航系统的信息资源整合

资源导航系统指的是把有关网站进行全面收集、整理归类的信息资源的检索入口整合在一起，建立数字信息资源导航库，提供像关键词、资源名、资源标识等获得数字信息资源的途径，并将查询以及导航链接服务提供给用户，其主要包含重点学科、机构、期刊以及数据库等导航。资源导航系统要建立起来，把多种电子资源集成在一起，给予用户一定的帮助，让他们全方面地了解信息资源，并进行浏览，或者可以根据一定的特征进行检索，进一步将检索的速度以及数据库的使用率提升上来。为了让资源导航系统可以获得预期的功能，需要将信息资源揭示的内容明确下来，信息资源所揭示的内容要予以明确，同时，其揭示的内容是否详细决定了资源导航系统功能能否充分发挥。任意一种类型和形式的信息资源所要揭示的内容是完全不一样的，例如：期刊数字导航系统的建立包含学科分类、全文起始、ISSN、期刊详细介绍、关键词、出版商的 URL、语种分类、刊名、出版商、该刊的 URL 等相关信息。资源导航系统的基本功能有分类、字顺、关键词检索等三种功能。这三种基本功能可以提供给用户帮助，让他们快速找到信息资源，使用超文本链接提供检索入口，从而对这一资源进行目录以及全文检索。当下，高校图书馆在设计和应用资源导航系统上主要采用三种方法，即：静态网页型、罗列介绍型以及动态导航数据库型。

3. 基于 OPAC 的信息资源整合

图书馆数字资源最基本的整合模式是以 OPAC（Online Public Access Catalogue，联机公共目录查询系统）为基础的信息资源整合，我国大多数的图书馆都达到了这个层次的整合，相对而言，其技术也是相当成熟的。OPAC 集成了电子期刊、图书等，成为集专题、文摘、书目、全文于一体的大型资源整合平台。事实上，OPAC 资源整合是一种目录级的整合，依据不同的整合对象，可以分为两种整合，即：馆外以及馆内整合。通过执行 Z39.50 协议聚合不同平台上的异构 OPAC 数据库实现馆外整合，整合使联合书目查询系统生成了；馆内整合实现 OPAC 书目信息和数字资源的整合，MARC 是其整合基础，即对数字资源进行 MARC 编目，与此同时，856 字段增加在 MARC 记录中，也就是"电子资源地址与存取"字段，其主要记录的是著录的数字资源的存取地址以及方式。之后将这些 MARC 记录整合到 OPAC 检索系统中，进而使实体馆藏中揭示并且链接全文电子文献的目的得以实现，形成实体和虚拟馆藏的书目检索系统。馆内整合包含一些整合服务，即：电子期刊、随书光盘以及电子图书等。

4. 基于超级链接的信息资源整合

该整合模式指的是通过网络的超文本链接特性，链接文献的相关知识点，进而将具有内在联系的有机整体形成。链接整合主要包含封闭式静态、开放式静态以及开放式动态等链接系统三种，首先第一种——封闭式静态链接系统，全部链接都具有本地数据，并通过专门程序事先计算、嵌入 URL 来表达，有着较高的链接准确性；第二种——开放式静态链接系统，将怎样为链接源中处理他人所具备的链接对象提供链接；第三种——开放式动态链接系统，在用户需要链接时，依据一定的规则将链接的路径计算出来进行链接，可以对用户链接之前刚刚出现的链接对象抑或是位置进行链接，或者在链接计算规则中把选择规则嵌入进去，进而使选择性链接得以实现。我们在整合链接的过程中需要注意几个问题——链接点、分类体系的合理设置以及引文链接的强化等。

（二）　网络信息资源的整合模式

网络信息资源整合具有多样性，它们中有些比较倾向于信息组织角度，有些则倾向于价值增值角度，还有些倾向于技术角度以及整合系统。在此处我们认为，网络信息资源整合指的是依据用户的需求，对各种异构、分布和多样化的网络信息资源采用现代信息技术进行有序化整理，即：收集、排序、分类、过滤、评价、标引、建库等，让其成为有机整体，并且，通过计算机网络和同一方式呈现在用户面前，以供用户利用和检索。一方面，网络信息资源整合是信息化发展的趋势；另一方面，也是去除弥合数字鸿沟和信息孤岛的有效措施。

1.网络信息资源目录整合

网络信息资源目录是通过半自动或是人工的方式将互联网上的各种信息进行收集，之后，信息专业人员会进行筛选、评价和组织，通过超文本链接的形式整理并组织物理上比较分散的信息资源，同时，在逻辑上进行联系，这样一来，一种"网中网"的资源组织结构以及系列化专题信息资源便形成了，并且，还提供各资源入口，给予用户一定的帮助，让他们可以精准且快速地获得自己所需要的信息。其优点是：具有较高的查准率、较强的信息专题性、严密的系统性以及友好的用户界面；其不足之处在于：在采集和处理信息上，速度相对比较慢、数据库的规模相对比较小、可以检索的信息资源数量也非常有限。

2.搜索引擎信息资源整合

网络信息检索首选的工具是搜索引擎，与此同时，搜索引擎也是网络信息资源组织与整合的重要方式。实际上，搜索引擎是互联网上的一类网站，此类网站和一般的网站是完全不一样的，自动搜寻 Web 服务器的信息是其主要工作，并且，对信息进行分类、建立索引，之后，在数据库中存放索引的内容，以便通过查询与利用的方式提交给用户。根据信息收集的方法及服务方式的不同，搜索引擎可分为关键词、目录式以及元搜索引擎。

3. 学科资源整合门户

学科资源整合门户所针对的是某一特定的用户群体以及某一学科领域的需求，其能够最大限度地集成有关服务与资源，提供便捷的个性化服务以及文献检索。图书馆门户建设的发展方向是学术资源整合门户。学科资源整合门户的功能有：统一的用户认证功能、智能开放的知识链接功能、面向用户的学科资源跨库检索功能、全方位的服务整合功能、深入的专业知识导航功能等。

第六章　高校图书馆数字信息资源建设

第一节　数字图书馆

一、数字图书馆的概念

数字图书馆是相对传统图书馆而言的。传统图书馆是人们能够看得见、摸得到，并且具有一定馆藏规模以及管理人员的物理建筑，同时也是主要的社会文化教育机构。工作人员把管内的文献资源通过人工操作的方式提供给一定范围的读者，比如：文献检索、参考咨询、外借以及阅览服务。

伴随信息技术的发展，图书馆改变了收集信息的载体，即：从单一的印刷型发展为几种如机读型、缩微型、声像型等形式并存，所以称之为电子图书馆。并且，网络技术在发展上打破了时间和地域上的局限性，让人们随时随地都能访问图书馆的信息，所以被称为没有围墙的图书馆。

因为以上图书馆是通过网络访问的，在现实中没有实体，所以称其为虚拟图书馆。与此同时，其信息都是通过计算机可以识别的二进制形式存储的，所以，也称之为数字图书馆。

二、数字图书馆的特征

若是对数字图书馆的定义笼统地进行研讨，则难以对其进行系统性了解，但是，如果将数字图书馆的特征牢牢抓住，那便可以将其本质掌握住，因此也能全面且精准地对其进行定义。其最主要的三大特征是网络服务、数字资源以及特色技术。

（一）数字资源

数字资源指的是图书馆中全部数字形式的信息资源，通过数字化转换的文献以及原本以数字形式出版的信息都涵盖在内。这些数字资源便是数字图书馆的"物质"基础，与此同时，也是与传统图书馆进行区别的最主要的特征。数字资源就类型上而言，包含声频以及视频资料、工具书、图书、期刊等；就文件格式上而言，包含从位图形式的页面到经 SGML 编码的特殊文本文件，以及本地局域网中的资源抑或是 CD-ROM 中的信息等。数字图书馆在技术上的典型特征是可以同时处理多媒体化的数字资源。

直接提供读者所需的最终信息是数字图书馆的最终目的，此处不单是需要一次文献，也需索引文摘、数目数据等二次文献，所以，二次文献也是其中的一种类型。

（二）网络服务

数字图书馆依托高速数字通信网络而生存，其对内业务组织以及对外服务均通过网络进行，网络是其生命线，这是数字图书馆区别于传统图书馆的一大特征。若是没有网络，数字图书馆便不复存在；若是中断网络，数字图书馆便无法提供服务了。所以，图书馆正常运行的前提是必须有畅通的网络。

带宽是测量网络性能最主要的指标，Gbps（1000 Mbps）量级以上是承载多媒体信息的带宽要求，即平时所提到的宽带网以及千兆网。网络技术发展速度非常快，目前所支持的带宽逐渐扩展至 Tbps（1000 Gbps）量级。

（三）特色技术

数字图书馆除采用通用的网络以及计算机技术外，还具备自己独特的技术，即与其他技术领域特征相区别的特色技术。目前特色技术包含多媒体信息标引、运行管理技术、分布式资源、检索技术、组织技术、海量信息存储等，数字图书馆建设的重要内容之一是将特色技术的国际标准建立起来。

标准的重要性显而易见，大家都知道，现如今的互联网源自全球共同遵循的传输控协议——网际协议（TCP/IP）协议。同样，数字图书馆技术也需要公认的一套标准，积极参与到其技术选择以及制定的过程中，对于我国发展数字图书馆是相当重要的。目前，在研究和建设数字图书馆上，我国有着与西方发达国家同样的机会以及同等的技术水准，这对于制定数字图书馆技术标准起到一定的帮助作用。

三、数字图书馆与传统图书馆的关系

数字图书馆是在传统图书馆的基础上进行发展的，所以，与传统图书馆的相似之处非常多，伴随网络技术的发展，传统图书馆由于网络化的数字图书馆的发展而获得了机遇，将来的图书馆是传统图书馆和数字图书馆互相依存、相互补充的复合型图书馆。

（一）数字图书馆与传统图书馆的比较分析

即便它们两者之间在业务上有着很多相似的地方，但是，因为操作环境的一些特征变化，在这些业务的完成方式上是完全不一样的。数字图书馆相对于传统图书馆的各项服务功能，可以看作是其服务功能的延伸和补充，与之有着实质性的差别。

数字图书馆相较于传统图书馆，在形式和内容上都有很大的区别，数字图书馆中收藏、流通纸型文献，同时也收藏非纸质文献。载体内容因为电子出版物（激光视盘、缩微胶卷、录音带、光盘、机读书目数据等）的入藏而更加生动、实用、丰富、形象。文献存储向数字化发展，使得更多的文献信息通过电子形式进行存取，从而进一步将图书馆的内涵和外延进行了拓展，让现代图书馆的藏书体系不再单纯是封闭自足的体系。

除此之外，计算机在传统场地服务外提供的多种途径的检索给读者带来了很大的便利。与此同时，伴随网络建设的发展，文献信息传递以及获取的方式和速度从根本上改变了，读者通过互联网便可以访问图书馆的信息资源。

整体而言，数字图书馆与传统图书馆相比，在一些方面取得了一定的进步和发展，即：服务观念和手段、管理方式、藏书目的、文献载体以及竞争能力。

（二）数字图书馆与传统图书馆之间的联系

图书馆是历史连续中所构成的很广的文化概念。在人类的文明发展史上，悠久的历史通过藏书而形成线索。图书馆在我国直观地将民族绵延五千年的传统文化体现了出来，很大程度上，人们将其理解为传统文化中的一部分。

即便数字图书馆和传统及现代图书馆的差异非常大，并且诸多方面都比传统图书馆占据一定的优势，但是，传统图书馆也不会就此而消失匿迹，它会一直存在于现实中。现代图书馆的物质基础是传统图书馆历经几千年而积累下来的藏书，在现代依旧有着非常重要的作用。除此之外，在一定意义上，传统图

书馆的业务工作规范、流程、标准依旧对数字图书馆的发展方式与进程造成了一定的影响，在现代数字图书馆建设中，其整体观念和群体意识的地位依旧非常重要。

图书馆界非常关心的问题是将来图书馆的发展方向，现在我国存在诸多不同的论述，并且形成了理论上的"辉煌说"以及"消亡说"。即便这两种说法是相互对立的，但是，图书馆作为搜集整理、保存、提供社会成员一同利用文献信息的社会机构，依旧会长时间地存在。然而，纸质文献大规模的存在，也是非常重要的一个因素。

四、数字图书馆的理论结构

数字图书馆的主要特征和理论核心是数字资源、网络服务以及特色技术，如此一来，网络服务、数字资源以及支持技术便形成了数字图书馆的理论框架。

（一）数字资源

数字图书馆中的数字资源源自以下两方面：

1.印刷资源的数字化

针对版权已经过期的文献、图书、资料等，可以通过光学字符识别（OCR）、扫描等处理技术进行数字化，进而数字资源的基础部分便构成了，这一类资源以古代文献以及经典著作为主。

2.原生数字资源

除了把已经存在的文献信息资源进行数字化外，原生的数字信息资源也在逐渐增多，特别是会议记录、技术报告、学位论文等。同时，现在出版业已经实现了数字技术处理，出版期刊和图书均是现有数字化版书，之后生成印刷本。所以，数字图书和期刊正在逐渐取代作为信息资源主体的传统图书和期刊，原生数字资源渐渐地也就成了数字资源的主体。

（二）网络服务

在数字图书馆网络服务、数字资源以及特色技术结构的架构下，数字图书馆的网络服务模式可以分为两类，即被动服务和主动服务。

1.被动服务

为了建设数字图书馆，社会投入了很大的财力、物力和人力，无论是不是情愿的，数字图书馆都要提供服务，这便是被动服务。这也是数字图书馆网络服务的基本方式，其主要特点是对于用户的个别需求不做考虑，通常，具体实现形式是无交互网站模式。

这一模式作为数字图书馆被动服务的主流模式，是单向地传递信息。基于此，数字资源被数字图书馆以数据库或者网页的形式置于网络上，供用户自己"取用"。与此同时，使用指南信息也会提供在网页上，没有其他的附加值服务，服务形式对于全部的用户而言基本相同，系统处在主动地位，用户则是被动的，信息从资源单向流向用户。很明显这是最初级的网络服务模式。

被动服务改善的技术方法是采用网络表单方式抑或是纯粹的电子邮件解答用户的提问或者提供给用户信息资源，这便是最简单的改良被动服务的模式，其可以为用户提供经济和便捷的通信渠道。

将图书馆员的电子邮箱地址链接设置在数字图书馆主页上，便能够实现纯粹的电子邮件方式。用户便通过邮件把问题发送给图书管理员，图书管理员也用同样的方式回答问题并回发邮件，这样一种单向延时服务模式便形成了。这种方式没有太高的技术含量，相对比较简单，针对技术受限且无法主动服务的数字图书馆而言，是一种非常简单且容易实施的一种改良被动服务方式。

电子邮件改良被动服务在网络上的再现即为网络表单方式，其要求用户要填写网络表单，之后采用后台电子邮件把表单发给图书管理员，并在规定的时间内采用电话或者电子邮件的方式给予用户回复，这便是被动服务向主动服务进行转化的一种中间模式。

2.主动服务

此项服务是数字图书馆网络服务的高级方式，其主要特点是将用户的个别要求考虑了进来，通常通过交互式网站形式予以实现。此形式分为个性化信息推送模式以及双向交互问答模式，其中逐渐成为主流的是 MyLibrary（数字图书馆的个性化服务）技术。

（1）双向交互问答模式

基于这样的模式，数字图书馆能够依据用户的请求组织资源，并且变化服务形式，系统与用户的地位是相同的，在系统和用户之间的信息是双向交流的。在技术上，该模式能够通过 Chat（网上聊天室）的形式实现。

Chat 形式即在线聊天形式，是一种实时交互式服务，源自 1999 年美国宾夕法尼亚大学商学院采取聊天软件 Live Person 所提供的实时的信息咨询。该软件与可以定制的私密聊天室非常相像，可以在图书馆以及第三方的服务器上进行装载，并且可以在图书馆主页面上设置进入连接点。

（2）个性化信息推送模式

用户在此模式中能够依据自身的爱好和需求设计数字图书馆的界面，并制定其资源，用户处在主动地位，数字图书馆系统则位居从属地位，数字图书馆只是单纯地在技术上依据用户的个性化需要制定并且主动把信息推送出去，从而进一步实现个性化信息推送。用户采用此技术能够设计出个性化的数字图书馆，并且会出现与自己需求相适应的熟悉界面；依据用户定制，数字图书馆去组织并推送数字资源，而且能把用户选定好的专题资源定期主动地提供给相应的用户，从真正意义上实现了技术、资源以及服务的密切结合以及良好配置。所以，就目前而言，实现个性化信息推送模式的主流技术是My Library 技术。

从单向信息传递模式到个性化信息推送模式，首先将技术的进步实现了，其次逐渐把主动权和掌控权提供给了用户，进而用户的应用以及技术水平得以提升，使用效果逐渐变好。与此同时，资源管理方也要对整合数字资源以及优化操作方法给予高度的重视，使数字图书馆的网络服务有所保障。

（三）支持技术

技术需要网络服务以及数字资源的支持。数字图书馆涉及的技术包含通用信息技术和专用创新技术，也就是特色技术。

1. 通用信息技术

网络、计算机以及信息安全等技术是数字图书馆建设所需要的通用信息技术。目前，上述三项技术都在高速动态发展中，任何一项技术突破都极有可能让数字图书馆技术发生变革。

2. 专用创新技术——特色技术

数字图书馆建设所需要的专用创新技术涉及分布式资源与运行管理技术、信息挖掘技术、海量信息存储与组织技术、数字权益管理技术、个性化信息定制与发布技术、信息可视化与读者界面技术、信息安全技术、多媒体信息标引与检索技术、数字信息处理与加工技术等，其中对数字图书馆起到关键作用的技术是个性化信息定制与发布技术、分布式资源与运行管理技术、海量信息存储与组织技术、数字信息处理与加工技术、多媒体信息标引与检索技术。

技术是数字图书馆的重要支柱，与此同时，还将服务和资源联系在一起。在数字图书馆的网络服务以及资源处理上，技术支持是必不可少的。

五、数字图书馆的体系结构

数字图书馆的运行受其体系结构的影响。与数字图书馆的发展变化相同，其系统也在逐渐进行发展变化。数字图书馆自20世纪90年代诞生以来，研究人员通过多年的研究，将诸多优秀的数字图书馆体系结构设计了出来。以下通过技术以及信息层面介绍数字图书馆的系统结构。

（一）数字图书馆的信息体系结构

为用户提供良好的信息环境是数字图书馆的基本目标，其方便对分布式存储的信息的智能化访问、服务以及知识化组织。传统图书馆会使用诸多传统文本信息，包括像电视电影、音乐带、动画游戏资料等视频音频资料、数字流信息、多维图像和数据以及像图片、照片、艺术作品等快速发展的非文本信息等。然而，数字图书馆信息便是把上述所提及的信息进行了数字化技术处理，将数字元素形成了，包含元数据（Meta Data）、调度码（Handle，还称之为标识符）、数字对象（Digital Obiect）等。

元数据是结构化的有关数据的数据，其中包括识别对象的条件、调度码以及条款，其可以对处于网络环境下的数字对象进行管理，例如存储、复制以及传递管理数字对象。数字资料是通过扫描文本转换之后的数字化表示，也就是二进制数字。数字图书馆的原型资料即为数字对象中的数字资料。调度码用作标识检索信息，并且可以用在对象之间的联系上。

此外，数字图书馆的信息体系结构还包括结构元数据、数据类型以及元对象三个简单概念。数据类型的作用是对数据的技术性质进行描述，例如格式和处理方法。结构元数据对资料的版本、著者、标题、类型、相关关系以及数字资料的其他特性的元数据进行描述，是无法再次进行拆分的元数据，例如MARC，便是一种结构元数据。元对象提供对数字对象集的引用，其最简单的便是指其他数字对象的调度码的列表，例如所列出的某物理项的所有数字对象。

（二）数字图书馆的技术体系结构

数字图书馆系统建设的基础是技术体系结构，它包括计算机硬件以及软件技术，信息压缩与传送技术，数字化技术，网络通信技术，多媒体信息处理技术，超大规模数据库技术，自然语言理解技术，基于内容的检索技术，信息抽取技术，安全保密技术，数据挖掘技术，分布式处理技术，可靠性技术，数据仓库与联机分析处理技术等诸多高新网络以及计算机技术。简单来说，其技术体系结构是将来信息社会处理存储以及应用数字化信息的基本构架。

在数字图书馆网络基础设施建设的同时，要对其网络应用模式、组建方案、操作系统、技术选择、管理系统以及网络安全等诸多问题进行综合考虑。网络应用模式有两种，即 B/S、C/S 模式。其中，属于计算模式的是 C/S 应用模式，在硬件上基本不做规定与要求，可适用于不同的网络系统。数字图书馆的网络应用模式对 C/S 的方式是支持的，并提供相应的服务，它支持把大型的分布式资源信息系统建立起来，进而构成可扩展、模块化以及无缝互联的集成信息平台，进而给数字图书馆的智能服务以及管理打下坚实的基础。数字图书馆在网络操作系统平台组织建立方案选择的过程中，比较适合选用 UNIX 操作系统作为网络平台，并选择性价比相对较高的商用数据库 Oracle，抑或是 Sybase 作为可以建立存储所有文献资料的后台数据库，采用大型磁盘阵列服务器作为数据库服务器，这样不仅具备了能够对大量数据进行处理的能力，并且还可以让多用户并发对该数字图书馆进行访问。基于数字图书馆网络硬件的连接，把网络管理系统开发了出来，确保网络在使用期内能够正常应用网络。在选择网络技术上，ATM 网络可以在一个容量很高的网络结构下把传输图像、字符、音视频的各种局域以及广域网、公众电信网相连接。除此之外，数字图书馆的网络安全措施关乎到社会的文化、经济、政治等外部软环境，在技术实现上，尽可能采用的方式方法有：信息加密、网络防毒、身份认证和授权、防火墙技术等；在管理与审计上，应该提供例如实时监控网络安全状态以及改变安全策略；在目前的安全系统上实行漏洞检查等方式方法。简言之，为了确保数字图书馆的网络安全，要将不一样的安全机制以及技术建立在计算机网络的各个层面上，进而形成网络安全防范体系，确保主机以及应用系统、网络、数据的安全。

六、数字图书馆建设中的版权问题

（一）数字图书馆建设中版权问题的实质

版权人合法权益的保护是版权制度的宗旨，其把尊重智力成果的社会氛围营造出来，鼓励权利人创作多且好的精神产品，并将对作品传播有帮助的法律机制建立起来，对科学文化事业的繁荣起到了一定的促进作用。诚然，一直以来，版权理论中有着保护权利人对作品的独占权利和对其智力劳动价值的认可，同时还要让作品进行有效传播以及将充分造福于社会的矛盾利用起来。将矛盾的着眼点进行化解，是权利人以及社会公众的利益平衡，即版权制度的基石。版权保护的社会公平程度以及法律支持的力度，取决于作品创作、传播、利用的效率与程度。对权利人和社会公众利益关系进行平衡，就是促使版权保护与作品创造的频度和强度，以及其传播的速度与广度，作品利用的深度与密度相适应。

收藏、传播以及利用作品的最大机构是图书馆，其具有多项合理应用作品的权利。基于以印刷型文献为主要传播对象的环境中，在传播作品时，图书馆采用"由点到点"的方式，将版权作品单向传递给特定的读者，因此不会影响到版权人的利益，并在一定程度上满足版权制度，权利人和社会公众的利益也能有所平衡，让权利人与图书馆都"相互安好"。基于数字技术，数字图书馆才得以成型，并依托于网络环境存在。网络以及数字技术把作品创作、传播以及利用的原本面貌改变了，并将作品传播方式改为"由点到面"。同一部作品可以通过网络传递给诸多读者，并让他们在选定的时间和地点接收作品。如此一来，对图书的潜在市场以及实际市场造成了很大的负面影响，打破了利益平衡状态，进而无法平衡利益，对权利人与社会公众的可期权利及实得利益也造成一定的影响。所以，在数字化以及网络化的环境下，图书馆怎样坚持合理应用原则以及正确行使权利，成了权利人最担心、最关注的焦点。特别是在数字图书馆建设中，图书馆作为主角，以及积极提倡更多权利的对象，双方矛盾不断显现出来，并呈现尖锐化的态势。

就眼下来看，在研讨数字图书馆建设中的版权问题上，以下几方面需要注意：第一，基于网络以及数字化环境下，合理使用原则的适用性；第二，法定许可和图书馆活动之间的关系；第三，图书馆实行文献数字化以及通过数字化作品的授权机制；第四，图书馆在数字版权保护中的自律性。认识与解决问题的关键之处在于，在图书馆资源数字化建设中，合理使用原则能不能继续得到应用和怎样界定与调整数字图书馆版权。

1.数字图书馆运作特点对版权保护的影响

数字图书馆建设的运作过程由三部分构成：把价值较高的一些多媒体信息收集起来，即：软件、语言、影视、文字、形象、图像、音响、科学数据等；组织规范性加工、保存管理以及通过整合资源进而让知识增值；最后在局域网或者是广域网上实行电子存取服务以及横向跨库连接。其就整体而言，其表现特点是传播网络化、操作电脑化、结构连接化、收藏电子化、资源共享化、信息存取自由化。数字图书馆的运作方式与传统文献资源建设不一样，在改变其过程上势必会引出新版权问题，进而影响对版权的保护。

图书馆处于这种网络传播服务活动以及数字化加工处理中，自身在利用作品时很容易造成侵权，与此同时，图书馆难以把控读者利用数字化作品的具体行为。对于用户的侵权行为，国际上有了要求网络服务商承担一些侵权责任的倾向，虽然图书馆承担连带责任的案例还没有出现，但是，对于这一类问题一定要高度重视。

2.作品链中角色移位对版权保护的影响

创作、传播、利用、再创作等环节形成了完整的作品链。智力创作的激励环境通过各个环节的有机配合以及利益平衡形成了。在作品链中，作者、作品传播以及利用者都作为特定角色，所具备的作用和功能各不相同。作者、作品传播者以及利用者之间会因为网络环境中作品的数字化和传播途径的网络化使得角色移位，进而便形成了权利人之间新的利益冲突，对实行版权保护也造成了一定的影响。

作者与作品利用者之间的角色移位表现在：基于数字技术的支持，所有的作品类型都能与原有的形式相脱离，进而转为统一的数字信息形式；所有上网者或许都能采用背景声音合成、图文叠加、图像变形以及图形切割等方法，抑或是对在先作品数字信息进行抽样、筛选、分解、移位、合成等技术，进而实现新作品创造的目的。这样借用在线作品，没有留下任何的痕迹，同时，"借用"所出现的作品足以达到以假乱真的效果。

作品传播者以及利用者在网络化以及数字化的环境中的角色会有所变化。作品的出版发行在传统的出版发行管理体制下，需要经过某个机构的审查批准，需要履行一些手续才可以出版发行。然而，若是凭借网络传播通道，所有人都有机会成为出版者，任何一个网络用户都能通过网络直接将自己创作的作品发布出去，而且还能将接受到的其他人的作品向特定抑或是不特定的对象重新进行发送。作品通过网络发行绕过了市场和出版社，把国家对作品的审查机制都规避了，因而给出版管理制度造成了诸多不良影响。网络环境中的作品传播范围、速度、受众数量是传统发行方式所无法与之相较的，再加上网络环境中一些作品独有的利用方法及创作手段，进而让作者、作品传播者以及利用者的概念都有所改变，任何一位网络消费者都会在同一时间扮演多个角色，如：作者、作品传播者以及利用者，进而给侵权活动带来了诸多方便。

因为网络环境中作者、作品传播者以及利用者的角色功能有所泛化和扩展，从而使得侵权活动有些隐秘化，其纠纷也日益复杂，冲突也逐渐尖锐。

3.数字技术对版权保护的影响

数字技术所引起的版权震荡，权利人利益由于数字技术的应用进而遭到威胁，其原因有很多，第一，作品因为数字技术在复制上更加便捷，复制件与原件的差别没有版权价值，复制的实质性投入逐渐降低；第二，作品在应用上逐渐灵活，事先，权利人预测不出作品的使用方法，进而不能满足版权保护的要求；第三，使用数字技术增加了侵权隐蔽性，侵权举证的难度逐渐加深；第四，网络将作品的受众范围扩大了，进而弱化了版权的专有特征；第五，传统版权制度中，有些与数字技术不相符的原则没有第一时间进行修改，进而加大了权利人受到的侵权威胁。基于此，一直以来，世界各个国家的版权制度都伴随新技术的进步而发展，从而扩大了版权保护的客体，进一步拓宽了权利范围，加大了力度，其主要是为了补偿因为新技术应用而给权利人带来的损失。

（二）数字版权对图书馆信息资源建设的制约

版权保护的方式，就是给予权利人可以掌控作品传播方式的专有权，版权制度会将之前的传播方式以及技术慢慢吸纳和规范。网络传播同样也步入了版权法所关乎到的范围中，首先有了诸多传统版权制度中没有过的新权利；其次，赋予了原来传统版权制度中已经具备的权利的新内容，同时保护方式也非常多，加强了保护力度。因此，在现行版权制度框架下，数字图书馆的发展是非常困难的。从严格意义上来讲，数字图书馆建设与很多服务活动以及数字版权有着直接抑或是间接的关联，会被权利人专有权所限制。

1.数字化权

数字图书馆是一个整体化的相互联合与协作、充分实现资源共享的服务网络体系。一方面可以把网上的信息资源归入读者服务范围，另一方面，本馆馆藏文献也能上网传播并利用。上网传播的前提条件是要将其数字化。如此一来，图书馆随时可以将传统作品数字化，这也属于权利人的专有权利。

权利人的财产权和作品利用方式根据版权法的原理来说是相对应的。作品数字化的本质是把利用作品的方式增加了，这样一来，其便成为了网络环境中利用作品的必要条件以及唯一方式。因此，就保护权利人合法权益的层面来看，应该把作品数字化明确为权利人的一项专有权。

此处需要说明的是，图书馆将传统作品进行数字化之后所出现的数字化作品，版权法是否给予一定的保护，权利归属怎样呢？就目前的著作权法而言，一件作品若是要受到版权法保护，就需要同时具备两个基本条件——"独创性"和"有形形式复制"。把传统作品进行数字化，事实上是将其以数字化代码的形式固定在光盘抑或是磁盘载体上，其只是将作品的固定形式与表现形式改变了，而作品的可复制性和独创性没有消失。因此，传统作品被数字化之后所出现的数字化作品，版权法依旧要给予保护。作品自身的独创性是毫无变化的，没有新作品出现，所以，其后生数字化作品的版权属于原权利人，而并非归属于图书馆。其中，权利范围涵盖署名权、保护作品完整权、发表权、获得报酬权、修改权等。

2. 复制权

版权保护的基本权利是复制权，与此同时，复制权还是版权诸权项中的核心权利，指的是权利人可以复制自己所创作的版权作品以及授权他人复制其作品的专有权。复制权在传统版权理论中是最重要的权利，同时还是权利人将更多版权权能实现的前提条件。由于权利人将复制作品掌控住了，进而将作品的多种利用方式掌控住了。复制权的概念和法定限制在网络环境中有诸多如不完整性、复制行为主体的多元化、复制件的暂时性、复制过程的自动性等新特点。下载作品也属于复制行为，图书馆在采集网上信息资源时，对于下载还没有发表的作品一定要有权利人的授权，图书馆明确告知权利人不可下载的作品或片段，则不能下载。同时，下载作品的数量和目的要与版权法要求相符，并且不能对该版权作品的潜在市场带来一定的影响。

在研讨复制权时，还会关联到这一问题——"暂时复制"。换言之，暂时复制权是否受到限制在建设数字图书馆上意义重大，数字图书馆中数字浏览等经常使用的文献信息服务方式与暂时复制权关系甚密。明确地说"暂时复制"指的就是作品进入计算机 RAM 后，未能在有形媒体上进行固定进而所形成的可以感知的复制件。很明显，依据传统版权法原理，复制权不能包容暂时复制件。但是，版权作品通过"复制"进入计算机 RAM，是数字信息实现利用最基本的步骤。虽然其在理论上而言无法与传统版权法所提到的"复制"相吻合，但是，用户利用暂时复制所形成的瞬间信息传播的确有着利用信息的效果。数字浏览自身无法形成版权作品的"使用"，而是在浏览行为中附带出现了对作品的"使用"，也就是复制。所以，目前对于复制权是否会控制暂时复制有多种不同的声音。

最具权威性的 WIPO 专家委员会曾指出：对复制权解释的唯一途径，就是承认暂时复制属于复制权范围，尽管最后形成的 WCT 和 WPPT 还是删去了暂时复制的内容。《中华人民共和国著作权法》第十条第五款规定："复制权，即以印刷、复印、拓印、录音、录像翻录、翻拍等方式将作品制作一份或者多份的权利。"由此可以看出，《著作权法》中所规定的复制均为"长久复制"，暂时复制不在其中，因为其在我国现行版权制度中属于合理的。因此，图书馆为读者提供服务的同时，如果只将作品体现在屏幕上，永久性的拷贝没有形成，便不是复制，也就构不成侵权。就发展态势而言，在"暂时复制属于复制行为"的观点上，国际知识产权界逐渐达成共识，若国际版权条约认可"暂时复制权"，则会弱化数字图书馆功能的发挥。

3. 公共传播权

网络传输和数字化相同，均为网络环境中利用作品的新方式，权利人都会对其进行专有权控制。图书馆将数字化的作品传输到网上需要权利人进行授权。但是，针对网络传输适用"发行权"还是"播放权"，在我国旧《著作权法》中没有进行规定。然而，在新《著作权法》第十条第十二款中，新增了"信息网络传播权"，也就是"以有线或者无线方式向公众提供作品，使公众可以在其个人选定的时间和地点获得作品的权利"。

权利法律地位的确立传播给公众，让权利人对作品传播方式的专有控制权向网络空间延伸，并且可以直接进行作品的传播，进而可以行使邻接权。新的向公众传播的权利威胁到了图书馆服务，让其不能通过新技术给读者开展多种数字化信息服务。若是无法从事以网络环境与网络技术为基础的作品传播服务，数字时代图书馆的功能开发便会全面受到压抑，最终就会对其发展造成一定的阻碍。

公共传播权除对图书馆未经授权上载传播版权作品进行阻止之外，对其所开展的数字信息"缓存"（Caching）服务也造成了负面影响。缓存指的是存储某个网站信息源中所获得的信息，日后若是需要相同的信息就无须回到原来的信息源了。一般情况下，被缓存的信息是暂时的，所存储的时间或许是几秒钟、几分钟、几天、几个星期，也许时间会更久。图书馆展开缓存服务主要是为了将读者和信息的距离拉近，进而将读者查找信息的时间缩短，网络堵塞也因此得到缓解，并且，还能预防网上不稳定信息的消逝。通过缓存服务器可以将被缓存的信息传播给读者，所以，图书馆通过服务器缓存信息并提供信息的行为就受到权利人公共传播权的控制。

针对印刷型作品，版权法将权利穷竭的原则强调了出来。权利穷竭指的是作品的有形物体通过合法化，他人把合法获得的作品复制件再次进行出售、赠予、出租、出借等，权利人对其没有任何控制。对印刷作品实施权利穷竭原则是为了限制权利人行使专有权，对复制件持有人的所有权进行保护。诚然，网络传播与其完全不一样，不存在"权利穷竭"问题。若是图书馆对数字化作品的利用依旧适用权利穷竭，使数字化作品像印刷型作品一样，未经授权地外借给读者，如此一来，图书馆所购买的首个数字复制件，极有可能成为权利人出售的最后一个。基于此，图书馆从网上合法进行作品的下载，只是单纯地针对本次下载行为来说，权利人对所构成的复制件依旧进行控制，没有经过允许是不能向读者进行传播的。

有些人的观点是，图书馆在获得数字化权之后，便能将其作品在网上进行传播，这是因为数字化与网络传输都归为作品的数字化利用，权利人授权图书馆对其作品数字化，必然也会同意图书馆将其作品在网上进行传播。然而事实并非如此，权利人授予图书馆数字化权，并不代表同时会授予图书馆公众传播权，如果图书馆将以传统载体形式所存在的作品在网上进行传播，就需要先后抑或是同时向权利人获得数字化权及向公众传播权。

（三）数字图书馆版权保护对策

1.提高图书馆保护版权的自律性

诸多国家保护版权的重要原则是行业自律，也就是通过行业采取自律措施，对版权作品的利用行为进行规范，进而达成保护版权的目的。一直以来，图书馆都有保护版权的优良传统，这一方面在读者保护版权的宣传教育和利用作品行为的方法指导上有所体现，与此同时，在重视培养馆员的版权保护素质和在具体工作中加强版权保护上也有所体现。例如：文献著录主要项目提供的信息将版权的主客体、出处以及邻接权等方面的情况反映了出来。不单是这样，图书馆还会依据版权保护的新要求，及时将相应的版权保护对策制定出来，如：英国国家图书馆文献提供中心（DSC）曾规定：复制文献不可超过原文献的1/10；一帧图片按一册图书计，只可以复制原图的1/10；期刊与会议录的论文最多只能复制一篇论文的原文。

图书馆在网络环境中，需要将保护版权的自律性提升上去，同时，还要针对图书馆数字化建设及其作品的利用特点将有效的行为规范制定出来，并将数据库、媒体以及计算机技术等新的版权客体保护知识的普及教育在馆员中展开，在一些例如编目、分类、网络信息资源组织、文献数字化等业务环节把版权制度建立起来。还要在版权人与图书馆之间建立沟通机制，进而对图书馆保护版权的透明度进行强化，并将保护版权的良好社会形象树立起来。图书馆要研究新的作品利用方式以及价格模式，并且合理接受，以防侵权。

2.建立与完善数字版权法律制度

如果要解决数字图书馆的问题，就要调整并完善版权制度。作为一项法律制度，版权的立法质量、运行规模和效果，对数字图书馆的版权保护状态起到决定性作用，对数字图书馆的前进造成一定的影响。在修订版权法时，立法机关总是让条文规定具有充足的灵活性，进而可以适应将来技术环境的变化。诚然，科学技术的创新发展，决定了即便是最为灵活的立法也是无法紧跟时代发展的，法律比技术滞后，使得技术应用没有法律保障，同时技术用户也不知所措，从而损害了公共利益，因此，需要修订版权法。

从数字图书馆上来说，应从多方面去调整版权制度，包含其基础理论、创新基本原则以及重新界定具体规范。此处的重点问题包含网络版权集体许可机制、合理使用在数字图书馆的适用性、数字图书馆的法律地位、图书馆可能承担的连带法律责任、数字图书馆版权问题的综合协调模式、法定许可和数字图书馆版权问题的关系等。

3.建立图书馆知识产权联盟

若是只依托于法律专家抑或是技术专家解决数字化作品开发利用过程中的版权问题是远远不够的。诸多国家都开展了数字版权立法，把图书馆的观点表达给立法机关是尤为重要的。从国家范围进行考察，图书馆的意见对于立法而言具有导向作用。如：图书馆复印在 20 世纪 70 年代貌似成了一个解决不了的问题，但是，通过图书馆界的不懈努力，诸多国家的版权法给了图书馆复印一个非常满意的待遇。图书馆与电信组织在 1996 年 12 月成功游说，让"暂时复制"等给图书馆工作造成了很大限制作用的条款，从最后所构成的 WCT 和 WPPT 中去除。

我国图书馆界可以借鉴学习美国人文科学同盟下属的图书馆知识产权委员会与欧洲版权使用者论坛（ECUP）的经验，成立图书馆知识产权联盟。其主要任务有：研究数字图书馆版权问题，并提出规划以及对策；通过图书馆集体力量，把图书馆的要求反映给有关部门和立法机关；代表图书馆以及权利人谈判，将图书馆的利益维护好，并将图书馆之间的知识产权流通机制建立起来，防止在数据库、计算机软件等方面进行重复开发研究；进一步交流知识产权保护方面的经验，开展图书馆知识产权保护的培训活动，进一步提升图书馆整体知识产权保护水平。

4.加强数字图书馆版权保护的国际合作

版权保护受到多方面因素的影响，即：法系与法律文化传统、社会生活水平以及民族习惯等因素，所以，各个国家的版权保护制度都有着很大区别，若是国家与地区之间没有在版权保护上进行协调，那将会对数字化作品的跨国界流动造成一定的阻碍。如：美国政府对于版权保护政策的不一致所造成的弊端就有充分的认识，并指出基于这种情况之下，各国作品在互联网的传播不会造成影响。因此，美国提倡将共同的支持基础建立起来，将与网络发展的有关版权问题处理好。美国为了对他国的网络版权政策有更好的了解，采用了多种途径，如：国际会议、国际组织、其他国际交往等。目前，多个国家政府以及国际组织都在努力积极地开展版权保护的国际统一化进程，将其作为迎接经济全球化挑战的重要应对策略。对于国际网络版权保护的发展动向，我们要关注到位，积极参加国际合作，与他国的政策与立场要进行协调，让相关地区以及国家条约可以将我们的愿望反映出来，在网络空间中维护好我国的版权，并且，合理且方便地将国外的数字化作品利用起来。

曾经有学者做过预测，图书馆会逐渐消失在技术进步的车轮声中。还有一些学者说道，版权制度会因为技术革命而走到尽头。上述的观点也许比较悲观，但是，通过事实得出，图书馆从古至今，任何一次技术的飞跃都没有抑制图书馆的发展，反之，对其前进的新生力量起到了一定的推动作用。任何一次技术的创新，都会对图书馆传承人类文明与促进社会发展起到一定的促进作用。完善法律也为图书馆利用新技术提供了依据。反之，为健全法律打下了坚实的基础。

七、数字图书馆的发展趋势

（一）从基于数字化资源转向基于集成服务和用户信息活动的范式

数字图书馆的发展重点历经了如下几个阶段：第一代数字图书馆基于特定文献资源数字化之上将数字信息资源系统建立起来，通常，它们作为独立系统嵌入到传统图书馆系统抑或是上层机构信息系统中，其主要任务是检索跨时空以及特定数字化资源的传递，可称之为以数字化资源为基础的数字图书馆。第二代数字图书馆力求支持分布数字信息系统间的互操作，以及系统间无缝交换与共享信息资源和服务，由此构造集成信息服务机制，进而形成以集成信息服务为主的数字图书馆。这一代数字图书馆不以具体数字资源库建设以及文献数字化为核心，而是面向分布以及多样化数字信息资源，通过服务集成构造将信息服务系统建立起来，进而形成与传统图书馆不同的新系统形态和组织形态。第三代数字图书馆以用户信息活动及其系统为中心组织、集成、嵌入数字信息资源与服务，进而更加深入、直接、有效地支持用户处理、检索、利用信息处理问题的整个过程。所以，日后发展的方向是基于用户信息活动的第三代数字图书馆。

（二）多种资源的高度集成，易用性更强

数字图书馆发展的基本特征是多种资源的深度融合，目前，数字图书馆资源种类在很大程度上是传统的书籍、报刊等印刷版资源数字化，日后会向多媒体、声像制品等资源扩展。这些资源不单是简单地进行了堆积，而是从深层次进行了集成和融合。读者将一个检索词输入之后，可以检索出多种资源，阅读器可以播放、浏览各种资源。数字图书馆非常人性化，并且更方便使用。大范围地使用多种技术，即：智能检索代理技术、全文检索技术、知识管理技术、跨平台技术、信息导航技术以及推送技术，会让数字图书馆与用户更贴近，更便于用户使用。

（三）数字信息存储的全息化

伴随数字图书馆建设的展开，资源数据量逐渐加大，然而，对其应用造成影响的主要因素即为存储空间。数字图书馆涉及诸多多媒体信息资源，通过压缩将它们保存到数据库，进而减少数据库成本，让其规模处于可以管理的范围中，因此，需要对可以适应快速访问的海量存储技术进行研究。出现的新的压缩技术以及大范围使用的全息数字化技术，降低了数字化资源的占用空间，与此同时，在存储设备的投入上也降低了。因为全息数据具有存储量大、数据传输速率高以及访问响应时间短等特点，从而可以满足提供网上服务的需求。在21世纪数字图书馆中，全息数字化技术将成为主流。此技术生成的数字化资源均为全息的，将简单扫描的技术生成资源代替了，将文献资源的信息完整保存下来，与此同时，检索功能也增加了，是将来数字图书馆资源的主要构成部分。

（四）标准化建设取得较大进展

数字图书馆资源共享实现的根本保障与前提是标准化和规范化。数字图书馆建设管理的信息与知识包含全部学科，数量非常大，且类型也非常多，表格、文字、音频、图像等多种媒体的数字化表达都囊括在内，组织非常繁杂；

与此同时，各个单位所应用的软件和硬件的规格都不一样，品牌也非常多。怎样把多种力量协调组织，实现网络的互联互通以及资源的共建共享，就技术管理层面来说，最关键的是标准化。因为只有具备标准化，才能将各个单位所开发的信息资源依据统一的格式进行组织，一方面可以与国际网络接轨，为各个单位共享，进而形成整体性信息资源；另一方面采用统一的检索标准将分布式的存储以及检索系统建立起来，让广大用户享受信息资源。

（五）数字化技术进一步完善

建设数字图书馆涉及网络通信、计算机等多技术、多领域的综合集成，然而，由于计算机与网络通信技术的快速发展，不断涌现出新技术。数字图书馆需要多种技术，即：用户界面、基于内容的智能检索、信息安全、数据仓库、信息的压缩与解压缩、网络通信、分布式信息处理、超大规模数据计算、多媒体信息处理等。就目前而言，需要解决的关键技术有：因特网人工智能技术、软件重用技术、多语言处理技术以及自动识别技术。传输网络化是数字图书馆的一个基本特征，这样一来，对数字图书馆的要求就是具备高速信息传输通道，让用户在信息获取上更加方便。就目前来看，正在不断完善数字化技术。

第二节　数字信息资源建设解析

一、数字信息资源概述

（一）数字信息资源的概念

数字信息资源是基于通信、计算机以及高密度存储等技术的快速发展，并且得以应用在多个环境中的一种信息资源形式。它指的是通过数字化处理，计算机系统抑或是通信网络等识别、传递、浏览的信息资源。

其在狭义上称为电子资源，指的是通过数字形式生产以及发行的信息资源。数字形式的含义是，可以被计算机识别的、不同序列的"0"与"1"所形成的形式。动态图像、图片、文字、声音等都是包含在数字资源中的信息，均以数字代码的方式存于光盘、磁盘、磁带等介质上，由计算机输出设备以及网络传送出去，最后在用户的计算机终端上显示出来。

（二）数字信息资源的优点

数字信息资源的优点如下：

第一，以光学或者是磁性材料为存储介质，存储信息具有很高的密度，同时容量也非常大，能够没有任何损耗地重复利用。

第二，其记录手段是现代信息技术，是以机读数据的形式而存在的，可以在计算机中高速处理，同时可以凭借通信网络远距离地进行传播。

第三，具有丰富的数字信息资源内容，可以是静态信息（图表、文字），也可以是动态多媒体信息（集图、文、声、像于一体），并且，各种类型的数据还能够通过计算机实现任意的组合编辑。

第四，其具备开放性、通用性以及标准化的数据结构，在信息网络环境下，所有用户都能使用，是具有共享性的信息资源。

第五，其具有高度的整合性。受时间和空间的限制，同时，还能够实现跨行业、跨时空的传播。

二、特色数字资源

（一）学术界对特色资源的理解

就现在而言，在学术界中，有关图书馆特色资源，还没有构成统一的定义，可以说是各抒己见，进而多种提法并存的局面构成了，内容非常丰富。总结如下。

1.特色信息资源

主要从信息服务机构层面将特色信息资源的类型、含义和建设中所具备的问题作为切入点，进而对特色资源展开研究。李娅的观点是："信息资源的特色是信息服务机构采集入藏的信息资源构成的独特风格，与其他信息服务机构进行区别。图书馆特色信息资源涵盖两方面内容：第一，图书馆中独特的信息资源；第二，图书馆总的信息资源体系所具备的特点。"

2.特色馆藏资源

主要从图书馆的层面，立足在图书馆的馆藏、对特色资源的研究上，是从特色馆藏的类型、构成、建设对策以及意义、机制等方面进行的。王超湘的观点是："图书馆基于长时间的文献信息收集所构成的一种文献信息资源建设的专业化即为特色馆藏，主要指图书馆文献信息库中独特的文献信息体系，有时则指的是文献信息库中所有文献信息体系的特点。"张秀文的观点是："特色馆藏资源是所有图书馆有别于其他图书馆并且可以独立存在的基础。"图书馆在历经长时间的文献积累之后，基本上会在某一学科、领域或者是某一方面构成内容相对丰富、结构完整的文献资源优势，即本馆的特色资源。马春燕的观点是："特色馆藏指图书馆依据本馆所处的历史传统、地理位置和其主要读者群的需求，在收藏文献资料的时候有意识地选择并且逐步构成具备特点以及优势的馆藏体系。"

（二）对特色数字资源的理解

1.特色的一般含义

在客观世界中，特色是普遍存在的。《大辞典》是这样解释特色的——事物特别出色的所在。由此可以看出，特色的含义如下：第一，是对事物差异的一种描述，也就是事物之间的不同之处。第二，表征着优良，也就是事物独特的、出众的一面。具有明显的区别、优势和出类拔萃的意蕴，代表了具有独特的特质和品性。特色所存在的普遍性和必然性源自物质世界的差异和多样。世界是物质多样性的统一，物质的多样性将客观事物的差异性体现了出来，也就是"事物自身具备的差距"，然而，差距之下方有特色，所以，有的学者将特色概念定义成优质事物的规定性，也就是特色将优质和非优质事物的规定性做出了区分，人们依据它认识优质事物。特色具有内在质的规定，同时还具备现象的显露，所以，特色是相对的，所有的特色均是互相比较来说的，产生在比较优势中。因此，就这个意义上而言，特色是区别事物差异和表征事物优良的统一体。

2.特色数字资源含义

就现在而言，特色数字资源还没有进行明确的定义，若是刻意从"特色"的角度去认识，可将其理解为基于特定用户信息需求为目标，数字形式为特定载体，其核心是特色内容，并依托于特色服务，在结构、内容以及服务上具有新特点，进而构成相对完整的结构、丰富的内容、完善的服务，让特色优质要素获得扩张和放大的起领头、支撑作用的资源。

特色数字资源详细来说是一种数字资源，并具备一般数字资源的特点：

第一，编码性。其是指其以数字形式生产以及发行，通过编码技术构成被计算机识别的，以二进制数字以及"1"形式构成的资源，是数字化的表现属性。

第二，有用性。就是基于一定的空间和时间内，对人类有着直接效用，能够产生社会价值及经济价值。

第三，规模性。其是指一定要具备丰裕度，具备一定量的积累，这是其资源属性所规定的。

特色数字资源具有数字资源所表现的一般特性，同时内涵也非常丰富。

第一，相对性，也就是特色数字资源在对比中产生，具备与其他资源不同的特质和品性。伴随信息技术的飞速发展，数字资源的类型逐渐丰富，所以，数字资源具有广泛的范围，多种多样的形式，不同数字资源在功能和特点上都不同，进而具有很大的区别。也基于此，需要通过互相对比对数字资源进行区分，所以，一些资源由于具备与其他资源所不同的特质和品性而成为了特色资源。因为其是在对比中产生的独特的特质和品性，也因此其成为与其他数字资源相对比的优势所在，所以，特色数字资源具备优势性，就这一方面而言，其是优质数字资源的规定性，也就是相较于其他数字资源，在一些方面具备明显的区别及优势。

第二，优势性，是特色数字资源的一个本质属性，若数字资源毫无优势性，则不会成为特色资源。

第三，系统性，也就是特色数字资源是通过若干互相作用与联系的要素有效结合所构成的具有特色的有机体，其特色是通过各个要素所构成的有机体整体所表现出来的，所有单个要素的特色都无法成为特色数字资源。

三、数字信息资源整体建设

全国信息资源整体化建设的规模非常庞大，相较于文献资源建设来说更加复杂，它需要遵循系统的综合性、互动性、层次性、整体性等原则，与此同时，多途径数字化建设的联合性，传递的快捷性，多媒体信息的整合性，以及全方位、多接口动态搜索也要顾虑到。在这个系统中，各个类别的图书情报机构都能看作是该系统的节点。每个节点依据自身资源特色、规模大小等进行划分，成为等级不同的影响要素，并且依据地理位置及行业的特点，采用一定的方式融合为若干层次的子系统，之后，各子系统再组合成我国信息资源大系统。

四、数字信息资源具体发展

数字信息资源建设的微观发展，是指特定图书情报机构个体数字信息资源建设的战略定位、运行模式以及发展方向，所涉及的研究内容如下。

第一，馆藏数字信息资源的总体发展模式。图书情报机构所建设的数字信息资源总体框架，取决于特定个体的属性、承担的义务和责任，以及所在地区与行业的地位。现如今，信息技术迅猛发展，应该坚持时效性、系统性、实用性、整体优化与动态调节、特色化与共享性、思想性和经济性的收藏原则，从个馆与整体互利互动、协调发展的总体思路出发，将原有的孤岛式运作模式与收藏上的求全思想打破，并把图书馆的网络化、自动化以及全国数字信息资源共享、共知、共建的条件都充分利用起来，将个馆专业化以及特色化的馆藏发展方向与资源的体系结构（包含学科、层次以及载体结构）、采集策略以及馆际协作与资源共享策略都逐渐明确下来，馆内资源的合理集成与重组要重新进行酝酿，逐渐形成有重点、特色、内外互补、多元化、实虚共存、多层次的馆藏发展格局。

第二，馆藏资源的特色定位。在我国数字信息资源建设的系统中，所有图书情报机构都要具备独特的风格，进而将系统的整体效应烘托出来，然而，网络的发展是整体效应可以获得发挥的前提条件。网络通过自身相对较高的透明度及相互渗透力，在促成实现资源共享的同时，也使得不同图书馆可以进行分化和分工。换言之，基于网络环境下，所有重复性的建设都没有意义，生存空间只有依托特色才会有所发展，所以，日后重点关注的研究内容就是数字信息资源特色化定位。馆藏资源的特色定位，需要基于数字信息资源的结构特征以及特定用户群的信息需求，以资源共享分工为参照点，以重点学科为导向，将自己的特色资源以及特色资源的发展方向和优势明确下来。在资源共享保障系统中，只要具有一定的特色，便可以进行收藏，尽量完善内容，具有多元化的载体形式，同时，尽量多样性地进行收藏。此外，特色资源的序化、开发与整合也要有计划地展开。特色化资源若是做到我有他无，他有我精便可以获得相对高的共享价值。

第三，研究特定用户群。这一研究决定了馆藏数字信息资源体系结构的基础依据。用户群不同，特定组织的功能、性质和服务特点便不一样，如：大学图书馆的服务对象是老师和学生，主要为学校的教学与科研提供服务，对学校的学科结构、用户群的层次结构以及科研状况对信息的主要需求特征进行研究，以此将馆藏资源的层次、学科以及载体结构明确下来，进一步明确馆藏的核心、重点、重点学科和一般学科的收藏比率等。通常情况下，重点学科的有关数字信息资源属于共享保障资源，收藏的学科覆盖率高达95%；针对一般学科而言，要按事物的80/20法则进行考虑，（即80%的利用率集中在20%的藏书上），以及信息时代信息传输费用比文献收藏成本低，收藏的学科覆盖率应该位于 20%～40% 之间，其他部分凭借资源共享满足。

第四，集成和重组数字信息资源。其工作重点要放在馆藏重点以及特色资源上。就现在来看，大体上，馆藏格局呈现出各种载体资源共存互补的态势，馆藏通过载体的多样性得以丰富并外延。但是，多种载体的获取方式、利用途径、表现形式都完全不同，在内容上会出现重复，也因此将数字信息资源的利用难度与复杂程度加大了。怎样统一这些资源，抑或是通过元数据置标的形式集成于图书馆原有的 OPAC 系统中，把文献信息指南库统一建立起来，采用智能化整序工具对数字化资源进行自动重组和整合，是馆藏资源利用率提升需要考虑的重要因素。

第五，新增数字信息资源的合理配置。下列两方面因素对合理配置数字信息资源起到一定的制约作用。第一，新一轮数字信息资源的调配和原有数字信息资源的分布有着因果关系，在特定的个体中，若是数字信息资源分布格局构成后，会通过一定的方式反作用在后续的资源配置行为上；第二，合理配置数字信息资源与用户信息需求之间具有相互支撑和互动互馈的关系。在规划个馆数字信息资源建设时，需要基于原有数字信息资源的分布上，与此同时，还要根据用户需求的变化规律、表现特征、潜在需求趋势，另外，纸质与电子文献的有机结合也要考虑到，包括实体和虚拟馆藏的相互补充。伴随新资源的逐步增加，加之配置的合理化，使得数字信息资源的分布格局与建设质量有所改变。然而，这样的合理和满足是有限且暂时的，但是，用户的需求是无限的，在用户服务不断变化的过程中，动态发展的用户需求极易打破数字信息资源配置的暂时合理性，这样一来，新的抑或是潜在的信息需求便出现了，对新一轮的数字信息资源的配置方案起到一定的约束和影响。数字信息资源配置和馆藏格局以及用户需求之间是互相支撑、互利互馈的，进而，循环递进的整体结构便形成了，对数字信息资源建设起到一定的推动作用，让其不断向合理化、高层次的方向发展。

五、高校图书馆数字资源建设

（一）国外高校图书馆数字资源建设

若是要对国内高校图书馆数字资源建设情况进行了解，可以先对国外关于这一方面的研究和建设进行了解。国外对这一方面的研究更加重视高校用户的需求以及以特色资源为基础的服务，将高校用户需求作为特色资源建设的出发点。曾经，Michelle Visser 对美国科罗拉多州立大学的学生就特色资源的需求做过调查并发现，学生们对文艺复兴时期、中世纪、摄影以及德国文学等方面的内容非常喜爱，基于此，他提出了一个观点——要以用户的需求为基础，开发特色资源以及开展特色资源服务。J.Gakobo 对大学图书馆特色馆藏的角色进行讲述时，提到要以高校的科研、教学、服务以及学校的未来发展为主要目标建设特色资源。

就目前来看，国外高校特色资源在建设上相对比较成熟，其中，美国耶鲁大学图书馆以及英国剑桥大学图书馆是最具代表性的。

在上述这两个最具代表性的大学图书馆中，英国剑桥大学图书馆特色资源建设已经具有一定的规模，并且拥有丰富的特色资源。其特色资源涉及世界各个地方的特色资源，如：拉丁美洲、日本、中东以及中国等，而且，其中所包含的学科特色资源也非常多，如：环境科学、医学、法律、生物以及化学等；其收集的特色资源是非常全面的，比如：我国商代的甲骨、宋元明清时期的各种抄本、绘画、各类版刻书籍、拓本以及其他文物，其中很大一部分都是珍品。并且，在图书馆网站上的电脑总目查询系统中都能够查到其数目信息。同时，其特色资源形式大部分是数据库。

美国耶鲁大学图书馆有很多分馆，其特色也分布非常广，在 15 个特色图书馆中都有分布，而且，任何一个特色图书馆都具备自己的资源收藏侧重点。耶鲁大学图书馆采用网络导航的形式整合这些资源，也就是通过统一的网络界面把资源收藏的侧重点介绍出来，并且，资源收藏侧重点的相关特色图书馆网站的链接也会提供出来，进而耶鲁大学图书馆的特色资源体系便形成了。

（二）国内高校图书馆数字资源建设

1.建设内容分析

第一，地域数字资源。这一资源将本地区的历史、文化、地理、经济特点都反映了出来，文化、历史等带有区域特色的数字资源都涵盖在内。如北京大学图书馆的北京历史地理，东北地区地学文献数据库。

第二，学科数字资源。这一资源是指某一特定主题，重点学科，抑或是前沿学科及交叉学科，可以将某一学科特色体现出来的数字资源。各高校图书馆都具有学科数字资源，例如：哈尔滨工业大学图书馆的航天雷达与通信系统学科、环境工程、机器人及机电一体化科学、智能化计算机应用学科、结构工程、先进复合材料及结构学科、市政工程、激光空间信息技术科学；华中农业大学图书馆的国内外油菜品种及栽培技术信息系统、水稻突变体数据库、本校学位论文数据库、猪养殖特色数据库、水稻 EST 数据库；上海作家作品数据库、上海大学学位论文数据库、上海大学的纳米材料数据库、钱伟长数据库等。

2.建设形式分析

就目前来看，高校数字资源建设有多种形式，即：信息门户、网站、学科导航、数据库等。

第一，特色数据库。数据库是基于一定的组织方式进行存储的有关数据的集合，是目前高校图书馆数字资源建设的主要形式。其主要类型如下：其一，围绕本校保存的特色馆藏进行建设的多种特色数据库。本校师生文库与学位论文等都涵盖在内；其二，围绕本校专业优势和重点学科建设的多种特色数据库。例如：智能化计算机应用学科，先进复合材料及结构学科，激光空间信息技术科学，机器人及机电一体化科学，哈尔滨工业大学航天雷达与通信系统学科等；其三，例如，湖南大学的书院文化数据库等围绕本地区或者本学校的一些特色文献与文化等所建设的特色数据库；其四，例如厦门大学的信息参考库等针对每个学校的读者需求建设的与其特点相符的特色信息资源数据库。

第二，重点学科导航库。其含义是对电子期刊论文、专家学者、研究进展报告、研究机构等网上的电子资源依据图书馆学的方法与原理进行收集、加工和整序，进而虚拟的图书馆资源便形成了，图书馆的文献资源也进一步得到了补充和扩大，以供客户查询和浏览。如：诸多高校参加的 Calis 重点学科导航库便是这种形式。

第三，网站。我国高校图书馆数字资源建设时常采用建立网站的方式组织、建设数字资源。例如：南开大学的中华典籍和传统文化网。

第四，数字图书馆。数字图书馆是一个大系统，具有分布的、有组织的、大规模的知识库与数据库，用户与用户团体会对系统内的知识以及数据库进行一致性访问，进而自己需要的信息便可以得到。例如：具有 6 个数据库的兰州大学的敦煌学数字图书馆。

第五，信息门户。其是控制质量的信息服务，将与其他网站或文件相连的链接提供了出来。基于预先定义的集合内有选择资源、人工产生以及处理的内容描述。例如：武汉理工大学的材料复合专题特色数据库、信息技术学科信息门户、船舶与海洋工程信息门户、复合新技术学科信息门户、交通运输学科信息门户。

（三） 高校图书馆数字资源建设指导原则

1.以需求为核心的导向性原则

这一原则要求数字资源建设要以当地经济社会发展需求以及用户信息需求的紧迫程度作为优先发展以及确定重点的依据。高校图书馆是社会的重要构成部门，所以，其数字资源建设应该跟紧当地的社会以及经济发展形势，与社会和经济的热点需求有效融合，并为社会和经济的发展提供有力的资源保障。除此之外，高校图书馆作为科研活动以及高校教学的中心，用户群比较集中且固定，因此需要根据高校学科的发展和用户的需求进行数字资源建设，进而给高校学科发展提供保障，并给用户带来优质的服务。要有针对性地建设图书馆数字资源，切不可盲目。

2.以共享为目的的发展性原则

20世纪70年代，联合国教科文卫组织和 IFLA 联合提出资源共享的理念。一般情况下，是基于一定范围内的文献情报机构和图书馆组织成一个网络，依据互通有无、互利互惠的原则，通过采访协调、馆际互借、建设文献数据库以及联合编目等活动将信息资源共享实现，以更好地服务于教学、科研、生产等领域。一直以来，人们的理想是实现稀缺资源的共享，虽然，信息资源有多种类型、较大的数量且轻易不会损耗，但是，它依旧是非常有限的。数字资源也是如此。通常情况下，数字资源是图书馆所具备的相对于其他高校图书馆而言丰富且独特的信息资源，是真正意义上有着共享价值的资源，数字资源的价值会因为实现了资源共享而更具价值。各高校图书馆要把门户打开，推广自己的数字资源，进而将共享实现。

3.以标准为前提的保障性原则

国际标准化组织（ISO）的标准化原理委员会（STACO）统一规定了标准的定义，即标准是公认机构制定和批准的文件。对活动抑或是活动的结果规定了导则、规则以及特殊值，以便共同与反复应用，进而将在预定的领域中实现最佳的秩序效果。数字资源得以生存的基础标准是共享，对资源的质量和服务效果造成直接影响，制定科学标准对真正意义上实现资源共享起到一定的帮助作用。首先，数字资源的内容标准要建立起来，从内容上对数字资源进行规范，以防多次进行数字资源建设。其内容标准主要包括规模内通用的数据筑路标准、规范控制标准、数据标引标准、数据格式标准以及数据加工、传递、操作、采集、交换、检索以及维护等方面的标准和规范。如此一来，高校图书馆若是用同样的标准，则无需单独开发软件以实现与其他系统的数据之间的转换，而要将精力集中起来建设特色的数字资源。所以，数字资源建设需要根据国际、行业和国家的标准，使用统一规范的格式，用成熟的软件以及通用标准建立技术平台。所以，标准化、规范化的数字资源的建立，对真正意义上的资源共享的实现起到了一定的帮助作用。

第三节　数字信息资源建设的模式

一、高校图书馆数字信息资源建设的宏观模式

（一）高校图书馆数字资源建设宏观模式的依据

1.信息资源配置理论

信息资源配置理论是指信息的本资源、元资源以及表资源实现最为优化与和谐的过程。信息的元资源、本资源和表资源分别指信息生产者、信息以及信息技术。然而，信息资源配置是实现信息资源三要素的最佳重组，进而产生最大效应的状态。这一状态的实现，取决于行业与专业领域的协作，以及全社会的协作与支持。然而，信息资源的最优化配置若要实现，则需要进行空间配置，也就是空间配置机制。所谓信息资源的空间配置是指信息资源在不同空间范围中的要素配备。其配置前提是不同空间中信息资源内容自身的差异性、流向的差异性、经济水平的差异性以及结构的差异性。所以，信息资源的空间配置需要通过市场、非市场的手段调节以及控制信息资源在不同空间的分配关系。

高校图书馆数字资源是一种信息资源，依据信息资源配置的理论，其元资源、本资源和表资源为高校图书馆、数字资源本身和信息技术。高校图书馆数字资源配置是使以上三要素产生最大的效应。因为不同地区的高校在学科内容、结构以及优势上都存在一定的区别，图书馆数字资源内容也都不一样，其数字资源结构也不同。依据信息资源空间配置的理论，需要将高校图书馆数字资源在不同地区的分配采用宏观手段进行调节并控制。

2.规划论

现代规划的理念源自欧洲乌托邦和空想社会主义。美国政府于 20 世纪 50 年代首次开始使用规划理论。塔格维尔（R.Tugwell）认为，规划（planning）是"政府的第四种权利（the fourth power of government）"，作用是使用政府权力配置国家资源，规划论就现代科学的角度而言，最主要的研究内容是怎样将组织资源充分利用起来，最大限度地将各项指标完成，进而获得最好的效果。

高校图书馆数字资源作为一种重要的信息资源，其建设也面临着一些问题，怎样将资源充分利用起来，进而最大限度地实现数字资源建设，减少消耗。所以，需要从宏观上调查研究论证数字资源建设和分布现状以及社会对数字资源的需求，由国家有关部门基于一定范围内对各个地区、学科高校图书馆的数字资源的建设、开发和资源的配置、合理布局进行指导，进而实现其建设的基本目标。

3.现实依据

如同上述所提到的，就目前从高校图书馆数字资源建设的实际情况而言，发展有失平衡，具有很多重复建设及体系分割现象；标准化程度低，体系不同的数字资源无法共享；同时，还存在一些问题，如：数字资源利用不够、开发不足、效益不高等。出现这些问题主要是因为宏观建设模式不足，使得高校图书馆的数字资源建设有了自发性、随意性及不确定性。所以，需要从宏观上对高校图书馆数字资源建设进行规范。

就宏观上而言，国家要从资源整合的层面进行统一规划，分工协作，共同建设高校图书馆数字资源。从国家层面对数字资源进行整合，将其资源建设的宏观调控机构建立起来，并进行协调和安排，以防多次重复进行投资建设，进而将数字资源建设的全面共享推动起来。高校图书馆数字资源建设的宏观模式指的是依据统一规划、目标以及分工合作的要求，就高校图书馆数字资源的共建共享层面，以横向和纵向模式建设数字资源。纵向模式反映了数字资源建设的层次演进，而横向模式反映了馆际共建与其他类型信息主体的合作。

（二）纵向模式

借鉴高波教授关于信息资源共建共享的模式，以及 Calis 将数字资源进行的分类，即：数字资源和学科数字资源，笔者认为，高校图书馆开展数字资源建设需要采用的模式为"区域学科共建、全国共享"。

"区域学科共建，全国共享"的含义是，第一，区域共建，全国共享，服

务区域和全国 。第二，学科共建，全国共享，服务学科和全国。简言之，高校图书馆建设要采用的模式有区域内跨学科的建设模式以及学科内跨区域建设模式。

区域内跨学科的建设模式指的是从地方特色的角度进行数字资源建设。具体而言是基于行政划分，从区域角度建设数字资源。第一，基于行政划分部门的统一领导，各个高校图书馆没有学科之分，依据统一的技术规范与标准，在区域框架中对地方数字资源进行整合，将行政区范围中的地方数字资源分中心建立起来，之后，通过一个个的分中心根据行政区划分，并在相关部门的统一领导下，构成全国性质的地方数字资源中心，进而最大限度地实现全国范围内的数字资源共享，在为当地社会发展以及经济提供多项服务时，也服务于经济、社会发展，这样一来，既服务于地方，又服务于全国。

学科内跨区域建设模式指的是从学科特色的层面建设数字资源。详细而言，是以各个学科为单位，由各学科学术委员会带头，各个高校图书馆没有区域之分，在学科框架之内进行数字资源整合，并依据统一的标准以及技术规范，将学科内的数字资源的开发、保存、共享以及服务体系建设起来，学科内便构成了单一学科的数字资源分中心，之后，通过分中心划分学科，并在统一的领导下，形成全国性的学科数字资源中心，进而实现全国性学科内的数字资源共享，在为学科自身的发展提供多项服务时，让全国的用户可以便捷地获得所需资源，服务学科，同时也服务全国。

高校图书馆区域均采用区域内跨学科的建设模式以及学科内跨区域建设模式有效融合的模式，将地方数字资源这一全国性的学科建设了起来。具体而言，通过国家级行政部门的指引，国家相关部门以及学科机构都参与其中，在整体规划全国高校图书馆的数字资源之后，最后形成了全国性的数字资源中心，这样一来，一方面为学科、地方经济以及社会等的发展提供了各项服务，另一方面，也为整个国家的发展提供了服务。

（三）横向模式

高校图书馆的数字资源建设在采取纵向模式的同时，也应当注重横向建设模式，即发挥群体优势，联合建设。美国学者贝克（S.LBaker）在《资源共享的未来》一书的前言中写道："今天的图书馆正生存在一个相互依赖的时代。进一步讲，每一个图书馆都必须将自己视为世界图书馆体系的一部分，必须摆脱自给自足的状态，必须发现迅速而合算的从世界图书馆体系中获取资料并送到自己用户手中的方式，必须随时准备将自己所收藏的资料提供给世界各地的其他图书馆。"建设数字资源必然会消耗庞大的物力、财力、人力，一个高校图书馆在资金、人力、技术等方面很难满足这巨大的消耗，会受到诸多的限制，很难发展为一定的规模，资源的建设质量也很难保证。所以，图书馆之间首先要做的是打破相互之间的界限，增加相互之间的合作，增强横向联系，制定强有力的信息资源法规管理制度和共享政策以确保共建共享数字资源建设稳步前进，并对各高校数字资源建设起到制约和导向作用。图书馆联盟正是实现这一形式的方法之一。为了达到互惠互利、资源共享的目的而组织起来的，获得共同认可的有合同和协议制约的图书馆联合体即为图书馆联盟（Library consortia）。其作为图书馆合作的形式之一，对共同建设数字资源和正确图书馆之间的合作而言，有借鉴作用。19世纪末20世纪初美国国会图书馆开展了与其国内其他图书馆之间的合作，这是联盟的起源。20世纪70年代以后网络、通信、计算机等技术得到了迅猛的发展，出现了大量的以大学图书馆为中心的地区性文献资源共享网络，许多图书馆利用联盟的模式实现了资源共建共享。德国、英国、美国等众多发达国家纷纷建立了数量繁多的图书馆联盟。在共同建设数字资源时，高校图书馆通过图书馆联盟的形式实现。应用现代计算机网络设备和通信技术，并且，在双方都认可的合同和协议制约下，将各个图书馆有顺序且有计划地组织起来，进而实现了一方面密切合作，另一方面分工明确的图书馆联盟。为了能够更好地将全体资源优势利用并发挥出来，各个成员馆根据地域特色、学科专业，实行分工建设，各个有关部门与单位都互相协作，更好地实现共同开发和建设数字资源，提升建设质量，有效避免多次反复建设。当前，各自为营是我国高校图书馆数字资源建设中存在的较为严重的问题。共同组织相互协调的联合建设少之又少，因此数字资源建设很难形成一定的规模。想打破这种现状，有关部门和高校就必须联合起来，极大程度地发挥集团优势，扬长避短，共同开展数字资源建设；另外，联合共建不同类型高校图书馆的数字资源，即组织起来不同类型的高校图书馆联盟，相互合作与分工，截长补短，实现资源共享。如此，不仅能加强图书馆之间的凝聚力，也能最大限度地发挥数字资源的优势和潜能，使科学技术、国家经济等进一步快速发展。

横向建设高校图书馆数字资源的模式是在全国图书馆联盟的基础上整合和共同建设数字资源，实现在全国范围的共享。全国性的图书馆联盟需要国家的整体协调、指导、规划而成立。所以，为促进图书馆之间的合作，国家应尽早颁布相关政策，使数字资源的共建共享以联盟的形式进行；此外，成立管理和规范全国范围的图书馆联盟的相关机构，并将全部图书馆联盟的数字资源进行整合。

（四）实践

1. 在北京大学设立了学科内跨区域建设模式

中国高等教育文献保障系统管理中心，在其下设立了医学、农学、工程、文理四个全国文献信息服务中心，其中工程和文理两个全国中心分别设在清华大学和北京大学，以作为"211工程"重点学科建设的最终文献保障基地；在北京大学医学部和中国农业大学分别设立了医学和农学两个全国中心，以作为全国医学和农业信息网与CALIS的连接点；形成了高校参建馆三级学科内跨区域建设模式，以及医学、农学、工程、文理学科管理中心，开展相应的资源共享活动。

2. 区域内跨学科的建设模式

一个东北地区国防文献信息服务中心和七个地区文献信息服务中心，即：东北、西北、西南、华南、华中、华东南、华东北，在我国高等教育文献保障系统的地区文献信息服务下设立。其中，在哈尔滨工业大学设立有东北地区国防文献信息中心，上述所提到的地区性文献信息中心分别在西安交大、川大、中山大学、武汉大学、上海交大、南京大学、吉林大学设立。在还没有设立的地区以及全国中心的省市建立省级文献信息中心共计15个，CALIS的服务也发生了转变，即：从面向"211高校"转为面向所有高校，形成四级区域内（参建馆、省级中心、地区中心、管理中心）跨学科建设模式。

"北京高校网络图书馆"管理委员会由首都师范大学、北京工业大学、首都医科大学、北方工业大学、北京联合大学代表组成，依托中国教育科研网（CERNET），充分利用北京地区高校图书馆丰富的馆藏资源，在各图书馆专业特色馆藏建设的基础上，建立"北京地区高校文献资源共享服务体系"，使网上的资源与服务功能达到较高水平，与"'211工程'高等教育文献保障系统"的建设相补充，形成对北京地区高校网上文献资源的重要补充和教学科研所需文献的联合保障，为北京地区高校的教学科研提供信息支持和咨询服务。目前已联合建成的数字资源有：高校学位论文，重点学科导航，重点学科专题资源。

二、高校图书馆数字资源建设的微观模式

(一) 高校图书馆数字资源建设微观模式的依据

从以上描述的宏观模式的依据可以看出，在微观模式中除要考虑宏观模式的基本模式之外，尤其要关注相关性、优势性和独具性。从系统科学的角度看，任何一个系统都是由若干相互联系、相互作用的若干组成部分结合而成的具有特定功能的有机体。

1.优势性

由于高校图书馆数字资源建设可以划分为不同层面，因此优势性也具体表现为不同层面，包括管理优势、技术优势、服务优势以及资源优势等。管理优势是指在高校图书馆数字资源的建设过程中，计划、组织、控制等各项管理活动所体现的优势，是各种先进管理理念、管理方式在高校图书馆数字资源的建设中的具体运用。技术优势是指运用各种先进的技术手段来完成高校图书馆数字资源建设。服务优势是指为用户提供优质服务的独特服务方式。资源优势是指高校图书馆在经过一定时间的资源积累后，在某一方面、某一学科或某一领域形成结构较为完整、内容较为丰富的资源优势，其主要体现在学科优势和区位优势上。学科优势是指围绕高校的专业设置而形成的优势，即依据重点学科、特色专业所形成的资源优势。区位优势是指根据本地区的地理、历史、经济和文化特点，对有关本地的资源进行完整系统的收藏，从而形成具有一定规模的优势。优势性具体体现了高校图书馆数字资源建设的宏观模式，是高校图书馆数字资源建设的整体反应。

2.相关性

在微观模式的建设中，重点应该关注系统的相关性。所谓相关性，主要是指微观模式是宏观模式的延伸，那么它与宏观模式之间必然体现出以下特征：一是相互联系性。系统的相互联系性，即要从整体出发，注意系统要素的各种联系，从各种联系中综合考察事物，从而从整体上正确揭示事物的性质和发展规律。在高校图书馆的数字资源建设中，存在各种各样的联系。具体到单一高校的数字资源建设也是一个子系统。该子系统既属于宏观系统中的一部分，又是一个较为独立的系统，因为它不仅涉及管理、信息等多个层面的内容，而且涉及众多领域和学科，也需要人力、硬件设施、资金、技术以及政策法律等各方面的保障措施，从而形成完备的数字资源体系。二是系统的整分合性。高校图书馆根据整体规划的要求，分工负责建设共同数字资源的某一部分，通过相

互联系与协调，形成完备的数字资源整体系统，以最大限度地满足用户的信息需求。三是系统的层次性。任何复杂的系统，都具有一定的层次性。就各具体高校图书馆数字资源建设来说，从层次上划分，又可分为数字资源建设的技术层面、管理层面、资源层面以及服务层面。

3. 独具性

只有本图书馆具有的、独树一帜的，别馆不具有的图书馆资源体系风格即为独具性。如因所处的地理位置的独特，在关于敦煌学方面的资源兰州大学占据了天时地利人和，在敦煌旅游、地震史料、研究文献、石窟艺术等方面展现了独具性的特点，其他高校图书馆根本无法与之相比。单一高校图书馆资源的特色就是其独具性，也是优势的具体展现。

就整体而言，高校图书馆在建设数字资源上，相关性是其前提条件，同时也是宏观模式的继承；宏观模式具体体现为优势性；独具性则是单一图书馆资源的特色。其数字资源建设微观模式的依据是优势性、相关性、独具性一同形成的。

从微观层次看，每一个具体高校图书馆要根据社会经济发展需求和高校用户的需要，确定本图书馆数字资源建设的内容和结构、数字资源系统的构建以及管理，建立有内在联系和特定功能的数字资源结构和有重点、专门化的数字资源体系，从而形成一个自身系统基础结构相互联系的有机整体。首先，服务是图书馆存在的前提，是检验图书馆办馆效益的重要标准。数字资源建设的根本目的还是为用户服务，满足用户的信息需求。因此，高校图书馆的数字资源建设要围绕为社会以及高校用户提供多元化的特色服务展开，从而满足社会经济发展的需要以及高校用户的需求。从这个意义上说，高校图书馆的数字资源建设的核心是服务。把服务作为资源建设的核心，是真正地遵守以需求为核心的导向性原则，是高校图书馆"用户至上"理念的具体体现。另外高校图书馆数字资源建设还应考虑数字资源的开发，信息系统的构建以及管理活动的实施等内容。开发数字资源是高校图书馆数字资源建设的基础；信息系统是为社会以及高校用户提供特色服务的重要保障；管理活动是保证数字资源建设和高效利用的重要方式。数字资源、信息系统以及管理构成了高校图书馆数字资源建设的内容体系。因此，高校图书馆的数字资源建设的微观模式包括服务以及由数字资源、信息系统和管理所构成的内容体系，即内涵。

在长时间的办学过程中每个学校逐步形成了本校特有的办学特色，都具有了一个或几个特色或重点学科。拥有培养博士、硕士生能力的专业学科是重点学科，通常具备高水准、结构合理的学术团队，有国内外具备一定影响力的学术领头人，在某个学科领域在国内外有着先进水平，也能承接重点科技攻关项目。同样，还是高校图书馆建立数字资源的支撑和根据。因此，图书馆在数字资源建设过程中，应要重点收集特色或重点学科信息资源，在这里要注意的是数字资源在建成后有没有学术价值，对重点项目、学科的建设能不能起到保障作用。另外，还需要考虑能否将领先的地位长时间保持下去，能不能起到填补资源空白的作用。

记录某个地区从前和当下的民间习俗、风土人情、重要人物事件、地理、教育、文化、经济、政治等方面的资源是地方数字资源。它是为高校科研和教学活动提供源源不断的信息的源泉。所以，在建立数字资源时要依托地区的"地方性"，在收集地方数字资源时要符合当地科学、文化、经济、政治的发展需求，也要满足于本校科研、教学的要求。高校应建设具有本地区特色的资源，形成地区高等教育的资源保障体系，为地区科学技术的发展提供高水平的资源服务。具体来说，在资源内容的开发上，要时空并举，全面立体地挖掘数字资源：①空间纬度。由于地域的差别，各个地方的情况不尽相同，因此，要结合地方经济、文化建设等实际情况，有侧重地开发数字资源。②时间纬度。开发数字资源，还要从时间纬度上去考虑。要遵循与时俱进的原则，把握社会需求热点，适应时代要求。

另外，对于数字资源的来源要采取多样化的渠道，不仅要利用馆内已有的收藏及常规的订购等传统渠道来获取，还要充分利用网络资源，从而使数字资源系统化、规模化。

（二）信息系统

数字资源的开发并不是资源建设终点，还要通过各种技术手段，把开发出来的数字资源转换成一种数字化的结构，且统一成相对一致的界面，提供给用户，这就是信息系统。一般信息系统包括五个基本要素：输入、处理、输出、反馈和控制。

数字资源信息系统所要输入的是已开发出的资源，包括开发出的学科、地域等数字资源，在信息系统中这些是要处理的原始数据，处理是把这些原始数据加工或转化成有用的和有特色的数字资源；输出是系统处理后的结果，即有特色的数字资源；反馈是指当系统管理者对输出的结果不太满意或希望得到更好的结果时，对输入进行的调整；控制是对输入、处理、输出和反馈过程进行监视，使这些过程保持正常。

广义的信息系统不仅包括计算机信息系统，而且也包括信息机构对其的开发，它不仅仅是单纯地开发计算机系统的技术问题，还涉及组织内外多种关系的复杂课题。从这个意义上说，高校图书馆作为信息机构的重要组成部分，应当是数字资源信息系统的一个方面。高校图书馆承担着建设数字资源的任务，充当着"信息代理人"的角色。因此，要不断优化高校图书馆的机构设置。高校图书馆应建立健全数字资源建设组织机构。数字资源建设要求对图书馆现存组织体系进行完善和补充。本书认为，应该在高校图书馆中设置专门进行数字资源建设的机构，这一机构的主管由图书馆高层领导兼任，其成员由图书馆各职能部门设置的兼职人员组成。兼职人员负责本职能部门特色信息的收集、分析等工作，数字资源建设主管根据各相关人员的特色信息，在与各相关人员充分讨论的基础上，从整体上把握图书馆的数字资源建设，制定相关的决策以提高系统的反应速度、管理水平和业务能力，从而提高数字资源的质量。

（三）管理

数字资源建设是一项复杂的系统过程，需要管理活动来保证其井然有序。可以设想，如果没有管理，整个数字资源建设将是混乱不堪的。管理活动贯穿于整个数字资源建设的过程中，包括计划、组织、领导、控制、创新活动。

计划就是要确定数字资源建设的目标，并确定为达成这些目标所必需的行动；组织就是根据数字资源建设工作的要求与人员，设计岗位，通过授权和分工，将适当的人员安排在适当的岗位上，用制度规定人员的职责和上下左右的关系，从而使数字资源建设正常进行；计划与组织做好了，还需要有领导者进行领导，指导人员的行为，激励人员为数字资源建设的顺利实现而共同努力；为了保证数字资源建设能够按照所指定的计划进行，还需要对建设的实际进行控制，使建设实践符合于计划。

（四）核心

《公共图书馆宣言》由联合国教科文组织（UNESCO）和IFLA共同发表，其指出了图书馆提供信息服务的责任，这与学校图书馆的宣言不谋而合。伴随着社会和信息技术的不断发展和进步，人们对信息的要求日益提升，文摘式的二次文献、题录、一次文献等已经无法满足人们对信息的渴望。信息服务的标准逐渐提升，开始偏向于提供个性化的特色服务。

特色服务是为读者（用户）提供优质服务的一种独特服务方式。特色服务不仅能体现数字资源的特色，而且还能以其独特的服务手段吸引更多的读者用户，借此提高图书馆服务的社会效益和经济效益。

对于高校图书馆来说，应在数字资源建设的基础上，充分发挥数字资源的优势，基于数字资源，积极开展特色服务。一是积极开展社会信息服务，参与社会经济建设，提供信息咨询服务，尤其是为企业提供咨询服务。当前，全球经济正在遭受金融危机的蹂躏，各国经济都受到金融危机的冲击。受金融危机的影响，许多企业都出现了危机，企业对信息的需求空前急切。因此，高校图书馆应抓住机遇，利用所掌握的数字资源，对信息进行深度加工，为企业提供市场竞争信息、贸易技术法规、市场需求信息、政策环境信息等各类信息咨询服务，从而帮助企业渡过难关，也为自身创造价值。二是把高校教学、科研工作中需要解决的问题作为研究课题，跟踪教学、科研进程，有针对性地提供信息服务。由于各馆的数字资源不尽相同，因而采取的服务方式也应有所不同。应根据本馆的数字资源以及高校用户的需求，开展多种特色服务，使数字资源得到充分地利用。三是提供素质教育服务。素质教育是当今高等教育的重点，高校图书馆要勇于承担起素质教育的重担。一方面，高校图书馆的数字资源也应该成为大学生素质教育的一个基点，或者传播一定的学科知识，或者传播一种特定的精神，以增强民族意识和发愤图强的意志，提高大学生的文化素质。另一方面，高校图书馆也要依托于数字资源，开展信息素质教育。信息素质教育，是指一种可以通过教育培养在信息社会里获得信息、评价信息、利用信息、开发信息等方面的能力和修养。高校图书馆，要通过大学生在利用数字资源的过程中，潜移默化地培养用户的信息意识，提高他们获取信息、评价信息、处理信息、利用信息和创造信息的能力，教育他们遵循一定的信息伦理与道德准则来规范自身的行为活动。高校图书馆要因地制宜、结合实际、多方面、全方位地利用数字资源，不断提升特色服务的质量，从而获取良好的社会效益和经济效益。

高校图书馆数字资源建设微观模式的两个层次是不可分割的有机整体，由信息系统、数字资源以及管理所构成的内容体系是开展特色服务的基础；特色服务是建设内容体系的目标；特色服务是建设的核心，内容体系是建设的内涵，它们共同构成了高校图书馆数字资源建设的微观模式。

三、高校图书馆数字资源建设保障体系构建

建设高校图书馆数字资源是一项庞大而烦琐的系统工程，必须要有相应的保障体系，才能确保其顺利实施。技术、资金、人才等三方面保障都属于保障体系，它们是高校图书馆数字资源合理、科学构建的支柱和依托。

（一）人才保障

阮冈纳赞曾说过："一个图书馆成败的关键在于图书馆工作者。"高校图书馆数字资源的建设是一项既庞大，又有连续性的信息系统工程，也是一种知识密集、劳动力密集和技术密集的工作，对人才的要求更加丰富，需要一支更高素质的人才队伍。因而要加强人才队伍建设，保证数字资源建设的质量。

首先，要建立有利于各类人才脱颖而出、人尽其才的机制。重视人才的培养和使用，优化人才资源配置和专业技术结构，促进人才在各个业务层面的合理分布，使图书馆成为数字资源加工与管理、系统开发与维护以及数字资源数据组织运营与管理等方面的专业人才的摇篮。其次，要对高校图书馆在职人员进行培训。一方面加强数字资源建设的理论培训，提高在职人员对数字资源建设的认识；另一方面，加强对计算机知识与技术、信息开发技术、网络技术、管理以及法律使用技能的提升。最后，高校图书馆在数字资源建设的过程中，要广泛征求本校重点学科的学术带头人、博士生导师等专家、教授的意见和建议，聘请院系的研究生、教师在图书馆建库过程中给予学科指导，并把他们的反馈信息作为资源建设的重要依据，从而加快数字资源的建设速度，提高建设质量。

另外，要在高校图书馆数字资源建设的过程中，实施目标管理。目标管理，作为一种激励理论最早由美国著名的管理学家杜拉克于 20 世纪 50 年代中期提出来的，后来由洛克、沃迪恩等人将该理论发展并运用于组织管理的各个层面。其实目标管理理论是一种有效的激励方法。在高校图书馆数字资源建设的过程中，要将有效实施目标管理的组织体系与构建数字资源体系结合起来，要根据建设的目的和任务，确定建设的目标，然后依据目标，对人员进行管理，以目标的达成情况衡量资源建设人员的贡献大小，激励其为完成目标而努力，从而保证高校图书馆数字资源建设的顺利进行。

（二）资金保障

在图书馆建设中虽然数字资源的建设属于普遍的经常工作，但是由图书馆

自我来完成非常难以实现，甚至不能办到，因为需要必要的资金投入。因此，不仅要突显数字资源的建设，也要照顾到日常工作。

若想实现高校图书馆多元化的引资方式，就要想方设法扩大融资渠道。要让当地有关部门认识到数字资源建设对当地社会和经济发展的重要作用，并得到他们资金和政策上的大力支持。增加对数字资源的宣传，吸引社会各界的投资，利用分散加工、联合建库等方式，共同开发数字资源。此外，还可以在国家信息基础设施建设之中加入数字资源建设，并制定相应的政策和法规，确保外界对数字资源建设的投资，形成产业化的良性循环，持续不断地吸引外界资金注入。

（三）技术保障

高校图书馆数字资源的建设有赖于一个强有力的技术保障体系。按照数字资源开发的过程，本书将数字资源的技术保障体系列举为以下几个方面。

1.信息检索技术：数据挖掘

在大量的数据中运用各种分析工具发现模型与数据之间关系的过程是数据挖掘技术，即知识发现。其常用技术有：①人工神经网络：即从结构上模仿生物神经网络，是一种通过训练来学习的非线性预测模型，可以完成分类、聚类、特征提取等多种数据挖掘任务。②决策树，用属性结构来表示决策集合，这些决策通过对数据集的分类产生规模。③规则归纳：通过统计方法归纳，提取有价值的规则。④最邻近技术，通过几个与之最相近的历史记录的组合来辨别新的记录，这种技术可以用来完成聚类、偏差分析等挖掘任务。

2.信息组织技术：自动分类与自动聚类

自动分类包括自动归类和自动聚类，自动归类是指先分析待分类对象中的特征，将其与各种类别中对象具有的共同特征进行比较，再将待分类对象归入特征最近的一类并赋予相应的分类号。自动聚类是指从待分类对象中提取特征，再将提取的全部特征进行比较，并按一定原则将具有相同或相近特征的对象定义为一类，设法使各类中包含的对象大体相等。

3.信息采集技术：元搜索引擎

搜索引擎实质是将网络作为全文数据库进行检索的网络检索系统，其基本原理就是从一个简单的 URL 集合开始，根据这个 URL 进行广度搜索或深度搜索以获得新的 URL，然后递归进行。元搜索引擎是建立在搜索引擎基础上而发展起来的一种全新的搜索方向，是将特定的查询请求发送给多个搜索引擎、网络指南或其他网络数据库，收集查询结果并将结果集中起来，以统一的格式展现在用户面前的一种网络服务器。

4. 信息存储技术：数据仓库技术

著名的数据仓库专家 W.H.Inmo 在其著作《数据仓库》（*Building the Data Warehouse*）中对数据仓库进行了如下描述：数据仓库是一个面向主题的、集成的、相对稳定的、反映历史变化的数据集合。数据仓库是对多个异构的数据源进行有效集成，集成后按照主题进行重组并包含历史数据，而且存放在数据仓库中的数据一般不再修改。其真正关键是数据的存储和管理。目前不少关系数据库系统已经支持数据分割技术，能够将一个大的数据库表分散在多个物理存储设备中，进一步增强了系统管理大数据量的扩展能力。

5. 信息服务技术：智能代理

智能代理技术是用户将自己的需求提交给智能代理程序，智能代理程序通过"自动学习"，理解用户的细腻需求并自动在网上检索、分析、处理页面，对于检索出的结果按信息用户的需求和思维方式进行处理和优化，并将最终结果反馈给用户。

以上列举了一些在数字资源建设中可能要涉及的技术，当然，数字资源建设是一项复杂的系统工程，需要各种各样的技术，而它们则共同构成了数字资源建设的技术保障体系。

第七章　高校图书馆信息资源的共建共享

第一节　信息资源共建共享解读

一、高校图书馆信息资源共建共享的概念

信息资源共享在传统技术的前提下，通常是指文献的共享，也就是信息物质载体的共享。因其成本的原因，这种共享只能在一定时间、空间范围内进行有限的共享。

高校图书馆信息资源共享基于网络环境中，是信息资源生产者、加工者以及服务者和用户之间的一种广泛共享，他们的职能和角色的区别是非常模糊的，并非单一的文献共享，而是一种真正意义上的信息共享。首先，随着知识经济的兴起，以计算机、现代通信、网络以及多媒体技术为主要特征的现代信息技术正在迅猛发展，它们在信息资源的共建共享上打下了坚实的、可靠的物质基础，主要体现在：计算机网络可以没有任何时间、空间限制地提供给用户诸多信息资源。在复制信息上，数字化技术让其变得更加简便，信息通过网络打破了空间上的限制，可以传输到非常远的地方，无线通信则可以不费吹灰之力地穿过任何领域，没有任何障碍，能够把时间与距离缩小到几乎为"0"，让世界变成一个"地球村"。正是基于网络这个可以无限扩展的特性，其能够让任何一个国家、单位以及个人都可以联入互联网，进而实现跨越时空的信息资源共享。信息基于网络环境中，在异地进行传播的成本得以快速降低，大体上可以忽略，这一点将网络跨时空的资源共享优势充分体现了出来。其次，比如：逐渐增加的文献信息资源数量与信息机构资金不足的矛盾，用户需求的层次性、广泛性与信息服务机构个体能力有限、开发不足的矛盾，以及不同地域

间信息资源发展的不平衡与地区经济发展需求的矛盾等等问题的激化，迫使我们不得不将信息资源的共建共享提到议事日程上来，这就是信息社会化大环境下所有信息机构的选择，更是现代高校图书馆的必然选择。

高校图书馆或其他信息服务机构以互惠、平等、自愿为前提条件，建立与图书馆和其他信息服务机构之间的协调、协作、合作关系，为最大限度地满足用户需求，运用媒体、计算机技术等各种方法，开展共同分享、建设、运用信息资源的活动，以实现高校图书馆信息资源的共建共享。

二、高校图书馆信息资源共建共享的时代背景

图书馆合作建设藏书与资源共享的历史可以追溯到 18 世纪后期。当时德国的著名诗人歌德在主持魏玛公国图书馆馆务时就与耶拿大学图书馆建立了馆际互借关系。19 世纪中叶，德国法学家墨尔（Robert Von Mohl）首次提出了图书馆之间藏书建设分工协调的思想，并由阿尔特霍夫（Friedrich Althoff）付诸实践。在他的倡导下，普鲁士的 10 所大学划定了各自的藏书采购范围，并在各馆之间建立了互借关系。但总的来说，在 20 世纪 60 年代以前，图书馆合作建设藏书与资源共享活动的规模和范围都比较有限，对图书馆工作没有产生实质性的影响。但近 60 年以来，高校图书馆信息资源共建共享活动蓬勃开展，有着深刻的时代背景。它的兴起和政治、经济、文化、科技的发展密切相关。

（一）经济背景

信息是一种能够创造财富的资源。信息资源共建共享首先是一个经济学概念，经济因素对信息资源共建共享有着直接的影响。

1. 信息经济的兴起和发展

人类自诞生至今，在漫长的历史长河中经历了很多阶段，每一阶段都有其发展特点，但是相同的是都依托于资源基础。在人类经济活动中以能源、物质为基础的物质经济一直占据着主导地位，这也促进了人类对资源的关注。人们渐渐意识到，人类可以利用知识实现资源的扩张。当今，人们能清楚地看到以信息资源为基础的新型经济结构快速崛起，在国民经济中占据着越来越重要的地位，整个社会经济的发展都受到影响。

世界经济的格局因信息经济的快速发展出现变化。现在社会重要的经济资源是信息，与能量、物质一同成为社会的生产三大支柱，其中作用最大的是信息资源。想有效地运用能量和物质资源，必须先掌握相应的信息资源，才能在

激烈的经济竞争中抓住主动权。社会信息需求会因人类对信息资源的高度重视而飞速增加。广泛开展信息资源共建共享活动的根本原因在于信息经济的兴起和发展。

2.经济全球化的趋势

经济全球化趋势必然给信息资源共建共享带来极大的影响。首先，经济全球化在给各国带来发展机遇的同时也给各国经济带来了挑战。其次，经济全球化使得各个国家经济发展相互依赖、相互补充，以合作、协同为主要内容的国际经济新秩序将逐渐形成。最后，在经济全球化进程中，并不排除国与国之间经济的差异性和文化、价值观等方面的特殊性。因此，许多国家从自身的利益出发，对信息资源共建共享持积极态度。

（二）政治背景

当今全世界范围内爱护和平与共同发展成为世界的主流，全面开放、民主成为不可抵挡的趋势。作为一项社会性的事业，信息资源共建共享与文化、科技、经济有直接的关联，但同样，也受到政治影响。为确保公民获得信息的权利更加自由、平等，相应的政策法规是必须具备的。这不仅确保了信息资源共建共享活动的顺利开展，也提供了良好的政治环境。

（三）文化背景

信息资源共建共享蕴含着社会和谐发展的理念，寄托着人类对未来的美好期冀，是人类丰富多彩的文化的组成部分。它发展的每一个阶段，都深深地烙上了文化的印记。今天，人类文化正从诸多方面经历着深刻的变革，这些变革正在或将会对信息资源共建共享产生重要的影响。第一，当代文化的性质从工业文化转向信息文化，信息资源共建共享是信息文化的重要特征和必然要求。第二，当代文化主体从区域文化走向全球文化，信息资源共建共享意识将普遍加强。第三，当代文化发展由精英文化转向大众文化，信息资源共建共享具有更加广泛的用户基础。第四，当代文化由注重纵向传递转向加强横向交流，信息资源共建共享将在文化横向交流中发挥重要作用。

（四）科学技术背景

随着社会经济与科学技术的逐步发展和成熟，知识和信息资源更加丰富和庞大起来。现如今，人类进行的所有关于信息知识资源的活动，都与科学技术密不可分，如信息资源共建共享活动，如果没有先进的科学技术为依托，其根本无法实现。第一，随着科学技术的不断突破和迅猛发展，众多科研成果纷纷展现，各种各样的科学知识信息和其载体数量迅速增加。全世界任何一个图书馆都不能将所有的信息资源收藏起来。为了完善信息资源的收集，各图书馆之间相互合作，进行信息资源的共建共享，成为必然趋势。第二，分化与综合的整体化是现代科学所展现的趋势。分化表现为不断分化学科专业，出现越来越详细的学科门类；综合表现为不同学科之间的相互渗透、联系，形成了很多综合、交叉、边缘性学科。这种趋势逐步增强了各学科之间的关联，也模糊了他们的界限。用户也受到此影响，信息需求也逐步变得更复杂、多元化，这在极大程度上促进了信息资源共享的脚步。第三，现代信息技术在近几十年来得到了飞速的发展，远程通信技术、计算机技术等的不断突破，使信息的传递、储存、产生发生了翻天覆地的变化。全世界真正意义上成为同一个世界，信息能够瞬间传递到世界的各个角落，打破了信息传递的空间和时间限制。正是科学技术的迅猛发展，才使全球性的信息资源共享成为可能，也为此提供了最坚强的技术支持。

三、高校图书馆信息资源共建共享的理念

高校图书馆信息资源共建共享理念同信息资源共享宗旨是一个概念，都强调信息资源共享的出发点。国外学者认为资源共享是共享者对共享的信息资源所完成的一种共同的管理方式，其目标是提供积极的净效益，资源共享本身不是目的，而是共享用户服务方式的一种改进。这代表国外从信息资源本身收藏向信息服务转变的一种理念变革。

提升信息资源的利用率是我国高校图书馆信息资源共享的理念。信息资源保障在全新时代背景下不再单纯是拥有信息的意思，而是具体划分为可获得与可获知两种能力。信息资源共享模式在网络环境下从"重拥有"转变为"重存取"，强调着传递和存取。但是值得关注的是，在全新的时代背景下，获得信息资源是拥有其网络使用权，而不是拥有信息资源的本体。免费、交换、租用、联机使用权、上网、购买等都属于信息资源的获取方式。这种全新的方式必然会使信息资源的流动和共享得到提升与改进。

四、高校图书馆信息资源共建共享的目标与内容

在不同的历史阶段，高校图书馆信息资源共建共享有着不同的活动内容和目标。在信息科技飞速发展的今天，利用计算机网络以及先进的信息技术，建

立信息资源共享、共知、共建融为一体的信息服务体系，从而实现最大程度地满足用户与读者各式各样的需求是其目标。其具体的目标内容如下：

（一）建立相对完备的信息资源保障体系

为了实现信息资源的共享，在全国范围内建立起较为完善的国内外文献收藏。但是现代社会随着科技技术的发展，信息资源形成暴增趋势，全世界任何一个图书馆都不可能完整地收集所有文献资料，高校图书馆更是难以实现，但是在选定的某一学科或专业范围内，尽可能完整地收集文献是可以实现的。将每个高校图书馆收集的较为完整的文献收藏融合，才有可能形成全国性的比较完善的信息资源保障体系。但是，如今文献数量的暴增，加之高校图书馆经费紧张，世界性书刊的持续涨价，完善搜集文献的工作面临着极大的困难。高校的文献收藏量的建设必定会影响文献收藏的系统性和完备性。另外，高校图书馆之间沟通、协调的欠缺，导致出现了非常严重的文献收藏重复现象。随之带来的必定是引进文献品种的减少，这将会导致各学科文献出现许多漏洞、完善程度低，涉及面不广泛等，自然信息资源共享也将失去基础。所以，先建立起较为完善的信息资源保障体系，是实现信息资源共享的必要条件。

建立完善的信息资源保障体系，是为了实现资源共建共享，而不是各类型信息载体绝对完全的收藏。整体规划各高校图书馆文献收藏的学科范围和层次，从而实现文献涉及的范围更为广泛和完善。

（二）建立迅速高效的文献传递系统

每个高校图书馆的信息资源，其他馆的读者能随意运用是信息资源共建共享的目的，即实现资源的共同利用。而建立一个快捷、方便、高效的文献传递系统则是实现这一目的的前提。

1. 文献传递的含义

根据《图书馆学与资讯科学大辞典》的定义："文献传递服务是应使用者对特定已确知的出版或未出版文献的需求，由图书馆、商业服务单位等资料供应者将需要的文献或其代用品在适当的时间内，以有效的方式与合理的费用，直接或间接传递给使用者的一种服务。"文献信息资源传递根据传送方法和介质可以分为网络和传统两种类型，前者是未来发展的必然趋势，优势明显大于后者。不同国家和地区的文献传递系统因文化、版权、费用、技术、地理等因素的限制和影响有很大区别。

2.我国电子文献传递系统的建设

像图书馆之间的互借这种传统的文献传递方式，在国内已经存在很长的时间。这种方式主要利用邮寄方式进行，其成本高、效率低，已经无法满足当代信息资源共享的需求。所以，以网络为基础，建立多功能的、方便快捷的文献传递系统是必然趋势。

近几年，随着科学技术的持续突破和进步，高校图书馆工作自动化程度明显上升了几个台阶，馆际之间的互借急速上升，馆际互借工作的服务、质量、效率显著提升，逐步向自动化、标准化方向进军。Z39.50协议和馆际互借专门标准（ISO10160/ISO10161）是当前信息机构普遍运用的馆际互借系统，也有以此为基础自行研发的，如CALISILL馆际互借系统是CALIS公共服务软件系统的重要组成部分，是由CALIS系统自行开发的。其主要以Z39.50协议和ISO10160/ISO10161为基础，运用前者实现对所有CALIS成员馆的馆藏文献信息资源的定位和查询，利用后者完成馆际互借事务的处理。当前CALISILL系统已经在北京地区CALIS成员馆之间试运行。我国建立电子文献传递系统的条件，随着科技的进步逐步达成，普遍建立起来了各种地区性和高校网络，并且实现了网络连接。可以确定，在全新时代背景下，在我国高校图书馆实现信息资源共享的道路上，电子文献传递是必经之路。

（三）形成覆盖面宽、利用便捷的书目信息网络

解决书目信息资源的共享问题是实现信息资源共享的前提条件。在如今信息资源井喷式爆发的年代，文献内容、类型丰富多样，琳琅满目，每时每刻都会产生庞大的数量。假如没有一个精准、方便的书目控制系统作为辅助，人们想要得到自身需求的信息，就如同水中捞月、难如登天，信息资源共享也将失去意义。所以，要建立一个以现代信息和计算机技术为基础的完善的书目信息网络。其要拥有广泛的涉及面，不仅要包含不同载体、类型学科的文献信息，还要设计其他地区图书馆和信息机构所拥有的文献信息。一旦进入这个数目信息网络用户或读者就能精准、快速、便捷地得到自身所需的文献信息，这就是利用便捷。书目信息网络要实现协调采购、联机合作编目、网络公共查询等功能。随着信息技术的不断进步，书目信息网络又出现了很多新的特点和形式，使其信息检索更方便快捷、功能更加全面，如学科信息门户、电子资源检索系统、OPAC联机公共目录检索等功能的实现。

五、高校图书馆信息资源共建共享的意义

第一，高校图书馆信息资源的共建共享可以有效地减少信息遗忘和重复，对于形成信息资源保障体系有着促进作用。现如今是信息资源井喷式爆发的信息时代，文献内容、类型丰富多样，琳琅满目，每时每刻都会产生庞大的数量，任何一个单一的高效图书馆，不可能将所有的信息完整地收集。高校图书馆在没有整体规划时，只能以完备自身为目的。这种方式必然会导致很多图书馆缺失特色，资源遗忘和重复现象会频繁发生，从而在很大程度上降低了整体信息资源的保障能力。

每个图书馆的信息资源在信息资源共建共享中都要被看作是整体资源的组成部分，并纳入统一的建设、配置、规划中。各图书馆要优化自身的信息资源结构，强化具有自身特色的信息资源体系建设，从而最大限度满足用户需求，不仅提升了整体信息资源系统的保障能力，而且也大大节省了建设时间和费用。

第二，就国家对高校图书馆信息资源建设的投入而言，信息资源共建共享能使其收益和效果最大化。用有限的经费做到最大化产出，获得更多的资源。在信息资源建设过程中必须遵守这一基本原则。但是没有整体协调和规划作为依据，在采集信息资源时不考虑用户常用的信息需求，也不顾及个性需求，久而久之就造成了信息资源结构杂乱，毫无特色可言。另外，经费不能得到合理的运用，也非常容易出现重复建设。许多高校图书馆对同一文献进行重复处理的现象，在近几年高校图书馆数字化建设过程中出现很多，从而造成了不必要的资金浪费。

实行高校图书馆信息资源的共建共享，就能使各高校图书馆按照整体规划，统一部署，合理使用经费集中购买本馆分工采集的那些体现本馆特色的信息资源，并形成完整的体系，避免了资金的分散使用。对于一些偶尔使用的文献，则可以通过馆际交流、文献传递的形式来解决。目前许多高校图书馆组建了图书馆联盟，以集团购买的形式采集信息资源，大大节省了信息资源建设的成本，提高了经费的使用效益。

第三，能最大限度地为科研和教学提供服务，提升馆藏资源的利用率，满足用户需求。信息资源缺乏和资源利用率低是当前许多高校图书馆所面对的问题。

实现信息资源共建共享后，高校图书馆要面对社会各界用户，使馆藏资源的使用率得到极大提升，对于用户的需求给予最大限度的满足，从而大大提升

用户满意率。对各高校而言，很大程度上提升了人才培养的规格、科研水平、教学质量，大大满足了师生科研和教学需求。

第四，保证全体成员馆的用户能够自由、平等、无障碍地使用信息资源是信息资源共建共享的最终目的。我国因不同地区的经济、文化发展的失衡，导致信息资源的分布不均匀，这种状况又增加了地区之间的差距，影响了社会的持续、稳定、和谐发展。信息资源共建共享能最大限度地消除区域间的信息差距，每个公民的基本文化权利得到保障，每个人都能充分共享信息资源，从而推进社会的和谐发展与全面进步。

六、高校图书馆信息资源共建共享的原则

在传统的文献信息资源建设中强调特色化、系统性、实用性与协调原则，以满足用户的信息需求为首要任务。资源建设的条件和目标在共建共享中都发生了改变，建设过程和状态都被提出了新的需求。信息资源共建共享原则可以分为面向过程的共建共享原则和面向结果的共建共享原则。

（一）面向过程的共建共享原则

真正意义上的共建共享原则还应当是关于如何进行共建共享的命题。为了达到信息资源共建共享的目标，要求共建共享活动要坚持以下原则。

1.宏观调控与市场调节相统一原则

在全新的时代背景下，图书馆之间的距离和获得文献的时间大大减少，但是建设的不足和重复不可避免。在共建共享活动中，政府的宏观调控和市场调节是最为关键的一环，政策和规定也是资源共建共享的基础，也可以以此来克服可能遇到的困难。

2.权利与义务相统一原则

在信息资源共享中用户之间得到平等的利益，以此最大限度地满足用户的信息资源需求。在共建共享过程中让每个成员馆都有付出、有收益，坚持义务、权利、共享的统一，才能让每个成员馆都积极参与进来，从而提升信息资源的保障率，实现最终目标。

3.共建与共享相统一原则

有很多形式的语言可以表明信息资源共建共享，但这个概念不管以什么方式表达，其都包含了共建和共享两方面。若想真正实现共建共享的目标，就必须坚持共建与共享的统一。

（二）面向结果的共建共享原则

坚持标准化、系统性、完整性原则是实现信息资源共建共享的目标的基础。

1.标准化原则

若想实现不同专业化系统资源的顺畅共享，实现顺畅的兼容、交流、转换，就必须遵守建设的标准化原则。

2.完整性原则

为最大限度地满足社会信息需求，保证信息资源的完整性，每个机构在自身负责的建设范围内要进一步重视信息资源的完整性，而不是实用性，强调整体的信息资源建设。具体信息建设单位要确保资源建设的深度，整个共建系统要确保资源建设的广度。

3.系统性原则

各信息机构自身建设的系统性是共建共享中必然的要求，另外，以科学规划和系统布局为基础增强每个组成部分之间的系统性建设也是必要的。

七、高校图书馆信息资源共建共享的机制

在研究共建共享的理论中，有动力、管制、运行等机制。本书主要对动力机制进行阐述，也就是什么让系统的成员馆产生进行共建共享的动力。如何确保各成员馆的积极性和利益分配是此问题的关键。所以，动力机制又被称为利益平衡机制。对于确保我国信息资源共建的稳定持续发展而言，研究利益平衡机制的特点和结构有着非常深远的意义。

所谓"信息资源共建共享利益平衡机制"，就是指以经济利益为基本驱动力，通过对参与信息资源共建共享的相关主体的经济利益关系的调整，使各主体之间的利益达到某种平衡状态，促使各相关主体产生一种积极参与共建共享的驱动力，从而实现对各相关主体思想行为的引导与控制，实现共建共享目标的调节过程和方式。它具有一般经济利益机制的自我控制和自我平衡的功能。

由社会、市场、政府等平衡机制组成信息资源共建共享利益平衡机制。为提升信息服务能力，图书馆进行的资源共建共享是非常重要而漫长的社会活动，因此为了确保其实现，必须要坚持以政府平衡机制为主导，社会和市场平衡机制为辅助的方式。

（一）政府平衡机制的主导作用

缺少关于文献信息资源共建共享方面的国家政策和相关法规是我国当前的实际情况，因此，国家制定相关政策法规迫在眉睫。组织共建共享活动经费主要来源于国家，所以得到政府部门的鼎力支持是确保信息资源共建共享迅速、稳定发展的保障。但实施多年，还是存在利益不平衡，而这种不平衡不能靠技术来解决，而是要依靠政府发挥作用，具体表现在：第一，为共建共享提供思想和行动上的指导。第二，调节共建共享中各种复杂的关系。第三，为共建共享的组织和管理提供规范。

政府应该统筹信息资源共建共享的立项及发展，打破部门间与行业间的信息壁垒，避免资源的重复建设，进而更加有效、更大范围地服务于社会和广大民众。所以，政府在共建共享中占主导地位，政府的决策和行为决定共建共享的发展，共建共享机制应以政府平衡机制为主。

（二）市场平衡机制与社会平衡机制的辅助作用

虽然政府的政策和法规能有效约束和规范各单位的行为，但是在全新时代背景下还是远远不够的，因此需要一个能让各单位自愿、自发参与的机制。市场平衡机制能将建立信息市场、开展有偿服务、信息资源共享有效结合起来，并能把信息资源共享从信息机构之间的关系，逐步转变为以市场原理为基础的互利互惠关系。

共建共享要健康地发展下去，还需要一种社会伦理观念规范人们的社会行为，让人们自觉、自愿地约束自己的信息行为。这就需要依靠长期形成的信息伦理、信息道德和社会舆论，需要整个社会去平衡各利益主体，这是其他两种机制所不能实现的。

第二节 信息资源共建共享的模式

一、高校图书馆信息资源共建共享的布局与共建模式

完善共建共享模式的前提，一定要将信息资源的整体布局规划好。对信息资源建设进行整体布局，就是要将信息资源进行统一配置，有计划、有步骤地对分散的、庞杂的信息资源进行整序，逐步完善共建模式，使信息资源对于整个社会的各个层次方面的需求达到一个满意的保障程度。

（一）国内高校信息资源共建共享的布局与共建模式

各个共建共享组织的工作重点是资源共建和布局。合理的布局资源不仅能充分调动保障体系，还能使我国形成较强的宏观控制能力，确保共建共享的完成。我国有代表性的高校图书馆共建共享系统资源布局建设情况汇总如下：

CALIS 的资源建设采用子项目管理制。各个子项目设立承建单位负责具体组织落实项目建设的所有相关事宜。承建单位必须对 CALIS 管理中心负责，履行自己的义务，切实做好子项目的实施工作。目前的子项目建设主要有：联合目录子项目、引进数据库子项目、高校学位论文库子项目、专题特色数据库子项目、重点学科导航库子项目、虚拟参考咨询子项目、教学参考信息子项目等。这一庞大的数据库群构筑了丰富的资源集合，为资源的进一步共享打下了坚实的基础。为了配合资源建设，CALIS 进行了一系列应用系统的开发与设计，有统一检索系统、联机合作编目系统、虚拟参考咨询系统、馆际互借与文献传递系统、资源调度系统、统一认证系统和结算系统。这些系统的开发与应用，能够将资源的共建与共享融合，使高校图书馆在参与资源建设的同时实现资源共享。

CASHL 作为中国高校人文社会科学文献中心，着重对人文社会科学各领域的文献信息资源进行收集，学科覆盖教育、地理、历史、经济、文学、心理学、语言学、社会学、哲学、宗教、政治等，特别是将这些学科的外文期刊作为收藏对象。可见，对学科类别为人文社科，语种为外文，文献类型为期刊的文献资源进行收藏是 CASHL 资源建设的一大特色。其建设方针是整体建设、

分布服务、共知共享、讲求效益。在资源的整体规划建设与服务方针指导下，全国中心与区域中心以一定的分工方案和协调原则，合作收藏印本资源和电子资源。学科中心按照本校学科特色收藏电子资源和特色资源。三级中心的文献收藏各有侧重，共同保障我国对外文人文社科资源的完整收藏。

JALIS 江苏省高校文献信息保障系统，在资源建设方面，各个中心权责分明。四个文献采编中心为全省高校图书馆提供快捷高效的书刊订购信息及编目书目数据。八个地区、学科文献中心通过自购、JALIS 补贴和 CALIS 集团采购的方式依据各个中心专业学科优势或地域特色进行中外文电子资源协调采购。凭借各高校文献信息资源优势，JALIS 统一规划协调各类数据库的建设，有重点学科导航库、高校教材及教学参考书数据库、学位论文数据库、特色数据库等。其成员馆依据自身学科特色、馆藏实力和硬件技术条件等优势参与上述各类数据库的建设。系统平台的建设也是 JALIS 重点建设项目，其主要包括综合服务平台建设、区域流通系统建设、联合目录系统建设、联合参考系统建设等。

北京高校图书馆联合体作为民间自发的共建共享组织，在其建设中更多地注重成员馆之间的研讨与交流。例如，大规模的巡回展出"联合体成员馆简介""联合体资源与服务"；组织各种人文素质教育展览活动；组织业务研究与交流；对各馆共同关注的重大问题及时组织讨论、交流、共享有关信息；及时传达国内外重要会议信息，介绍国内外图书馆发展情况；协助组织一些重要会议和活动。

通过比较四家共建共享组织资源布局建设分配情况得出以下结论：

第一，在组织建设方面，将现行模式划分为自主建设模式和采购协调模式。自主建设模式是指共建共享组织有自己完整的发展战略规划，拥有自己独立的管理中心，统一领导、分步实现资源共建共享。CALIS、JALIS 是这种模式的代表。CALIS 和 JALIS 组织在管理中心的领导下，自行建设多个项目和系统的开发与应用。自主建设模式对自己的建设成果拥有自主收藏权。

采购协调模式是指共建共享组织以成员单位之间的资源协调采购为重点进行组织的资源建设，并在此基础上开展其他活动。CASHL、北京高校图书馆联合体是这种模式的代表。CASHL 是在整体规划指导下，依据各成员单位馆藏基础、学科特色、地方特色，分工合作协调采购文献信息资源，向全国范围内有需要的用户提供服务。资源保障工作采用整体建设、分散收藏的形式，CASHL 注重人文社会科学外文期刊的采集。北京高校图书馆联合体出于降低采购成本的考虑，通过联合采购和集团采购的方式引进资源，加强了整体采购实力。

第二，在建设内容方面，可看出四家组织各自的建设特点与规模。其共同点主要有：一是联合目录建设，各家组织都建有自己的联合目录数据库，揭示其成员馆的馆藏资源，以便馆际互借与文献传递的开展；二是资源采购建设，四家组织不同程度地以集团采购、协调采购、联合采购的方式引进数据库或纸质资源，避免了重复建设，提高了资源保障能力。其不同点则使得各个组织在共性基础上又各具特色。CALIS 是规模最大的一家，各类数据库建设成果丰硕，有高校学位论文库、专题特色库、重点学科导航库、教学参考信息库等；同时进行一系列系统的开发与应用。CASHL 是整体建设、分散收藏，偏重提供文献服务。JALIS 建设内容与 CALIS 相近，但局限于江苏省内高校各类数据库建设和系统开发，规模比 CALIS 小。北京高校图书馆联合体作为民间自发组织，侧重于召开会议、举办展览、成员馆间的信息交流。

第三，在建设资源类型方面，可以把四家共建共享组织分为两类。一类是综合性的文献建设，另一类是专门性的文献建设。CALIS、JALIS、北京高校图书馆联合体对所有学科类型都有所涉猎，属于综合性的文献建设。CASHL 则属于专门性的文献建设。CASHL 集中于建设人文社会科学领域的资源。

（二）国外高校图书馆信息资源共建共享的布局与共建模式

国外关于信息资源共建共享的实践经验比较丰富，但对布局与共建共享的理论研究不是很多，更多的只是关注了共享。在朱迪恩·科林斯与鲁斯·芬纳所著的《国家采访方针与采访系统——现行系统与可能模式的对比研究》一书中，提出了以下五种模式。

1.中心单位为第一保障

这一模式可单独在某一国使用，或者在多国集团中使用。这种模式建设有一个独一无二的中心单位，其建设方针是高度满足本国或资助该政策的集团国对重要资源的需求，其目标是达到最理想的资源收集覆盖范围。该中心起着国家资源库的作用，在国家系统中这个中心是国家图书馆的一个部分，每一个成员国的国家图书馆都执行咨询功能，并根据法定呈缴义务接受本国的文献信息资源。这个中心单位是一个半政府的但又独立的机构，即它每年从政府财政中分到一年的经费，但它又自己决定自己的方针，并按自己的方式行事。

2.地方分散负责制

具有众多中等规模图书馆及馆际互借和提供复制本优良传统的国家，可能会采用地方分散负责制这一模式。该模式不要求建立新的收藏，而是要对所选择的图书馆赋予并强化其国内的地位，加强其现有的力量，并加以充分开发。其对有价值的资料制定一套正规的分类细目，并纵观其学科、来源和形式标准，其真正目的是扩大国家图书馆的收藏范围，以便把那些可能会漏掉的有用资料收集起来。这里需要一个特别强有力的、能担负组织作用和协调作用的中心实体对主要问题进行决策，它对各层次的图书馆享有权威作用，并致力于国家图书馆、情报文献系统的发展工作。尽管这样的机构是政府系统中相当独立的部门，但仍然依赖于政府的经费。

3. 集中性的国家专业图书馆

此模式包括一个或多个中心专业图书馆组成的系列，这些图书馆能满足该国大多数的研究需求。这种模式多以现有的、最出色的中心图书馆为基础，如有两三个大学图书馆可收集自然科学和应用科学资料。发展中国家的大学图书馆在这样的体系中将会担任主要角色。

4. 分散性的以地区为基础系统，以中心单位为最后保障

在这个系统中，图书馆的作用，在全国各地和各个部门中都受到重视。这个模式，对联邦制国家，对那些在不同地区运用不同语言的国家，对那些被认为是采用集中服务的羁绊的大国和对那些长途通信条件不佳的国家，都是合适的。这个模式将大型的地区图书馆都包括在本系统内，对内部或当地不能提供的各种水平的项目起着增援作用，对该地区起着协调采访和馆际互借的作用。地区图书馆将未能满足的需求转给其他地区，最后转给作为最后保障的中心单位，而且这样就能监督这些图书馆的地区采访方针并做出相应修正。

5. 集中的期刊信息采集

这一模式在许多方面同第一种模式相似，但其根本区别在于中心单位收集资料的范围。该模式局限于只收集使用率高的研究性期刊，并以尽可能低的费用满足全国的需求。正因为它专门收集期刊，所以它能成为效力快和经济效益高的机构。这样的体系更适合于经费渠道有限和对文献需求相对比较低的发展中国家。

从总体上看，国外共建共享布局与共建模式与国内的发展情况基本相同。资源类型一般都是涉及各学科领域，都有联机编目中心。在资源建设方面，一般都包括联合目录数据库、引进数据库、高校学位论文库、专题特色库、重点学科导航库、教学参考信息库，科技信息资源的协调采购，网络服务系统的升级和改造，人文社科外文期刊的协调采购等内容，与国内资源建设方面的发展

有过之而无不及。当然，共建共享布局要与各国的国情相符，根据国家资源的实际情况进行层次划分，同时要满足不同社会群体的需求，与时代的发展相一致。这也就造成了不同国家的共建共享组织建设的差异，同时必然有与我国国内建设不同的地方，需要我们彼此相互学习，共同进步。

（三）我国高校图书馆信息资源共建共享布局与共建模式的确定

国内外组织全部致力于信息资源的共建与共享。共建与共享是相互联系、相互依存的关系。共建是共享的前提，共享是共建的目标，共建程度决定着共享结果。对国内四家组织的综合分析后，我们认为共建共享模式应由布局模式、共建模式、共享模式三个要素遵循一定的逻辑关系共同构建。布局模式是指共建共享组织如何对成员单位（馆）就所在区域或所属系统进行空间上的宏观布局、统筹规划和监督指导。建立有效的激励机制的布局模式是组织成功运作的一个保障。

共建模式是指共建共享组织中各成员单位（馆）以什么样的方式和原则进行分工合作与协调。分工协调是指在文献资源建设过程中，各单位根据整体规划的要求，分工负责建设共同藏书的一部分，通过相互联系与协调，形成完备的文献资源整体系统。国外共建共享模式中没有将共建与共享做更多的区分，只是为了达到最终目的，能被更多的用户更便捷地使用即可，其更多的是为了"用户使用"降低费用，很少在共建的整体规划过程中考虑到通过构建合理的管理模式形成合理的布局，也很少考虑到共建模式同样可以降低"建设"过程中的成本。把握宏观的调配，使各组成单位间的密切配合、及时沟通、互通有无等，从不同侧面尽可能地减少资源重复建设的成本。在国外共建共享实践中固然有很多经验是值得我们借鉴和学习的，但是在我们所构建的理想布局和共建模式中，不得不承认这是在共建共享工程中提出的一个更高要求的挑战，更加需要在实践中不断地改善。

信息资源布局模式包括系统布局模式、地理布局模式、学科布局模式三种类型。理想的信息资源布局与建设模式是一个三级信息资源保障与服务体系。由于数字技术和网络技术的发展，信息资源突破时空的约束实现自由共享，因此在理想的资源布局模式中，地理布局模式已被摒弃。根据原有的系统布局模式中各建设单位已经形成的资源基础，在全国建立几个一级信息资源单位，按照学科构成来分工建设信息资源，其目标是保证各学科的一次信息资源达到完整级、数字化。同时，在全国范围内以课题招标的形式建立若干二级信息资源单位，主要任务是建设二次、三次信息资源，开发各种专题数据库。而其余众多的三级信息资源单位将不再承担信息资源的建设任务。理想的信息资源布局与建设模式中要求有合理的结构体系、完善的管理体制、明确的任务分配，宏观调控、整体把握，尽可能由合理的布局与共建模式来降低重复建设的成本。

二、高校图书馆信息资源共建共享的管理模式

一个组织的体系结构能从一个侧面反映出该组织的管理体制与运行机制情况，所以对各组织的结构进行考察分析是十分必要的，最后通过对各组织结构进行综合分析、汇总对比，剖析国内外现有的高校图书馆信息资源共建共享管理模式。

（一）国内高校信息资源共建共享管理模式

通过对国内四家有代表性的信息资源共建共享组织的调查研究，我们得出其管理模式。

中国高等教育文献保障系统（China academic library and information system，CALIS）具有一个覆盖全国的庞大的服务体系，由全国中心、地区中心、省中心、数字图书馆基地和成员馆组成。

中国高校人文社会科学文献中心（China academic humanities and social science library，CASHL）是一个基于网络的服务体系，由 CASHL 管理中心、中心馆（全国中心、区域中心、学科中心）和一般成员馆共同构成。

江苏省高校文献信息保障系统（Jiangsu academic library and information system，JALIS）作为地区性的共建共享组织，结构体系由项目建设领导小组、专家组、管理中心及各中心馆组成。

北京高校图书馆联合体，按照"资源共享、优势互补、互惠互利、自愿参加、平等协作"的原则成立，由联合体秘书处和成员馆组成。联合体秘书处设在北京邮电大学。

四家信息资源共建共享组织的体系结构如表 7–1 所示。

表 7-1 四家共建共享组织的体系结构

名称	体系结构	管理中心性质	组织性质	管理模式
CALIS	领导小组—专家委员会—管理中心—全国中心、地区中心、省中心—数字图书馆基地和成员馆	实体机构	政府资助	层级模式
CASHL	管理中心—全国中心、区域中心、学科中心——般成员	虚拟机构	政府资助	层级模式
JALIS	领导小组—专家组—管理中心—地区、学科中心/编目中心—成员馆	虚拟机构	政府资助	层级模式
北京高校图书馆联合体	联合体秘书处—成员馆	虚拟机构	民间自发	平行模式

通过观察各共建共享组织的体系结构，我们不难看出这些组织体系的共性和个性。我国共建共享组织的性质主要有两类，一类是政府资助，另一类是民间自发组织。就我国信息资源共建共享组织结构而言，我们将现行组织管理模式划分为层级模式和平行模式。两种管理模式均有利于开展组织管理活动的一面，但也存在不同程度的阻碍作用。层级模式是指该组织共建共享活动的推进由整体到部分、由上至下，通过设立一级一级的多个中心来实现整个区域的资源共建与共享，但各中心的职责与权力不同。平行模式是指共建共享组织由几个处于中心地位的成员单位共同建设，他们地位平等，拥有同样的权利和义务。

（二）国外高校信息资源共建共享管理模式

国外共建共享组织的管理模式同样也能够从组织结构反映出来。从不同组织的组织结构出发分析其管理模式本身具有一定的逻辑性、合理性。我们分别就不同国家具有典型代表性的，同时又已经发展成熟的组织进行其架构分析。

OhioLINK 是俄亥俄州高校图书馆和俄亥俄州董事会合作成立的。2009 年前它包括管理委员会、图书馆咨询委员会和技术咨询委员会。2009 年后它取消管理委员会，现该理事会下设 8 个委员会，分别是图书馆咨询委员会、技术咨询委员会、信息资源合作管理委员会、数据库管理与标准委员会、数字资源管理委员会、馆际服务委员会和用户服务委员会。

CDL（California Digital Library，即美国加利福尼亚大学数字图书馆）是加利福尼亚大学 11 所分校图书馆的联盟，负责各大校区的学术规划、项目协调等。它的成立是为了给该组织中成员单位提供更好的发展意见和建议，学术信息咨询委员会的成员代表基本上都来自参议院、信息教育技术部、各大高校图书馆及学术出版社。

KERIS 是由韩国教育部、人事部、信息通信部联合支持建立的，对应的系统是研究信息服务系统。该系统为 400 所高校和研究机构提供服务，对合作予以高度重视。

综上所述，国外高校图书馆共建共享组织的体系结构，如表 7-2 所示。

表 7-2　上述国外高校图书馆共建共享组织机构

名称	体系结构	管理中心性质	管理模式
OhioLINK	俄亥俄州董事会—委员会(图书馆咨询委员会、技术咨询委员会、信息资源合作管理委员会、数据库管理与标准委员会、数字资源管理委员会、馆际服务委员会和用户服务委员会)	实体机构	层级模式
CDL	加利福尼亚大学—各分校区（管理委员会、咨询委员会、项目战略规划组织）	实体机构	平行模式
KERIS	各高校、研究机构	实体机构	平行模式

（三）我国高校图书馆信息资源共建共享管理模式的确定

不论从哪个角度分析，我国都适合建立集中控权、分层管理的模式，强有力的管理能够更好地调控各成员单位（馆），严格督促其完成每一项具体的任务。权力是实施管理的保障，管理的有效程度与权力的大小有直接的关系，所以需要建立一个最高层管理机构，宏观统筹各成员馆的任务和所承担的责任，这样在任务的分配上首先就避免了重复分工，同时还能宏观调控，保障任务的完成，这样的管理模式更有利于实施理想的共建模式。

三、高校图书馆信息资源共建共享服务模式

（一）国内高校图书馆信息资源共建共享服务模式

CALIS 作为我国最大的高校图书馆联盟，提供的服务种类也最多。其主要服务项目有联机编目服务、集团采购服务、馆际互借与文献传递服务、文献检索服务、资源导航服务等。联机编目服务提供检索、套录编目、原始编目、编制规范记录、加载馆藏和下载书目记录等服务，主要面向高校图书馆、职业学校及中小学校图书馆、公共图书馆、科研院所及图书流通机构。集团采购服务面向全国高校馆，旨在通过灵活多变的组团方式，以尽可能低的价格引进数据库。馆际互借与文献传递服务采用服务馆和用户馆互动的方式得以实现。文献检索服务提供高校联合书刊书目数据库、高校学位论文文摘数据库、高校会议论文文摘数据库的免费检索，以及西文现刊目次库和跨库统一检索服务。此外，还提供中文和西文数据库的资源导航服务。

CASHL 作为全国性的人文社科外文期刊保障体系，以全面系统地收藏国外人文社科重点学术期刊为己任，计划购买 SSCI 和 A&HCI 中收录的人文社科核心期刊 2790 种及其他期刊约 9000 种，总计约 12000 种。其服务内容主要有：高校人文社科外文期刊目次数据库和高校人文社科外文图书联合目录及高校人文社科核心期刊总览的查询检索，国外人文社科重点期刊订购推荐，文献传递与馆际互借，专家咨询。

JALIS 提供的服务主要有书目数据服务、文献检索服务、馆际互借与文献传递服务、区域流通服务。书目数据服务由四个采编中心向江苏省高校馆提供订购、编目书目数据。文献检索服务和馆际互借与文献传递服务主要是与CALIS、CASHL 协同合作来满足用户的信息需求。区域流通服务是指向读者发放通用借阅证，读者持此证可以到 JALIS 中的任何一家成员馆借阅、查询文献资料。

北京高校图书馆联合体对成员馆提供的服务主要是馆际互借与文献传递服务。由于成员馆都集中在北京一所城市内，交通便利，因而馆际互借与文献传递服务以馆间互相提供免费借阅证的形式开展。各成员馆的读者凭免费借阅证可以到联合体任何一家成员馆阅览、借书，与其他馆的读者享受同等待遇。享用的资源是联合体各成员馆的馆藏。

通过比较四家共建共享服务模式情况得出以下结果。

就服务对象而言，集团用户是指该组织提供的服务主要面向图书馆或科研

信息机构，只有通过这些机构作为中介，文献服务才能传递到用户手中。个人用户是指该组织可直接面向个人提供全文传递服务，不需要中介，简化了组织机构与用户的信息交流过程。由于组织建设内容的不同，其服务对象也略有不同。CALIS 提供的所有服务主要面向集团用户群即高校馆、科研院所和一些信息机构。CASHL、JALIS 的服务对象既面向集团用户也可直接面向个人用户。北京高校图书馆联合体主要是直接面向个人用户提供服务。

就组织服务情况而言，现行模式包括：集中服务模式和分布服务模式。集中服务模式是指共建共享组织作为一个机构，管理中心作为独立个体采用集中的方式对其成员单位提供各种服务，服务对象多为集团用户，即高校馆、公共馆及科研院所。CALIS 和 JALIS 是这种模式的代表。CALIS 和 JALIS 无论是编目数据的提供还是各类数据库向成员单位的开放使用，都由管理中心负责协商与运作，集中向成员单位提供服务。

分布服务模式是指共建共享组织建立门户网站揭示其成员单位的馆藏资源，对有需求的用户分别由各成员单位自行向其提供文献传递服务，服务对象多为个人用户。CASHL、北京高校图书馆联合体都采用这种服务模式。CASHL 采用集中门户、分布服务的模式。用户通过门户网站的访问，获知该组织拥有的信息资源，应用网络实现资源的浏览、查询、检索及索取原文服务。真正的文献传递不需要管理中心的参与，直接由各成员单位以组织的名义，自行提供给有需求的用户。北京高校图书馆联合体的分布服务主要体现在成员馆之间互相提供免费借阅证上。各成员馆的读者凭免费借阅证可以到联合体任何一家成员馆阅览和借书，享受同等待遇。

就服务项目而言，各组织有着共同的服务内容，即文献检索服务与文献传递服务。这两项服务开展得最为普遍。参考咨询服务以各种形式在不同组织中有所开展，主要有 CASHL。对于地区性的共建共享组织，如 JALIS、北京高校图书馆联合体来说，发放通用借阅证、"一卡通"服务或互相开放阅览室是它们进行馆际互借与文献传递服务的一大特色，这也是由其地理位置的邻近决定的。就服务方式而言，CALIS 和 JALIS 趋同，采用集中服务方式。CASHL 采用集中的网络门户和成员馆分布服务方式。北京高校图书馆联合体的服务方式是免费发放借阅证。由此可见，各共建共享组织在服务项目和服务方式上既有相似之处也有不同之处。

（二） 国外高校信息资源共建共享服务模式

1.OhioLINK 共建共享的服务

目前 OhioLINK 仅通过成员机构的图书馆对用户提供服务，不面向州外的个人用户。其大部分资源仅对授权的教师、学生及 OhioLINK 成员机构开放，少部分资源可公开访问。支持远程访问，需要合法的用户 ID。其共享资源和服务包括图书馆目录、学术研究型数据库、电子期刊中心、数字媒体中心、电子书和电子学位论文中心。

2.CDL 共建共享的服务

CDL 提供包括联合目录、参考链接和馆际互借在内的书目服务。CDL 为加州大学联盟提供学术材料的有效存取使用，包括期刊文章摘要和索引数据库、电子期刊、已发布的工具、参考数据库等。CDL 在自建学术性资源方面提供的具体服务包括数字特藏、数字出版、数字资源保存等。

3.KERIS 共建共享的服务

KERIS 共建共享的服务主要通过服务系统 RISS 来实现。RISS 的主要服务分为四个方面：全国资源分享、国外学术数据库服务、研究讨论会信息和研究备份。全国资源共享的资源有：韩国学术期刊全文，论文全文和全国的文献传递服务；国外学术数据库服务包括 OCLC 的 FirstSearch，剑桥科学文摘网络数据服务、数字化博硕士论文文摘数据库、ACM 电子期刊和会议录，以及可订购的电子论文；研究讨论会信息是指在国内外研究讨论会或学术时间的信息；研究备份是指有关国外的主要学校课程的大纲及讲座的笔记。

对上述国外高校图书馆信息资源共建共享模式概括为：以区域协作为基础的模式、以协作团体或信息中心为基础开展的模式、以馆际互借为主要手段开展的共享模式。

（三） 高校图书馆信息资源共建共享的服务模式的确定

在信息资源共享的理想模式中，一级单位和二级单位承担了信息资源建设的全部任务，因而其余众多的三级单位的工作重点应转移到用户服务上来。随着信息技术的发展，智能化信息服务将是未来信息资源共建共享服务模式的发展方向。智能化信息服务是系统接受信息用户委托检索任务后根据应用程序和数据库管理的需要随机组合并自动执行委托任务，无须第三方介入，信息用户也不必关心应用程序和数据库在网络上处于何种位置及什么状态。智能化信息服务具有多元化、开放性等特点，对复杂多变的信息用户更是具有快速响应能力。虽然当今的信息技术在某些方面已超过人脑在信息处理方面的能力，但在许多方面，却仍然逊色于人脑，如文字识别、语音技术、模糊判断、模糊推理等等。随着智能研究理论和技术的日趋成熟，智能化信息服务模式必将逐步建立。

第三节　实现信息资源共建共享目标的保障

一、信息资源共建共享的技术保障

（一）共建共享对存储技术的要求

随着时代的变化，科技技术和信息技术不断突破和发展，每时每刻都会产生大量的信息，在这个知识剧增及信息井喷式爆发的年代，人们逐步意识到信息存储的重要性，面对庞大的信息量，如何储存信息成为当前要解决的重要问题。人们在追求存储系统容量扩增的同时，也逐渐注重数据存取效率和信息管理的安全性、有效性。此外，信息传递不再受到时间和空间的限制，可以在全球范围内提供信息服务，这无疑对信息存储技术的便捷性提出了全新的挑战。

虽然传统的存储体系结构有许多长处，但是无法满足现代的信息储存需求，为了弥补这些不足之处设计全新的存储体系结构迫在眉睫。存储区域网（Storage Area Networt，SAN）、附网存储（Network Attached Storage，NAS）、直连存储（Direct Attached Storage，DAS）等是传统存储体系的主要结构。在数据集中存储管理中 SAN 作为全新的技术，可以充分发挥服务器的自身性能，使数据的可管理性得到加强，系统的可扩展性得到提升，数据的可访问性得到改进，成为存储技术未来的发展方向。SAN 通过专用光纤通道把存储设备连接到一群计算机上，独立在以太网的网络系统以外，进而，可以无限存储的高速存储网络便形成了。在这一网络中，提供了多主机连接，通过高速的光纤作为传输媒体，以光纤通道 +SCSI 的应用协议作为存储访问协议，把存储子系统进行网络化，进而实现高速的共享存储。服务器的诸多 I/O 处理瓶颈被 SAN 所消除，适合实时数据处理以及大数据量的传输，将大量数据资源的存储需求突破性地解决了。典型的 SAN 的应用从物理角度来讲主要由互联设备、存储设备

（Storage Devices）、服务器（Servers）、用户平台（即 PC 机等）等 4 个部分组成。当前出现了对象存储、NAS Gateway、基于 IP 的 SAN 存储技术等多种新的存储技术。

全息存储技术是依据全息学的原理，将信息以全息照相的方式保存起来，它不但把物体光的强度（普通照相）分布记录下来，而且把物体光的位相分布也完整地记录下来，即记录了物体光的全部信息。全息存储技术拥有可进行并行内容寻址、冗余高度、快速存取、高数据传输速率、存储容量大等特点。传统的二维存储技术，如磁存储、光存储等存储技术虽然也在不断得到改进和提高，但这些存储技术正在接近其物理极限，因此这种全息存储技术具有极大的市场竞争力。全息存储系统的存储容量、传输速度和系统体积都与存储介质密切相关，因此存储介质是全息存储的一项关键技术，用于全息存储系统的存储介质需要具备高光学质量、高动态范围、高光敏性和高稳定性的特点。

全息存储系统采用合理的复用技术可以有效地增加系统的存储容量，提高存储系统的性能。混合、波长、位相编码、角度、体积、空间等复用是普遍运用的几种复用技术。在全息存储系统中，采用有效的信号处理方法能抑制记录通道中存在的各种噪声，减少数据的误码率，通常采用纠错编码、交错和调制编码相结合的方式来对数据进行编码。此外，激光光源和其他光电器件（如 SLM、CCD 等）性能的优劣对全息存储系统也有直接的影响。

（二）信息资源共建共享对资源组织技术的要求

随着技术发展和信息资源共建共享的推进，图书馆电子资源的建设已经形成规模，在信息服务中电子文献的占比持续上升。随着电子信息资源的增加，图书馆逐步将关注点放在电子资源的管理上，将不同用法、环境、结构、类型的各种异构数据库纳入统一的检索平台，以实现用户更方便快捷地得到所需信息，这也符合信息资源共建共享的目标需求。

在全新的时代背景和信息共建共享的目标要求下，传统的信息组织技术暴露出了很多不足之处，无法满足时代的需求。资源的组织在数字环境中，侧重点在于知识组织，从而实现知识发现和共享。这是更高层次的信息资源共建共享，同时，全新的组织技术应时而生。以下是资源组织技术的发展中主要涉及的几个方面。

1. 知识网格技术

知识网格能使虚拟角色或用户有效地管理、共享、发布、获取知识资源，并为用户和其他服务提供所需要的知识服务，其属于智能环境，辅助实现支持决策、解决问题、协同工作、知识创新。建立以下一代 Web 为基础的服务、知识、信息资源有效共享和管理的平台、方法、模型是研究知识网格的目标。

网格技术要求人类采用新的知识组织方式来建立知识管理的大平台。网格技术的发展，从技术手段实现了对海量文献信息管理深化到"知识单元"层次的可能性。知识网格将分布在不同区域数据库中的知识资源按照统一的加工标准进行整合，使其在知识信息的内容上跨越数据库界限而浑然成为一体。各类信息都可以在网格的基础上，跨越不同的知识库，按知识概念和学科门类在知识信息资源之间建立起某种关联，从而建立起超越地域限制和具有可扩展性的巨大的"知识网络"，以满足用户在更宽广的范围内，在更具专业化与个性化的水准上获取知识的需求。人们在这个平台上可以用平台的各种个性化服务手段，从所有数据库中任意获取所需要的知识信息，并可以在人与人的交流互动过程中得到新的知识。

2.数据库技术

在互联网上的庞大数据库就是数字图书馆。在数字图书馆中对信息的统计、分析、检索、组织、存储、获取等都要依托于数据库技术。非结构化、多媒体、关系、对象等数据库技术以及数据仓库技术是主要的数字图书馆信息组织技术。数字资源的检索、信息资源标引、信息组织的标准化等问题是当前信息组织技术要攻克的难题。

至今为止，能独立完成数字图书馆中的全部信息组织功能的数据库技术还没有研发出来，上述几种技术都有自身的特点，也处在持续不断的发展阶段。总的来说，当某一集中结构化信息占多数时（如电话号码集、公司一览表等）可以借助关系数据库技术来进行管理；当信息集中结构化信息与非结构化信息比例相当时（如化学元素属性集）可考虑使用非结构化数据库技术；而当多媒体信息占有很大比例时（如图片集）用多媒体数据库是一种较好的选择；数据仓库技术可以为决策支持和数据分析提供可靠的细节数据，可以用来组织相对稳定的数量较大的历史数据。不同类型的信息可以通过面向对象的数据库进行屏蔽，实现信息资源的组织真正面向主题，它是数据库技术发展的趋势。

但是，要将不同用法、环境、结构、类型的各种异构数据库纳入统一的检索平台，即实现异构数据库的跨库检索，还需要很多全新的技术，如 XML 中间件、ASP 和 JSP、JAVA 数据库互连 JDBC、开放式数据库互连 ODBC、公共网关接口 CGI 等技术。

3. 主题图技术

主题图是一种新兴的数字化知识组织方式。在 XMLTopicMap（XTM）1.0 规范中，主题图被定义为一系列以主题、联系、范围组成的主题图节点，这些节点以符合 XTM 或者其他规范（HTML）的文件形式或者以满足 XTM 加工需求的内部应用的方式存在。概括地说，主题图是一种用于描述信息资源的知识结构的数据格式，它可以定位某一知识概念所在的资源位置，也可以表示知识概念间的相互联系。

作为一种知识组织方式，主题图技术中包括了知识组织所关注的基本的改进信息检索的技术，并有所发展。主题图技术吸收了索引的款目、参照系统、出处的基本概念，并把它利用于数字信息的组织上；主题图吸收了叙词表在词汇控制方面的思想，并在传统叙词表的用、代、属、分、族、参等简单关系的基础上，具有灵活定义概念间关系的类型功能，使用者可以根据领域概念的特点灵活地定义概念之间的关系；主题图将分类表中分类的思想用在主题的类型划分上，并可以通过定义不同的范围，展现不同角度的分类；主题图利用出处机制，将语义结构与信息资源连接起来，成为知识管理和信息资源管理的桥梁。主题图技术吸收了传统的知识组织方法的思想，并有所发展。

主题图还是一种知识表现语言。传统的知识组织体系没有采用丰富的语义置标，而只是采用了人为的解释，而主题图则用丰富的语义置标来定义主题的类、关系、角色和出处等一系列主题，表现知识结构。主题图作为一种知识组织方法的同时也是一种知识表现语言。知识表现语言的最终目的是使计算机能够帮助人们处理知识结构，这是语义网发展的要求，也是主题图技术发展的方向。主题图是一种简单的本体语言，它在形式化和推理机制上还有待完善。由于主题图技术吸收了各种知识组织方法的长处，并采纳了 Ontology 和语义网的部分思想，从而使得它可以满足数字化时代知识组织的某些需求。

（三）信息资源共建共享对访问技术的要求

信息资源共建共享体系结构研究的主要目标是如何将 DL（Definition List，定义列表）从集成的中央控制系统跃迁到可动态进行资源体、服务体联邦配置的虚拟组织。Web 服务、Grid 技术、P2P 网络和面向服务的体系结构都促进了这场 DL 体系结构的变革。下一代松散的、面向服务的体系结构向计算机信息访问技术提出了新的挑战，这种体系结构不仅要能满足对本地文档访问和检索的要求，更要满足对 Web 上其他节点相关文档访问和检索的要求。

电子资源的有效获取对于校内外的合法用户极其重要，尤其对于自身学习和科学研究。然而，随着大量的校外住户和外出交流、讲学、出差人员的日益增多，图书馆电子资源校外访问受限的问题就更值得关注，也使得校外远程访问图书馆电子资源的技术越来越受到关注。目前，实现远程访问的技术主要有两种：Proxy Server（代理服务器）和 VPN（Virtual Private Network，虚拟专用网）。

代理服务器可分为网关型代理和应用型代理两种，用于远程访问的主要是后者。传统的代理技术基于浏览器进行设置，当用户访问数字资源网页时，浏览器先向代理服务器发出请求，由代理服务器取回信息并传送给用户。常用的代理软件有：Squid、ISA 等。其中 Squid 是免费软件，主要用于 Linux/Unix 系统。一种改进的代理软件叫 EZproxy，它是基于"URL 重写"技术提供代理服务的，即无需修改浏览器的设置就能使用，用户感觉"透明"。使用代理服务器进行远程访问的优点是：具有缓冲功能，能提高浏览速度，实现起来比较简单，运行维护成本低。

VPN 在远程访问上的解决思路是：用户可以在家中通过 ADSL、LAN 等方式接入互联网，获得公网合法地址后拨号校园网 VPN 网关的公网地址，通过构建一条用户到校园网的二层隧道，再通过 VPN 服务器给用户分配一个校园网地址来实现资源的远程访问。目前，VPN 主要分为两种：IPsecVPN 和 SSLVPN。国内目前应用较多的远程访问 VPN 产品有数字图书馆远程访问服务系统（RasDL）、深信服的 SinforVPN、艾克斯通的 SSLBuilder 等，这些产品在解决远程访问电子资源时各有其长处。信息资源滥用预警、以 Web 的系统管理为基础、绑定远程用户与计算机、用户分组与资源绑定、与 IE 无缝集成等是 RasDL 的特点；完善的资源管理和用户、访问控制功能细致、认证方式多样、智能选路、USBKEY 的客户端零配置等是 SinforVPN 的特点；扩展适用性好、功能全面（有硬件备份和加速、安全审计、传输加密、访问控制、权限管理、身份认证等安全功能）、通用性强、无须部署客户端等是 SSLBuilder 的特点。

因为传统的文献信息资源要依附于一定的物质载体，所以传统文献信息资源共建共享的实质是对文献载体的共享。因此，这种意义上的共享同其他物质的共享没有质的区别，就好像大家同坐一辆车、同吃一桌菜一样。随着共享主体的增加，人们能共享的人均资源总量实际上是减少了，无法充分体现信息资源的可共享性这一优势特征。数字化技术、网络技术的发展使信息资源能够达到"同一时间、不同空间"的共享形式，实现信息资源"一方开发、多方占有"的价值，成为推动图书馆信息资源共建共享实践发展的根本动力。

二、信息资源共建共享的制度与法规保障

（一）知识产权保护制度

知识产权保护制度旨在保护智力成果的创始人对成果依法享有的权利。最大限度地满足用户使用图书馆信息资源的需求是图书馆信息资源共建共享的最终目标。在此过程中如何规避知识产权法的限制，协调两者之间的关系是两者发展过程中必然且共同面对的问题。

共建共享中的知识产权保护主要涉及对著作权的保护问题。18世纪初，英国就颁布施行了世界第一部版权法——《为鼓励知识创作而授予作者及购买者就其已印刷成册的图书在一定时期内之权利的法》。网络环境下，著作权保护的对象已经不只是纸质印刷型图书。著作权的保护客体范围不断扩大，从印刷版权、电子版权时代发展到网络版权时代。在网络环境下，网络版数据库、多媒体作品的著作权保护成为版权保护的新内容。

除了加强知识产权法的宣传和学习，实施流程监控，运用高技术手段进行限制外，更为重要的是完善知识产权法的修订，或者尽量规避信息资源共建共享过程中所涉及的知识产权问题。因此，如下几点对策值得考虑。

第一，适度地与出版界合作，尽量规避版权。面对总体强势的版权保护措施，出版社获得一些作品的使用权，或以酌量交版税、分级次交费等方式规避版权。这样出版社利用自己专业编辑的优势及经验进行优化选题，并利用作品授权上的优先和经济性为共建共享提供丰富的信息资源；然而共建共享通过网络技术优势，通过数据库、展示平台、信息数字化传输来对出版社，作品形成良好的宣传效应。在这方面，超星数字图书馆与北京大学出版社的合作就是其中最具代表性的一例。超星数字图书馆通过北京大学出版社提供的优化选题、作品以及经济性的授权而获得了更多的信息资源，逐步建立了自己的数据库，促进了超星数字图书馆的发展；而北京大学出版社通过超星数字图书馆的网络宣传效应，进一步提高了出版社和作者（作品）的知名度和经济效益。

第二，重视知识产权立法与执法。特别是在与信息资源共建共享密切联系的著作权法方面，对现有的著作权法的内容进行相应的修改、扩展，完善知识产权保护制度，以适应信息时代的迫切要求。图书馆界要在图书馆法的立法过

程中积极争得《著作权法》赋予法定的许可权。法定许可是指对作品的使用范围超出了合理使用的界限，虽然使用作品时不经许可，但使用后必须按照法律规定向版权人支付费用，把版权中的某些权利由一种绝对权变更为一种可以获得合理使用费的相对权利。有学者提出，为了解决新的版权问题，图书馆有必要更多地享受法定许可的权利。

第三，充分利用著作权法中的"合理使用"。关于"合理使用"问题，世界各国的现行著作权法都在不同程度上允许社会公众的"合理使用"。《中华人民共和国著作权法》"权利的限制"条款规定了12种情况"使用作品，可以不经著作权人许可，不向其支付报酬，但应当指明作者姓名、作品名称，并且不得侵犯著作权人依照本法享有的其他权利"。其中包括：为个人学习或研究，使用他人已发表作品；为介绍、评论某一作品或者说明某一问题，在作品中适当引用他人已经发表的作品；图书馆、档案馆、纪念馆、博物馆、美术馆等为陈列或者保存版本的需要，复制本馆收藏的作品。判断对作品的利用是否属于"合理使用"的主要因素包括以下4种：利用的目的和特性，包括这种利用是否具有商业性质或者说是否为非盈利的教育目的；版权作品的特征；所利用的与版权作品有关的数量与内容；对版权作品的潜在市场或价值利用的影响。因此，通过充分利用著作权法的"合理使用"，可以解决部分信息采集和信息资源数字化过程中的知识产权问题。如一般的复制，如果没有任何赢利目的，则无须付费。共建共享过程中的信息资源数字化是属于复制行为，但如果是基于服务的并且无任何盈利的目的，也属于合理使用。在实践中，许多作者即使不付稿酬也愿意自己的作品无偿被收录到信息资源共享体系中以数字化的方式得以更广泛地传播。当然凡是著作权人声明不同意其作品上网者，就不能将其作品数字化并上网传播。

（二）相关信息法规

信息资源是知识经济时代依托的一种主要资源，知识的生产、分配、交换和利用过程都需要以信息资源作为基础和支撑。信息资源为信息社会成员共同享用，即信息资源共享。信息资源的特征之一是其共享性，但是，对于信息资源总体来说有一部分是无条件共享的，如自然信息资源；另一部分是有条件共享的，如社会信息资源。对有条件共享的信息资源又可分为有偿共享和无偿共享两大类。信息法是调整在信息活动中产生的各种社会关系的法律规范的总称，其调整对象是在信息活动中产生的各种社会关系。在社会成员共享信息资源的过程中，必然会产生各种矛盾，这些矛盾必须由信息法来调整。同时，信息法对信息资源共享也产生了各种影响，以下从信息法对信息资源有偿共享、无偿共享、安全共享三方面讨论其影响。

信息法对信息资源有偿共享的影响：首先，信息法确认了共享主体的法律地位。其次，信息法能调整信息主体在经济活动中的各种关系。再次，信息法可以解决信息主体在经济活动中的各种纠纷。信息法对信息资源无偿共享的影响：一是表现在保障公民的信息自由权方面；二是表现在保护消费者获取信息权方面。信息法对信息资源安全共享也有所影响。信息法所建立的法律秩序将信息资源共享中形成的不安全因素都纳入法律的控制之下，即运用一般的规则、标准和原则的法律形式对之加以确认、调整和维护，形成法律关系。

信息法与信息资源共享之间的关系可归结为法律与秩序的关系，所谓秩序是指自然界和人类社会运动、发展和变化的有序化现象，某种程度的一致性、连续性和稳定性是它的基本特征，它与"无序"是相对而言的。信息法对信息资源共享的推动作用可从动态和静态两方面来说明。从动态上说，信息资源共享的法律社会秩序的形成是一个动态过程。在信息社会，人们以各种各样的方式进行信息活动，形成信息法律关系，因而，在人们的实际信息行为中，信息法所确认的或可能的法律上的权利义务关系，就转变为现实的运动的状态，并通过法律机构对信息法的适用做调整，使信息法内在的强制性转化为外在的强制活动，从而形成一定的信息法律秩序。从静态来看，信息法在建立和维护秩序中的主要作用表现在：第一，规范信息主体的信息活动，这是信息法规范；第二，保护信息主体的信息权利，这是信息法规范的核心内容；第三，解决和协调信息矛盾。信息法通过规范信息活动，使之适度、有序，以协调和解决各类信息矛盾，并兼顾效率与公平；第四，保护国家利益和社会公共利益。信息法对信息资源共享的制约表现在：首先，信息法对信息资源共享的自由具有制约性。其次，信息法对信息资源共享的个人信息自由与社会责任具有制约性。最后，信息法对信息资源共享的经济具有制约性。

第八章　高校图书馆信息资源保障体系建设

第一节　信息资源保障体系建设概述

一、信息资源保障体系的内涵

高校图书馆信息资源保障体系指的是图书馆根据统一规范和标准，采集、整理、加工、存储、共享、开发以及利用信息资源，从而可以进一步促进高校学科建设和知识的创新，以最大限度地满足校内外用户个性化、专门化以及系统化、高效率信息需求的信息服务系统。图书馆信息资源保障体系作为一个行业性信息资源保障系统，组织、传递、交流、提供知识信息服务是其最主要的目的，与此同时，也是国家知识基础设施的有机组成模块与信息资源保障体系的重要组成部分。

二、信息资源保障体系的目标

信息资源保障体系最主要的目的是：以合理的空间布局、科学的层次结构的资源网络为物质基础，以横向和纵向的联合为组织形式，整合及共享文献信息资源为实现目标，基于通信与计算机技术，最大限度地满足用户的信息需求。

信息资源保障体系的最终目标分为多个子目标，其子目标涵盖以下几个方面。

（一）信息收集与积累

信息资源保障体系需要基于信息的收集和积累进行建立，其具体目标所涵盖的内容如下：

第一，各级各类信息资源机构在各个层次上开展信息收集的分工协调工作，预防在信息收集时出现多次收集抑或是把一些信息遗忘了，进而提高整体文献的资源完备程度，其标准是"力求满足用户对国内出版物的需求，达到90%左右的国外文献的满足率"。

第二，建立文献的联合储存收藏系统，并保存具有一定科学性或是文化价值的文献，并且，为社会的特殊需求提供文献信息保障。

第三，对信息资源的地理分布进行宏观调控，并从整体上进行布局，将一些信息资源过于集中在一个地区的情况以及特别贫乏地区不均衡的状态进行一定的改变，进一步实现信息资源在地区之间的合理配置。

第四，全方位规划信息资源建设，同时改变藏书的发展模式——"大而全""小而全"，并且，建立起具有一定特色和重点的专门信息资源机构，进而实现信息资源在学科上的合理配置。

第五，在网络这个大环境下，对信息的收集和积累是具有一定目标的，也就是要建立虚拟以及现实的馆藏，将印刷型文献与其他各种文献载体进行有效结合，文献检索与原始文献提供有效融合的信息资源优势互补和资源共享的保障体系。

（二）书目控制

信息资源保障体系通过有效的书目控制可以将自身功能充分体现出来，其具体目标如下：

第一，完善国家书目，包含通过计算机技术生产国家书目，并提升出版速度，进而将书目报道文献的时差缩短；健全出版物呈缴制度，将国家书目的文献信息网罗度进一步扩大；通过标准著录将检索途径加大。

第二，实现在版以及集中编目。

第三，建立联合目录报道体系，全面、及时且大范围地将各个信息资源中心的馆藏文献信息揭示出来。联合目录采用计算机进行编制，与此同时，把联合目录库生产出来。

第四，检索刊物体系的建立和完善，包含报道文献覆盖率的扩大、检索刊物数量的增加、报道文献时差的减短、检索刊物标准化程度的提升等。

（三）信息检索

在优化信息资源保障体系传递功能的过程中，信息检索是非常重要的技术手段，其具体所包含的目标如下：

第一，网络公共查询，包含查询成员馆馆藏以及联合目录数据库、其他共享数据等。通过客户软件或是 Web 浏览器，用户可以实现"一站式检索"，也就是用户一次性把检索要求输入进去，并显示出检索的结果，对自己感兴趣的书目记录进行查询抑或是请求文献传递。

第二，联机检索，将联机检索的规模与范围进一步扩大，全国各地只要是有网络覆盖都能够成为网络终端，并且，可以同世界上主要的信息系统进行联系，用户在自己家中或者是办公室便能够查询分布于全球的数据库信息。

（四）馆际互借与文献传递

馆际互借与文献传递在信息资源保障体系中是非常重要的一种运行防护方式，下列是关于馆际互借与文献传递具体的目标：

首先，要实现其网络化和系统化，全方面地规划全国的馆际互借和文献传递，并且，要进一步建立协作协调机制，这样一来，便可以把这一工作组织起来，同时制定统一的规则，规范工作中的行为，如此，馆际互借与文献传递在我国会构成一个有序运行的系统。

其次，用现代技术装备文献传递网络，进而保证实现信息的远程实时传递。

最后，将其规模以及范围进一步扩大，并积极开展起来，促进文献资源在更大的范围中使用。

三、高校图书馆信息资源保障体系建设的重要意义

（一）信息资源保障体系是图书馆信息用户获取信息资源的重要途径

这一体系一方面是培养高素质人才的文献信息保障基地以及学科假设，另一方面是高校进行知识和技术创新的重要信息源泉。图书馆通过筛选、加工、整体、储存信息资源之后，并且，将检索以及使用的途径都提供给了用户，进一步将他们的信息需求满足了。在用户信息需求的处理上，完善以及创新图书馆信息资源保障体系是一个重要途径。

（二）信息资源保障体系是高校图书馆信息化建设的核心内容

在高等学校进行建设的过程中，信息化建设是重要的组成部分，其学校地位与形象、整体办学水平取决于信息化水平。《普通高等学校图书馆规程》是

由教育部制定的，并认为，学校的文献信息资源中心即为高等学校图书馆（下列简称"图书馆"），与此同时，图书馆也是研究科学以及培养人才的学术性机构，也是学校信息化建设的重要组成部分，以及校园和社会文化建设的重要基地。图书馆的建设和发展要适应学校的建设与发展，其水平代表了学校整体的水平。在校内信息资源和服务的合理化规划、分配和利用的实现上，建设图书馆信息资源保障体系为其提供了安全、可靠且科学的保障。

（三）信息资源保障体系建设的水平是高校图书馆总体水平的标志

在高校图书馆信息化建设的过程中，信息资源保障体系处于核心地位，高校图书馆总体建设水平的主要标志体现在其信息服务水平以及信息资源建设方面。国内外比较著名的大学的图书馆的发展水平都非常高，处于领先地位。图书馆的工作在科学研究以及学校教学工作中尤为重要。图书馆在建设和发展过程中，要与学校的建设以及发展相适应，学校整体的水平则取决于图书馆的建设和发展水平。因此，信息资源保障体系建设水平对高校的核心竞争力造成了一定的影响。

（四）高校图书馆信息资源保障体系是国家信息资源保障体系的重要组成部分

高校在国家创新体系中是很重要的构成部分，其信息资源保障体系是一体化国家信息资源保障体系的重要子系统之一。信息资源保障体系所服务的范围与对象不单纯地包含学校内部，与此同时，也有着重要的社会意义。具体体现如下：

首先，需要进一步促进社会信息公平，进而保证人们能够自由地获得更多的信息。

其次，保存文化遗产，高校图书馆具有丰富的馆藏资源，同时也肩负着保存以及传承人类文化遗产的使命。

最后，肩负科学文化素养以及公众信息素养提升的重任。

四、高校图书馆信息资源保障体系建设的原则

（一）服务性原则

所谓信息服务是指图书馆采用多种方式进行所有和信息资源相关的服务活动的总称。与此同时，也是开展信息资源建设的根本目的与基本宗旨，以及高

校图书馆在数字化和网络化的大环境中可以生存并有所发展的唯一原因。服务原则所涵盖的内容有满意度、人性化、自由以及平等。信息机构在衡量提供信息服务质量的核心评价标准是：是否可以让信息用户满意，或者是满意的程度；人性化具体体现在三方面，即：服务人性化、技术人性化以及人性化；自由指的是用户能够享受到自由使用信息资源的基本权利，但是，最基本的前提条件是一定要合法以及合理利用；平等指的是信息用户都可以享受到平等地使用各类信息机构所拥有的信息服务以及资源的权利，尤其是对弱势群体的信息权利的维护。高校图书馆信息资源保障体系建设的最终目标是把高效率以及高质量的系统化、专门化、个性化信息服务提供给用户，以用户的满意作为最高宗旨。基于从深层次对用户信息需求进行探索之上，在网络环境中，在进行信息资源建设上要具有一定的针对性，从而提高信息服务效率和水平。服务性原则处于高校图书馆信息资源保障体系建设中，具体体现在坚持"用户至上""以人为本"的思想上。

（二）整体性原则

图书馆信息资源保障体系的建设需要遵循整体性原则。这一体系作为一项繁杂的系统工程，关乎到的因素非常多，例如信息保障技术、资源类型、服务能力以及保障机制等，与此同时，还关联到一些有着不同利益的群体，如：信息生产商、社会公众、信息保障机构、政府主管机构以及信息用户等，因此，采用整体思维的方式方法，然后从立体化和全方位的视角进行综合审视，以实现不一样的群体利益均衡，这样一来，才能够实现信息资源保障体系的可持续发展。整体性原则对图书馆信息资源保障体系的建设有着一定的要求，要求其建设目标需要与国家信息资源整体化建设总目标相同，从而实现信息资源保障体系与社会的协调发展。在政府主导作用发挥的情况下，需要以统一的布局、规划和管理为基础，展开整体化建设。信息机构之间的分工非常明确，并且各司其职，通过各自发挥各自的特色，实现整体效益和联合保障的目标。

整体性原则在高校图书馆信息资源保障体系中，需要整体化建设校内的信息资源，以实现资源共享，优化结构，合理布局，统筹规划。每一高级层次的信息资源建设在其保障体系中，是互相配合、互相补充所构成的信息资源保障体系，而不单是一个简单的低层次文献信息收藏的总和，并且，所具备的信息保障功能更加充分和完善。要将图书馆信息资源保障体系的整体效应充分体现出来，最为关键的是各个子系统，也就是在信息资源建设中，各个高校图书馆之间和高校内各院系资料室关联甚密，同时也相互协调配合，一同向整体化的方向发展。

（三）重点性原则

高校的学科发展实际上具有不同的重点发展方向。因为在人员、经费等条件上具有一定的局限性，高校信息资源保障体系建设无法让整个学校的所有学科的信息资源保障所达到的程度都非常完备。所谓重点性原则，指的是在高校信息资源保障体系建设时，要针对本校学科的优势、发展趋势以及科研重心，系统地收集，并把重点学科的信息资源组织起来，让其可以达到比较高的完备程度。信息资源采集不可以片面地追求信息资源的规模与数量，应该对其质量与含量进行重视。高校信息资源保障体系建设是一个需要长期发展并完善的过程，首先需要在高校的整体发展目标下，依据一定的原则——"保障重点，兼顾一般"原则，在特色化馆藏资源发展战略上有计划地进行推进，积极展开特色化服务，进而将图书馆的核心竞争力提升上来。

（四）共享性原则

在一定范围内，让每个组织以及个人都可以尽可能多地利用信息资源即为资源共享的目的。在空间上合理配置信息资源即为其共享实质，通过协调信息资源区域、时效、部门数量的分布，在布局上会更加合理，同时也能在既定的资源约束上最大限度地满足用户的信息需求，并且，还能体现出存量信息资源的最大作用。在信息资源保障体系建设过程中，确保信息资源共享是最重要的原则。用户信息需求的特性是：个性化、集成化以及多元化，让所有的信息机构的信息资源无法将用户需求更好地进行满足，因此，通过建设信息资源保障体系，坚持共享性原则，将高校之间、高校和校外其他信息机构之间广泛的合作关系进一步提升并完善，将具有明确分工、相互依存、优势互补、互为利用的综合化以及整体化信息资源保障体系建立起来。

（五）效益性原则

效果和利益统称为效益。实效是高校信息资源保障体系所讲求的，在使用效益以及信息资源的利用效益上逐渐提升投入的成本，将信息资源优化配置更好地实现，并且让其能够一直增值。效益从不同角度而言，分为多种类型，即：直接效益和间接效益、经济效益和社会效益、当前效益和潜在效益等。其中，属于信息资源配置效益的核心内容的是经济效益和社会效益。通常情况下，经济效益的主要体现是资源配置的效率原则，然而，社会效益的核心则体现为资源配置的社会公平原则。通过实践得出，真正意义上的效益是基于用户信息需求的信息资源保障体系的建设。

接连不断的用户需求是高校信息资源保障体系向前发展的根本动力。这一体系的建设最主要的目的是进一步促进信息消费，然而，用户的信息需求程度对信息消费水平起到一定的阻碍作用。所以，要通过对用户需求的拉动将高校信息资源的有效配置提升上来，并采用多种方式提升信息用户的信息素养教育，进而强化用户的信息获取意识，与此同时，通过高质量的信息服务让用户觉得物超所值、物有所值。而且，还要通过科学合理的综合评估指标体系的建立，定期评测高校信息资源保障体系的运行和利用情况，为随时调整信息资源建设以及服务策略提供参考依据。

（六）开放性原则

高校信息资源保障体系是一个相对比较开放的系统，内与学校学科建设、科研以及人才培养联系紧密，外与其他不同层次的信息资源保障体系联系紧密，并且与国家接轨。从理论上来说，无论哪一时空的信息资源保障体系都不能将全部用户的信息需求都满足。因此，信息资源的稀缺性以及用户不断上升的信息需求一直都是相互矛盾的，然而，也是因为这一矛盾点，高校信息资源保障体系一定要通过对外合作和交流获取新的发展动力。

第二节　信息资源保障体系建设的具体路径

一、高校图书馆馆藏信息资源的需求特征

（一）馆藏信息资源要实现资源整合

资源整合是资源优化组合中的一种存在状态，需要依据需求，对每一个较为独立的资源系统中的功能结构、信息对象及其互动关系进行类聚、融合以及重组，进而组合成新的有机整体，形成具有更好效能的、更高效率的新的资源体。在图书馆所具备的诸多资源中，采用多种方法、技术及手段综合使用，使其系统化与优化，主要是为了把全部馆藏资源无缝地、透明地汇集到一处，进

一步明确知识体系的完整性，进而实现不同信息资源中的一些有效沟通，同时，也满足了科研以及学校教学的需求，形成网上统一的馆藏体系。

（二）馆藏信息资源要"全""新""快"

高等学校图书馆是学校的文献信息中心、学校以及社会信息化的重要基地，同时也为科研和教学提供服务的学术性机构。馆藏信息资源所具备的条件如下，首先，拥有完善的信息资源。因为教学以及科研的进步和发展，所需的本学科和其他相关学科的信息资源量很大，同时也非常丰富，因此，能完成科研与教学。其次，拥有全新的信息资源内容。随着科学技术的迅速发展，出现了很多新的技术和理论，较高水平的科研是基于所掌握的更新的学科前沿信息。因为只有掌握住最新的研究成果和最先进的研究动态，才能驾驭并掌握学科前沿。最后，要具备快速传递资源的服务。教学科研只有通过快速寻找并发现新的学科生长点，才能在科学领域中有所突破，从而获得一定的生机。图书馆要与教研同步发展，以提升信息传递的速度和质量，满足教学科研对信息资源服务的要求。

（三）馆藏信息资源要共享化

在利用馆藏资源上，读者用户不会受到时间和空间的限制，从而真正意义上成为所有老师和同学一同开发挖掘的"财源"。甚至不属于本馆的读者也能够通过网络将本馆的信息资源利用起来，通过网络，本馆的资源能够与世界各个地区相连接，从而提升了信息资源的使用率，进一步实现了资源共享。

（四）馆藏信息资源要形式多元化、传递网络化

读者用户对于信息资源多元化的需求，高校图书馆要通过收藏一些文本信息之外的诸多非文本信息予以满足，例如：图像、图形、视频、声音等，使得信息资源具有多媒体、非规范性以及多类型等多元化特点。

由于网络、通信以及计算机技术的迅猛发展，读者通过网络便可以非常轻松便捷地获得资料并传递信息，同时，读者只要登录网站，点击鼠标便可以查询到自己想要的信息，读者通过信息的网络化传递便可以便捷地获得并且利用馆藏的实体以及虚拟资源。

二、高校图书馆信息资源保障体系建设的具体路径

（一）法律政策保障机制的制定，使得信息资源保障体系建设得以良性发展

在构建信息资源保障体系的过程中，需要遵循一定的章法。任何馆藏都要根据《普通高等学校图书馆文献资源发展政策编制指南》（教育部高校图工委所编制）来制定本馆的信息资源发展策略，并对其持续发展进行指导和规划。此外，针对本馆信息资源发展时所遇到的问题（各类型资源的复本量、馆藏资源荐购和评价、馆藏剔除、经费分配方式、馆际合作盘点与维护、读者意见处理等）做出细致的规定，并将结果向读者公开，进而成了沟通图书馆主管部门、图书馆和广大读者的桥梁，在图书馆获取经费和良好关系的建立上有很大的帮助，同时也推动其向规范化以及科学化方面的迈进起到一定的推动作用。

（二）开展个性化信息服务，保证信息资源的有效利用

图书馆信息服务是基于读者的兴趣爱好、个性特征与行为需求的，搜集并提供专指性很强的，以及同读者个性需求相符的个性化信息服务。其个性化服务务开展的途径如下：

第一，建立个性化服务标准。通过个性化服务实践掌握个性化信息服务原则，对读者的信息展开研究；定量研究读者信息；在与读者交流的过程中，可以通过 FTP、BBS 以及 E-mail 等形式强化，以便于第一时间对服务的内容和方式做出适当的调整，从而实现对个性化信息服务的规划、协调和掌控。

第二，通过网络化和数字化技术，建立个人数字图书馆。这两项技术的便捷让它们成了人们有效利用图书馆信息资源的工具。为提高图书馆的个性化信息服务水平，图书馆应将创造知识、选择信息以及组织知识的自由给到读者，在逐渐完善数据化的时候，对读者根据自身需求特点建立个人数字图书馆起到一定的帮助作用。个人数字图书馆对于知识的深度以及范围进行了掌控与筛选，读者可以科学合理地使用搜集到的相关信息，进而有利于个人对比较实用的知识的掌握，从真正意义上实现高质量信息服务。

第三，读者文献信息检索课要进一步开展起来，将读者的信息能力和意识提升上来，以确保可以有效使用信息资源。大学生信息能力可以通过信息检索课提升。图书馆针对读者不同层次的行为爱好、专业特点和需求特点，通过系统的信息检索方法，正确地去指引读者，让他们应用分类号对照表主题词，利

用关联词语进行检索，抑或是将关键词内容范围进行扩大或者缩小。除此之外，需要有针对性地开展读者文献检索课，提供适合本专业的信息知识，并给予读者一定的引导，让他们的思维习惯以及兴趣爱好可以向合理且科学的方向发展，同时也要给予读者一定的帮助，让他们与社会进步和专业学科发展规律更贴近，进而构建出新型信息知识结构模式，同时，也能够进一步强化捕捉情报的能力和科学的思辨能力。

（三）建立图书馆信息资源联合保障机制，最大限度地满足读者信息需求

由于现代信息技术的迅速发展，读者的信息需求也有了新的特点，即多元化、集成化以及个性化。这样一来，各个图书馆如果仅仅依托于自身的馆藏是无法满足读者需求的。资源共建共享是现代图书馆的发展方向，同时，这也是新时代对图书馆的要求。最近的几年中，诸多图书馆都参与了信息资源共建共享活动，从此走在了资源共建共享的道路，从整体上开始规划信息资源收藏的学科范围和层次，分工协调，降低互相之间的重复采购和入藏，同时，信息覆盖率获取也相对比较高，这样一来，读者的信息需求得以最大限度地满足。如：构建于广州地区的图书馆联盟，成员馆有华南理工大学、暨南大学、华南师范大学等12家图书馆。通过数十年的发展，在数字资源联合借阅、共建共享、学术交流、协调订购等方面，图书馆联盟取得了显著成效，并建立了在线信息素质教育、创新参考文摘库、外文期刊联合目录、期刊评价与投稿系统、区域资源平台、免费电子全文库等数字资源系统，对整体提升区域图书馆的服务水平起到了一定的促进作用，各个成员馆之间的信息需求也得以获得保障。

（四）全面推行标准化，强化高校图书馆信息资源保障体系建设

标准化影响着信息资源共建共享的实现。在这里所提及的标准化指的是文献工作的标准化以及拓展为信息管理的全面标准化。如：信息服务网络建设、信息加工、传递、记录、检索以及信息技术等方面的标准化。

图书馆信息资源整合指的是需要通过一定的标准与规划，将其范围内的数据库、文本、光盘、网络虚拟以及自建数据库等资源的多种载体形式、存储途径、信息类型、内容分散杂乱的信息资源进行优化，让其有机地进行整合，进而实现图书馆资源采集、分类、编目、典藏、流通等工作的融合，让读者在统一的检索平台下，通过标准的数据存取模式完成不同数据库和信息资源的检索。图书馆信息资源整合的实质是其依据自身的特点，从便于给读者提供服务

的层面出发，根据一定的规范与组织，采用先进的管理与技术，把原先独立且分散的信息资源进行类聚、融合以及重组，进而实现了不同数据库资源以及文献类型之间的完美链接，构成了一个有机的系统整体，使读者可以便捷且高效地进行检索和使用。

1. 图书馆信息资源整合的意义

实现高校图书馆信息资源整合，对其信息资源建设起到一定的帮助作用，其主要表现如下：第一，对信息资源的有序化起到一定的促进作用；第二，过滤信息资源，进而降低信息污染；第三，给信息资源服务提供基础与平台；第四，提升信息资源利用率；第五，资源的整合对开展信息资源的有效评价具有一定的帮助作用。

2. 图书馆信息资源整合的方式

包含汇合整合、组合整合、重组整合、一体化综合整合等四种方式，具体内容如下：第一种方式——汇合整合，主要以 OPAC 资源系统为基础的整合方式；第二种方式——组合整合，主要是多个数据库系统的有机优化整合；第三种方式——重组整合，是以数字图书馆应用系统为基础的资源整合方式；第四种方式——一体化综合整合，处于数字图书馆资源整合系统与 OPAC 资源整合系统之间再建立多维关联，进而实现多种元数据之间和其他资源对象之间的互操作。

3. 信息资源整合的对象

信息资源整合机制的关键环节即为信息资源整合的对象，其主要包括：①不同类型以及载体的信息资源之间的整合，包含整合网络型、电子型、印刷型、虚拟资源；②整合本地以及远程之间的资源；③整合如光盘数据库、电子期刊、电子图书等各种电子资源；④整合图书馆内外部资源。

4. 图书馆信息资源整合的发展方向

（1）由馆内资源的整合向馆外延伸发展

高校图书馆目前主要整合馆内的信息资源，伴随图书馆联盟以及资源共享的发展，日后的发展方向是对馆外信息资源进行整合。也就是除了可以对本馆数据库资源以及馆藏数目系统的检索之外，还可以对网上其他图书馆的资源进行检索整合，而不管它们具有怎样的存放地点、资源类型、所应用的技术以及检索界面，例如：NSTL 和 CALIS 系统等。高校图书馆能够采用超链接的方式将这些馆际资源充分利用起来。图书馆信息资源建设的核心内容是资源整合，与此同时，资源整合也是图书馆日后发展的一个方向。

（2）形成多媒体、多语种、多文化的信息资源的整合

基于目前的网络环境中，整合信息资源包含印刷型信息资源，与此同时，还包含基于文本之上的图书、电子期刊以及报纸、视频、音频、数字化图片等数字资源和基于互联网之上所存在的诸多网络资源，也就是多媒体的信息资源。在查询信息的过程中，由于网络无国界的特性使其查询不单局限于某一主题或者是地区、文化，而更具备跨文化的特性。所以，很有必要整合多语种信息资源。

（3）馆际协调与合作不断加强

图书馆信息资源整合是一项非常庞大而繁杂的工程，需要选择合适的整合方式以及全面系统地考虑。图书馆绝大多数的部门和职工都要参与到实施过程中。随着社会经济和信息技术的不断发展与进步，用户的需求也日益呈现多元化，服务模式也将变得更人性化、个性化，以便为用户提供快捷、方便的服务。进行资源整合主要是为了将更好的、更丰富的资源提供给读者。无论哪一个图书馆，所拥有的资源都是有限的，然而，读者的需求却是无限的。所以，高校图书馆将相互协作的机制建立了起来，并在一定程度上通过馆际协作把读者的信息需求满足了。

（4）信息资源的服务和功能将越来越丰富

高校图书馆之所以整合信息资源，主要是因为在信息时代下，为了更好地满足读者的多样化需求，提升信息服务效率，加强信息服务功能的战略思考以及具体实现。高校图书馆整合信息资源是一项繁杂且漫长的过程，这是由信息资源以及读者需求的多样性所决定的。目前，图书馆的整合系统主要是浏览、检索并提供全文资料，其功能也较为单一，并且用户应用也麻烦，比如：有很多步骤、界面不太友好等。日后的整合系统除了可以采用 Web 方式提供功能化的检索服务之外，还可以将专题定题服务、文献传递和复制、馆际互借、信息咨询、参考咨询服务、多媒体教育等更多的服务进行整合。眼下，资源整合系统尚处于初级阶段，用户没有太多的选择功能。日后所发展的方向是将交互性充分体现出来，同时界面可以伴随用户的需求变化而变化。

（五）注重高校图书馆的科研特色馆藏建设

教学和科研是高校的两大重要职能。图书馆的首要工作便是给学校平时的教学以及科研提供最基础的信息资源。基于此，需要将图书馆自身的科研特色馆藏建设进行强化，其不单要追踪重点学科的主要研究项目，与此同时，也要

给予全面的信息支撑，在保证其能够正常运行的情况下，给予该学科所需的信息资源，让其无论在品种、数量还是类型上都具有一定的优势与规模，同时，具备较高的情报价值及学术品味，并且还要进行科学的组织管理，让其具备多种检索功能与途径。把科研特色馆藏做好，并对馆藏的结构进行优化，进而将专业特色体现出来。全方位地了解本院校的重点学科和科研情况，并且，对国内外有关学科的研究动态进行追踪，使其具有针对性地采购资源，将大范围地搜集信息资源，并对其采访渠道灵活使用，进而将本校学科的特色体现出来，同时也要制定与本校重点学科发展相符的馆藏发展规划。

做好科研特色馆藏，要将国家出版社正式出版的某一学科领域的信息资源搜集起来，与此同时，在地方资源中，像地方专家学者的手稿、各团体的文件、简报、会议文件、内部杂志、地方性的刊物等非正式出版物也要进行收藏。图书馆在进行信息资源收藏时，对现有馆藏资源的开发也要重视，把特色馆藏转为二次、三次资源数据库以及专题数据库，进而与通信和网络技术的发展相适应，给读者提供便利，同时也能将利用率提升上去。

（六）建立人才保障机制，加强信息资源保障体系建设的人才培养

需要素质较高的人才才能确保建设图书馆信息资源保障体系工作的顺利开展。无论哪一建设环节，若是无法跟上整体建设的脚步，则会对整个保障体系的建设造成一定的影响。各项工作展开的前提条件是人才。就整体而言，信息资源保障体系建设的人才保障是要有一支合格的信息资源保障体系建设队伍。特别是基于网络环境中，逐渐给数字信息资源建设赋予了新的形式和内容。诸多逐渐更新的计算机技术、外文信息资源等，对信息资源保障体系建设人员的要求是，要在知识结构、计算机、业务能力、观念、技术水平以及外语等方面充实并提升自己，以更好地与形势发展相适应。首先，高校图书馆可以通过举办多种业务技能培训活动，提高相关人员的技术水平；其次，建立良好的人才吸纳机制，为建设图书馆信息资源保障体系提供充足的人才支撑。

（七）加强经费保障机制，多渠道获取资金投入

建设高校图书馆信息资源保障体系的前提条件是具备足够的经费。为了更好地解决这一问题；第一，需要从国家层面加大对高校信息资源保障体系建设的投入力度；第二，需要获得社会各界的支持，多方面进行资金的筹集。对于其建设的迫切性和重要性方面，国家需要加大宣传力度，在政策上多鼓励社会

上的各个企业积极参与，以获得更多的社会赞助。需要走资源共建共享的道路，建设高校图书馆信息资源保障体系，但是，由于高校成员单位之间在"输入"和"输出"上极易出现问题，进而无法平衡利益，所以，要更好地实现信息资源共建共享，将正确的政策制定出来，并把利益平衡机制建立起来，这样一来，可以让参与的各个高校成员之间，根据自身在信息资源共建共享中所做出的贡献及投入，获取相应的利益，使这一活动可以顺利且长期进行，进而促进图书馆信息资源保障体系建设的快速发展。

三、高校图书馆学科信息资源保障体系的构建

（一）处理好一般信息需求与学科信息需求的关系

高校图书馆馆藏学科信息资源体系是科学的知识体系，高质量馆藏学科信息资源体系建设的重要保证是坚持其体系的系统性。但是，同时也需要确保馆藏信息资源在内容上的完整性以及学科之间的内在联系。从横向上来看，馆藏信息资源要将各个学科之间的渗透和交叉体现出来，各学科、各类型馆藏信息资源的比例要合理。从纵向上来看，图书馆针对学校重点学科门类的馆藏信息资源需要在内容上与本学科内在的历史延续性和完整性相一致，将这一学科的基础理论、高端技术、科学前沿所有的内容都涵盖在内。高校图书馆服务的主要对象是在校大学生。因此，要确保学生们一般信息资源需求得到满足。

高校图书馆作为教学和科研服务的文献信息中心，在学科建设中具有重要的文献保障作用，同时也支撑着学科建设、教学以及科研，所以，要确保学科信息资源满足本校老师和学生的科学研究的学科信息需求；保障其对本学科专题的整体信息需求。并且，学科之间的联系以及建设的特点也要注意到，遵循"保证一般，突出重点"的原则，有针对性地建设学科信息资源。

（二）以读者需求为导向，提高印刷型信息资源建设质量

高校图书馆所必备的信息资源是印刷型信息资源，这一资源也是图书馆信息资源建设的重要组成部分。一个图书馆的现实馆藏可以满足自己用户需求的80%。所以，在馆藏收藏中，印刷型信息资源是重中之重，同时也是信息资源保障的基础。高校图书馆在信息资源建设中，应将印刷型信息资源建设着眼于"用"字上，印刷型信息出版物具有很多品种，所关乎到的学科门类非常多。就学科建设层面而言，可依据学校的科研与教学需求，通过诸多途径有重点、有计划地选取采购和学科建设相关的文献资源。为了将印刷型文献资源采购的

针对性提升上去，馆藏建设需要具备一定的针对性，以确保较高的文献资源利用率，同时，文献资源利用率的调查跟踪也要进一步强化，在对读者需求进行调查的同时，与学科建设需求有效结合，建设印刷型信息资源，进而将其建设质量提升上去。再者，印刷型信息资源的复本量的采购要有所控制，将其品种增加上去。例如：明确图书采购复本量，主要是对文献利用率和出版数量、学科读者的人数、文献价格和学科文献的半衰期等诸多因素进行综合考虑，之后实施复本"不均衡采购原则"。

（三）加强校图书馆与院系图书馆（资料室）的合作与交流

高校以及院系图书馆（也称之为资料室）分离的情况非常普遍，这一做法对于学科信息资源共享起到一定的帮助作用，与此同时，对学校图书馆和院系图书馆之间的沟通非常不利。相较于校图书馆来说，各个院系的图书馆因为自身具备一定的优势（地利人和），能够第一时间了解到读者的学科信息需求，对与读者建立互动关系上更容易一些，然而，校图书馆所具备的技术以及人力资源，正是院系图书馆所没有的。为了将不同学科的信息需求进行平衡，针对各个院系的图书馆，其所具备的信息资源应该都统一到校图书馆管理系统中，并在人力、物力以及财力上进行协调与规划。校图书馆主要为相关学科研究的信息需求、一般需求以及教学等方面提供服务，然而，院系图书馆的主要职责是服务于科研信息需求。此种模式一方面能够对高校读者的综合信息需求进行统筹协调，另一方面，也能够对读者就某一学科领域馆藏信息资源建设的反馈意见及时进行了解。以馆藏学科信息资源为基础进行共享，以校图书馆为中心，通过制度改革，将各个院系的图书馆纳入全校学科信息资源共享体系中，进而，以校图书馆为主、以各院系图书馆为辅的学科信息资源共享模式便形成了，整合院系图书馆的学科信息资源，让其纳入校图书馆学科信息资源建设统一的平台之中。

第九章　高校图书馆信息资源评价

第一节　图书馆信息资源评价标准

一、信息资源建设评价概述

（一）信息资源建设评价的含义

基于一定目标的指导，信息资源建设评价系统将与其体系有关的信息进行了收集，然后进行分析解释，客观评价信息资源客体的效益性及实用性。换言之，信息资源建设评价是对图书馆目前所具备的信息资源体系、运行状况以及效果等方面展开检查及衡量，并做出价值判断的过程。

（二）信息资源建设评价的作用

1.提高信息资源的利用率

斯劳特在自己的著作——《图书馆藏书剔除》中，对五个图书馆的图书进行抽样统计得出：25%的藏书所提供的流通量达到了75%，50%的藏书所提供的流通量达到了90%，75%的藏书所提供的流通量达到了98%。只有连续性、系统性、合理性地评价馆藏信息资源，才能对体现在不同载体类型、存取方式、学科内容的图书馆馆藏信息资源进行全方面地了解，看其是否可以在内容、数量以及应用方式上进行补充，合理地进行分配；所采集和累积的信息资源是否连续、系统，只有达到连续、系统才可以采集并积累电子馆藏资源，才能确保其有效性与完整性。并且，提升资源利用率以及用户满意度的根本途径是将用户重点需求以及利用率高的核心馆藏采购到。

2.达到对资源的有效利用

信息资源建设质量保障的前提是在人们有效地认识、利用以及选择相关资源上给予一定的帮助。人们在获得信息上可以通过诸多信息资源更好地进行获取，但是，人们所面临的主要问题是，怎样从这些资源中精准地选择所需要的信息，并且更加有效地使用。通过评价信息资源，可以将其有用性以及精度提升上去，改善其品质，进而对信息资源的良性循环和优化起到一定的促进作用，这样一来，可以更好地利用资源。

3.为图书馆制定馆藏资源建设发展决策提供客观依据

科学、有效地评价信息资源建设，对图书馆信息资源体系的建立和发展意义重大，其主要体现在以下方面：

第一，定期评价微观信息资源配置的质量，进一步完善图书馆信息资源的采访工作。

第二，对馆藏信息资源进行深层次的了解，看其是否与本馆馆藏的宗旨以及图书馆的发展目标相符。

第三，对图书经费的使用程度进行了解。换言之，在评价信息资源内容时，可以精准地评判出文献资源图书馆满足图书馆用户需求的程度，进而，在图书馆制定馆藏信息资源建设发展决策方面提供有力的依据。

二、信息资源建设评价的内容

图书馆建设的核心是信息资源建设，诸多不确定因素对图书馆馆藏建设的发展带来了一定的影响。所以，需要科学地对其进行评价，以便于通过结论更好地调整信息资源的数量与结构。其评价的内容主要包含：信息资源质量、利用统计、共享程度以及保障能力等方面。以下就信息资源建设评价的内容进行详细介绍。

（一）对信息资源保障能力的评价

一般情况下，信息资源保障能力是从用户获得信息资源的保障能力以及方便程度着手展开评价的。在现代图书馆中，开通网络的时间，网络信息资源的设备、布局等标准，图书馆远程链接数据库的种类与数量，数据库的文种、学科以及数据更新周期、回溯时限，网络的带宽和速率，上网查询收费标准，允许上网查询专业数据库的人员范围等都是主要的考察范围。

（二）对信息资源共享程度的评价

伴随信息传递的网络化以及信息资源的数字化，传统图书馆与现代图书馆相比，现代图书馆信息资源共享的深度与广度是传统图书馆无法与之相较的。在评价信息资源共享程度时，图书馆是否将本馆自身特色呈现了出来或者是通过数字化对独有的价值馆藏印刷型文献进行处理，并且，从数字化的质量、数量、方便程度以及传播范围进行测试评价；本馆的特色数据库如索引型数据库、文摘型数据库、与众不同的全文型数据库以及题录型数据库是否突出出来；国内外的商业数据库，图书馆有没有进行租用、购买或者链接。

（三）对信息资源质量的评价

通常，信息资源质量主要指的是网络数据库的质量。网络数据库包含镜像以及网上联机数据库两种，在应用的过程中，所体现出的特点有时效性、准确性、专业性、易用性以及经济性。在评价信息资源质量时，需要重点考察是否有可靠的数据质量、查准率以及安全性能，网络数据库覆盖的核心期刊、重点学术专著数量的多寡等；网络导航系统是否建立，访问和评估各个站点，从中将用户需要的网络信息资源精选出来，进而建立可靠的链接，从真正意义上将网络的导航作用体现出来；专题虚拟馆藏是否组建，根据用户的需求，有针对性地对选择的专题网络信息进行科学的组织、加工、更新和剔旧，并发布于网页上。

（四）对信息资源利用统计的评价

从下列两方面考察信息资源利用统计的评价：第一，传统的评价统计。包含借阅书目、阅览人数以及到馆人数的统计等，从一个方面将用户利用图书馆及其信息资源的情况反映了出来；第二，统计网络信息资源的利用情况。基于网络环境中，对图书馆网页点击的次数、登录数据库的人数等信息资源利用效果及统计情况进行考察。

三、信息资源评价指标构建原则

（一）科学性和先进性

指标体系中的任意一个指标都要具备明确的统计界限与含义，并且可以直接或者间接地将数字资源的特点反映出来，层次的划分以及指标的选择需要与思维逻辑相符，应该统一各级指标的划分标准，各子项应是不相容的；在全面且精准地将数字资源特点反映出来的同时，评价指标还要将数字资源的发展方向反映出来，并且，现有数字资源发展的不足之处也有所体现。

（二）数据的可获取性和合理性

在实践中，为了可以让评价能够顺利展开，各个指标的评价数据应该比较容易搜集及获取，其不可以直接获得数据，而应该通过其他的方式方法间接赋值的指标，要考虑具备合理的赋值方法与之相适应。

（三）灵活性

数字资源评价指标体系要具备一定的灵活性，既可以作为整体框架对一个数字资源的整体情况进行评价，与此同时，同类型以及不同类型的数字资源之间的情况要进行对比，满足高校图书馆在数字资源购买、服务的不同时间段对评价的需要。

（四）整体性和系统性

所谓的评估指标体系是由一组系列化的由表及里、由浅入深的指标组成。数字资源的特点包括下列两方面：

第一，自身的静态特点，包含检索系统以及收录内容；

第二，应用过程中的动态特点，包含具体的应用情况以及效益。所以，构建的指标不是孤立的，而是能够将上述两方面的特征同时反映出来，成为一个系统化的完整体系，这样一来，才可以系统、精准且全方面地对数字资源进行评价。

（五）深刻性

在对比数字资源的学术性和学术质量上，评估指标具有实质性的效果，所构成的结果对于数据库的采购有参考作用。

（六）可操作性

基于对指标体系的科学性思考，需要对这一体系的可操作性进行考虑，应该尽可能选择比较少的指标进而把相对全面的情况反映出来，因此，所选择的指标需要具备一定的综合性，同时，指标之间也要有较强的逻辑关联以及可比性。而且，所选择的指标一定要尽可能地与数字资源现有的数据进行衔接，必要的新指标要有明确的定义，以方便数据采集。

（七）定性分析与定量分析相结合

为了更好地进行综合评价，需要把一些可以将数字资源基本特点的定性指标定量化、规范化体现出来，进而为使用定量评价方法奠定扎实的基础。

四、馆藏文献资源的评价标准

所谓文献资源评价是指评价不同学科、类型、文种以及不同深度文献的采集、应用、入藏以及物理状态等，通常，包括馆藏数量与质量两方面，具体内容如下。

（一）馆藏数量的评价标准

高校图书馆之所以可以开展服务，最主要的原因是其自身具有一定数量的文献资源。以下是馆藏数量的评价标准：

1.文献资源保障率

文献资源保障率是所有读者平均所占据的图书馆馆藏量。高校图书馆进行服务的物质基础是馆藏数量，与此同时，馆藏数量也是对图书馆事业发展进行衡量的主要标志，以及制定发展战略的重要依据。教育部目前对高校本科评估藏书数量的评价分为 A 级、B 级、C 级三种标准，即：A 级标准为每人 180 册，B 级标准为每人 150 册，C 级标准为每人 100 册。上述的标准是针对纸本资源确定的，对于数字资源，因为一个数据库通常具有几千种期刊抑或是上万种图书，纸本文献的计量方法我们可以考虑，并通过系数折算法的方法折算馆藏。因为就现在来看，我国高校的馆藏评估标准还没有统一，每个馆藏都依据自身实际情况而制定。

高校图书馆若是不具备一定数量的文献资源则不能提供服务，但是，馆藏数量的增长和满足读者文献需求的能力不成正比，若是人均馆藏量较高，或许浪费资源。高校图书馆要对怎样依据自身的实际情况制定合理的馆藏量展开探索和研究。文献保障率目前依旧是馆藏数量评价的重要指标。

2.专业文献与非专业文献的数量比例

高校图书馆的重点收藏对象是专业文献，其在数量上具有一定的优势。通常，在馆藏数量中，专业文献的数量应该占到 70% ~ 75%，若是不足 70%，会限制科研与教学方面的文献；若是高于 75%，则会对非专业文献的数量造成一定的影响，从而无法满足老师和学生德、智、体、美以及业余文化生活上的需求。所谓非专业文献，指的是高校图书馆一般藏书，在馆藏数量上占有

25%~30% 的比例。

3. 读者满足率

读者满足率指的是读者在现实应用的过程中所获取到的文献数量以及与他现实需要的文献数量之比。馆藏文献资源建设最主要的目的是，最大限度地将读者的文献需求满足。首先，高校图书馆所具备的文献资源品种较全面，在数量上也具有一定的规模，对读者的满足程度越高越好；其次，针对相对具体的图书馆来说，无法将全部读者的文献需求都满足。依据对美国耶鲁大学图书馆进行的调查分析得出，读者 90% 的需求集中于 5% 的文献中。若是要将读者的全部需求都满足，则需要将馆藏提升 19 倍，由此可以看出，这绝对是不可取的，依据我国图书馆的实际情况，有些人的观点是，若是读者满足率处于75%~85% 之间是较为合理的。

4. 馆藏文献增长量

评价馆藏文献的增长量，即是对增长的数量是合理的、科学的抑或是不合理的评价。通常，馆藏文献增长量的指标是年生均增长量。教育部目前对高校本科评估合格的标准是，要为学生平均每年进新书 4 册，这一标准应该是图书馆馆藏相对科学的增长量。若是馆藏文献增长量过低，那么会使馆藏文献过于贫乏，从而造成知识的中断，更会限制读者使用文献；若是馆藏文献增长过快，则会使得图书馆中出现诸多没有用处的文献，从而降低文献的利用率。

5. 文献资源覆盖率

在本校各个学科领域文献中所占据的比例即为文献资源覆盖率，它是收藏文献完备程度的一个重要标志。每一个高校应该根据自身实际的需求以及可能的条件，选择本校的优势抑或是强势学科作为特色资源重点进行收藏，达到研究级使用等级水平，其他学科要满足读者基本的需求，达到大学级使用等级水平。

（二）馆藏质量的评价标准

作为给读者提供科研以及教学服务的机构，高校图书馆文献资源建设的质量，最主要的是要看与学校的科研以及教学要求是否相符，是否可以将读者的需求满足，这是通过馆藏质量进行评判的。高校图书馆办馆的水平取决于馆藏质量，而且，对高校的科研以及教学工作产生了直接影响，所以，在进行高校图书馆文献资源建设时，馆藏文献资源质量评价是非常重要的环节。高校图书馆能够依据评价结果及时对计划做出一定的调整，进而将科学的文献资源发展规划制定出来。

一些高校图书馆最近几年为了迎接教育部本科教学评估，对馆藏的不足之处进行弥补，一时间购置了很多文献信息资源，表面上看，数量指标非常合格，但是，在很大程度上，馆藏的质量却有所下降，出现严重的资源浪费情况，并且，原本的文献收藏体系也遭到了破坏。因此，辩证地去看馆藏的质量与数量，并将它们有机地进行统一，是高校图书馆需要在文献资源建设中注意的问题，不可盲目地、一味地追求数量，忽略了质量。下列是馆藏质量评价的标准：

1. 文献资源的利用率

这主要从两方面来看，即：文献资源产生的价值与馆藏利用率。文献资源结构与质量通过利用率反映出来。所收藏的文献资源的质量决定了读者的使用频率，对于图书来说，最好的反映即为借阅率；针对数字资源，尤其是网络数据库，最好的反应便是下载率和点击率。在一定时期内，高校图书馆也可以选定相关种类馆藏资源的用户，跟踪并调查其使用情况，这样利用率数据也能够获取到，也在馆藏的合理配置上有了一定的依据。若是图书馆的利用率较低，在很大程度上馆藏质量或许是最主要的影响因素。曾经有专家指出，图书馆应该对馆藏的利用率有一定的标准或者区间范围，即 50% ～ 78%。

2. 文献资源的结构

文献资源包含类型、学科、范围以及文种等结构。

类型结构指馆藏体系中多种不同出版形式以及载体的文献结构状况，图书期刊、纸质文献以及数字文献比例是其主要考虑的。每个高校图书馆可以依据自身的经费状况，通过数字化以及网络化的条件将类型结构比例构建起来。

各学科门类文献的比例结构即为学科结构。在馆藏结构中，学科因素是一个最基本的构成面。第一时间将馆藏各个学科门类文献的比例统计出来，并对其进行分析，看是否与本校读者的需求结构以及学科结构相适应，能够对图书馆优化馆藏学科结构起到一定的帮助作用。

范围结构指专业以及非专业文献收藏的内容标准。依据高校的办学特色，确定其图书馆收藏的专业与非专业文献标准，对馆藏文献质量的定性评价起到一定的帮助作用。

馆藏文献中各语种出版物的结构状况即为文种结构，通常，高校图书馆对某一学科领域收藏文献所关乎到的语种越多，完备程度则越强。

根据文献的出版时间对层次结构进行划分即为时间结构。依据文献的半衰期理论，伴随时间的消逝，文献价值会逐步下降以至消失，此处需要提及的是特殊文献除外，若文献处于 3 ～ 10 年则会进入半衰期，11 ～ 20 年会出现相对陈旧的内容，高于 20 年的则没有了使用价值。在对馆藏文献质量展开评价时，高校图书馆要对各个学科文献的半衰期有所掌控，对文献的时序比例要进行合理的调整，对相关的文献资源要进行及时的补充，定期对于没有太多价值，甚至已经失去价值的文献进行剔除。目前，大体上将馆藏文献时间结构分为四个等级，即：1 ～ 3 年、4 ～ 10 年、11 ～ 20 年、20 年以上。

老师的教学以及科研所需文献和学生学习上所需的文献即为专业文献。

老师的教学所需文献包含：精选外文教科书、教学参考书、全套著作、书目文献、教材样本、工具书、有关评论、期刊等。

老师的科研所需文献主要有：本专业领域有代表性的参考工具书、著作、会议录、过刊、书目文献、论文集、期刊等。

学生学习上所需的文献主要有：书目文献、工具书、优秀教科书、基础著作、期刊、参考书等。

实践教学所需文献主要有：毕业设计、实习、实践、课程设计、考取各种职业资格证书需要的文献；服务需要的新工艺、新技术、新方法、新知识以及一线生产、建设等操作型与应用型文献。

通常情况下，实践教学文献够用即可，无须过多，理论教学文献尽量要完整且系统，它们在数量上是 1 ：3 左右的比例。

非专业文献主要指可以满足学生和老师的德、智、体、美以及业余文化生活需要的文献，并强调趣味性、艺术性、知识性、思想性、科学性等，所包含的种类有：自然科学、艺术、历史、哲学、政治、教育、文学、法律、体育、地理等，通常情况下，以馆藏各类文献是否具备经典著作作为评价的标准，像《西游记》《红楼梦》《三国演义》《一千零一夜》《水浒传》《唐诗三百首》《哈姆雷特》《宋词三百首》《老人与海》等文学经典著作；《易经》《未来形而上学导论》《老子》《逻辑哲学》《形而上学》等哲学经典著作；《相对论》《物种起源》等科学经典著作；《高山流水》（古琴曲）《中国美术名作欣赏》《外国美术名作欣赏》等艺术经典著作；《论法的精神》《共产党宣言》《世界人权宣言》《孙子兵法》《社会契约论》《联合国宪章》等社会科学经典著作。

3. 文献资源的知识信息含量

在一定程度上，图书馆文献资源的知识信息含量决定了读者的信息需求。高校图书馆对于大量的出版发行信息，不可盲目地去选择，应该将图书馆经费合理利用起来，确保可以收藏到内容新颖、学术价值高的核心文献。针对图书文献，可以依据学科核心书目，确保核心图书可以入藏；针对中文期刊文献，可以把北京大学四年一版的《中文核心期刊要目总览》利用起来，圈定各个学科的核心期刊范围，确保核心期刊可以入藏；针对外文期刊文献，可以将期刊的影响因子抑或是《乌利希国际期刊指南》（*Ulrich's Periodicals Director*）利用起来，保证核心期刊可以入藏。

伴随网络技术的发展，馆藏资源评价不单纯地局限在对本馆实际收藏的评价，也就是传统意义上的实体馆藏，同时还需要评价虚拟馆藏、网上信息组织能力以及虚拟馆藏的利用率。就现在来看，各个高校在评价虚拟馆藏时是通过下列标准进行的：①可随时阅读和下载虚拟资源学科覆盖率；②把网络信息资源的布局、设备以及网络传播速度利用起来；③网络的大众使用性（服务时间和收费标准）；④本馆可以提供共享的数字化资源信息含量和被访问下载次数；⑤搜集、组织网上离散资源的能力；⑥浏览虚拟资源的人次。

建设和评价文献资源是发展的、动态的，并具有互动性，通常情况下，文献资源建设的评价比其建设要滞后。高校图书馆建立健全科学的文献资源评价体系，进一步推动了文献资源建设的质量。

第二节　图书馆信息资源评价方法

一、馆藏文献资源的评价方法

（一）自我评价法

自我评价法是高校图书馆的相关管理人员从多个层面对馆藏文献进行评价的一种方法。流通人员的评价即读者对文献的利用率。充分利用图书馆的管理软件，并对一定时间内的借还情况做出统计；数据库可以通过点击率以及下载量等对读者的利用情况进行统计。对于期刊以往诸多图书馆都实施全开放的模式，不好统计读者的利用情况，通常依托于复印登记记录。采访人员的评价是：文献是否是科学合理地增长的；文献的类型以及文种结构是否在合理化的范围内；文献的知识信息含量能否符合高校办学的需求和文献出版的时间。馆藏发展研究人员的评价：文献的学科结构、专业与非专业文献的比例是否在合理的范围之内；每个人平均所拥有的馆藏数量能否达到标准的范围；核心文献的占有率和文献覆盖率过高。

（二）引文分析法

在国外应用非常多的是引文分析法，最关键的是分析馆藏支持读者从事学术活动的能力，并对馆藏被利用或者也会被利用的情况进行评价。并且在评价的过程中，选择的引文需要思考其数量、文献发表的时间性以及来源文献的全面代表性，所选择的著作或者论文必须是在本学科领域中有一定的意义，或者是有着综述和述评的性质，与此同时，还要思考作者的代表性和权威性，包括文献自身的学术价值和引文的绝对数量。一般来看，在自然科学领域中，一篇或诸多篇文献具有专业学科领域的理论奠基价值，并基于此，去寻找更多的核心作者，从而将核心的文献累积起来，这样一来，馆藏质量便可以间接得到提升。在分析评价馆藏时可以使用引文的方式进行，进而明确本馆收藏的相关学科的核心图书与期刊，并且，以此作为文献价值、著者学术水平评判的量度标准。

（三）用户评价法

图书馆使用最多的便是这种评价方法，这种方法是从用户，特别是从专家型的用户去收集一些关于馆藏的建议，这样可以发现并能够把用户对于各个类型文献的需求特点与阅读倾向进行分析，从而给制订藏书补充计划一些非常可靠的依据，并且给馆藏文献资源建设工作提供价值极高的反馈信息。这种评价方法需要基于对用户的调查才能够实现，可以选取指标体系，如："你在我馆的时候，我馆的电子资源可否满足你的需求"等问题可以提前设定好，这样的问题要让用户回答，抑或是通过德尔菲法将馆藏建设时所遇到的主要问题集中起来，通过专家帮助将馆藏的质量提升上去。

（四）评分的方法

馆藏文献资源的评价比较复杂，如果只用一种比较单一的方式进行评价，其质量的高低则不能全面、客观，所以，可以将定量和定性有效结合，并且，通过经济学、模糊数学等方法展开分析评价，例如：采用层次分析法，与现实情况有效结合，把指标体系构建起来，并将评价模型建立起来，在数字资源的评分上可以将定量、定性进行有效结合；定性评价法是非常简单且容易实施的，适用性也非常强，如果量化一些因素比较困难时，可以采用定性的评价方法；这一评价方法具备一定的客观性与准确性。把提到的两种方法先进行有效融合，之后去评分，可以相互借鉴、补充，以贴近客观实际。

二、数字资源评价的方法

通常情况下，数字资源的科学评价比较系统和复杂，需要考虑的因素也较多。因为数字资源质量与价值是其自身以及数据提供商、图书馆、用户、计算机与网络等外部物质、技术、人本因素互相作用的结果。在研究数字资源评价体系时，会涉及很多学科的理论和方法，即：图书情报学、信息技术、经济学、数学和统计学等，图书馆在评价数字资源时是通过以下四方面进行评价的：

（一）建立数字资源评价指标体系

调查研究国内外图书馆文献资源评价的研究情况，收集整体重要的评价指标，并根据现实中的工作状况，采用"层次分析法"——目标层、准则层、要素层、方案层建立四级数字资源评价指标体系。以下对每一个层级的数字资源评价指标展开具体的叙述，第一，目标层指标。主要以像"采购评价"等数字资源评价目的而设计的。第二，准则层指标。通过对评价指标的分类确定数字资源评价的基本内容框架——资源内容评价、服务质量评价。第三，要素层指标。基于总结、归纳、分析、抽象之上，并通过调查与研究，确定数字资源评价所具备的普遍适应性的要素和因子。第四，方案层。根据评价的数字资源和质量，确定质量好价值低、质量差价值低、质量好价值高、质量差价值高等四个方案，以供学术委员会参考，进一步确定是进行续订还是购买。

（二）建立数字资源评价数学模型

通过经济学、模糊数学、调查统计等方法，定量研究数字资源评价指标，对各个指标以及影响因子之间的一般关系进行探索研究，并且，将数字资源评价数学基本模型建立起来。

（三）开发数字资源评价决策专家系统

通过现代信息技术和手段以及计算机编程，把对数字资源评价实践具有决策意义的计算机辅助管理系统开发出来，并且，在实践过程中去应用和检验。

（四）建立数字资源采访模式

依据评价结果，与高校图书馆的特点有效结合，将与其相适应的数字资源采访模式建立起来。

三、信息资源建设评价的复杂方法

（一）层次分析法

1.层次分析法概述

托马斯 L. 萨蒂（Thomas L. Saaty）（美国运筹学家、匹兹堡大学教授）提出了层次分析法（Analytic Hierarchy Process，AHP），并且，在其著作《层次分析法》中，把一种定性和定量分析相结合的系统分析方法确立了下来。此方法将一个复杂问题表示为有序的递阶层次结构，同时通过对比、判断和计算，排序决策方案的优劣。此方法能够统一解决决策中的定性与定量因素，尤其是研究无结构问题。

这一种分析方法相对而言是比较科学的决策思维方式，它将决策过程中的定性以及定量因素进行了融合，并采用统一的方式进行处理，从而将最优化技术中只可以通过定性问题处理的局限改变了。决策者可以通过 AHP 直接进行决策，从而提升了决策的可靠性、可行性以及有效性。

自我国引入层次分析法之后，大范围地应用到了社会经济和管理的诸多领域中，例如：科研管理、能源和资源政策分析、产业规划与企业管理、经济分析与规划、人才规划与预测等。

2.影响因素分析

（1）测评范围界定

图书馆信息资源建设包含两方面的内容，即：文献资源建设以及数字化信息资源建设，基于此，实现了在网络环境下图书馆的信息服务。反之，其信息资源建设的质量是通过读者利用的效果去衡量的。在评价信息资源建设时，需要基于对信息需求的满足能力以及被利用程度为标准。若只是单纯地考虑收藏，忽视了需求的程度，则会使得评价结果失去意义。

（2）评价指标讨论

图书馆信息资源建设关乎三方面的建设，即：数字化信息资源建设、图书馆基础条件建设以及文献资源建设。

首先是数字化信息资源建设。这一建设可以细分为三个方面，即网络信息资源建设、数据库建设以及信息资源利用效果。其中，网络信息资源建设包括网络信息资源的加工与组织以及网络信息资源的采集；数据库建设包含数据库购入量以及自建与开发；信息资源利用效果评价包含利用程度以及信息需求满足率评价。在一定程度上，馆藏通过数据库与网络资源能够丰富和深化内容，并且在用户人数、时间和空间上没有任何限制，所以，要进一步强化此方面的开发和建设，提升图书馆对社会信息需求的满足能力和信息利用率。

其次是图书馆基础条件建设。这一建设包含信息资源、图书馆自动化网络化以及提高经费和人员素质等要素的建设。其中，对信息资源建设质量起到重要影响作用的是人员素质和建设经费。若是要评价人员素质，需要从人员的业务水平、职称状况、人员学历、敬业精神等方面进行考虑。

最后是图书馆文献资源建设。随着互联网技术的迅猛发展，互联网技术已经渐渐地将跨系统和跨地区的诸多图书馆相互连接，形成一个整体，馆藏也迈向实用性、特色化、专业化以及共享性。调整馆藏建设结构及其成分的改变使评价阐述以及标准有了一些变化。基于这种变化的影响，文献资源建设评价关乎馆藏文献资源的四个方面，即资源结构、资源量、管理水平以及资源利用效果。其中，文献资源结构包含时间结构、层次结构、学科结构以及文献类型结构；文献资源量包含电子以及纸质文献入藏量、文献保障率；文献资源管理水平包含文献复选与剔除、馆藏布局与排架、文献加工深度；文献资源利用效果包含文献需求满足率、利用率以及馆际互借频率。

文献资源量及其结构是就馆藏建设角度所考虑的，文献资源利用效果及水平是从读者利用与满足需求的角度来考虑的。因为馆藏建设方面的问题可以通过文献被利用的程度反映出来，馆藏的补充内容及读者的需求则可以从馆际互借频率反映出来，所以，后两者可以说是较为重要的两大因素，并且，将其作为一个评价指标。

3.层次分析法的基本步骤

在数学模型的建立上，应用层次分析法进行建设，通常的步骤如下：建立问题的递阶层次结构模型——构造判断矩阵——层次单排序及一致性检验——层次总排序及一致性检验。

（1）建立递阶层次结构模型

在层次分析法中，这一步骤是最为重要的基础步骤。在构建过程中，先将相对复杂的问题分解成一个个可以称之为元素抑或是因素的组成部分，根据不同的属性，对这些元素进行分组，并且构成不同的层次。通常情况下，在所构筑的递阶层次结构中，分为三层，即最高层、中间层和最低层。

同一层次的元素作为准则，对下一层次的一些元素起到一定的支配作用，与此同时，上一层次元素也对其有着一定的支配作用。其中，最高层还可以称之为目标层，它只有一个元素，同时也是这一问题所获得的目标抑或是最为理想的结果。中间层还可以称之为准则层，是为了将决策目标实现所采取的准则、政策、措施等。在准则层中有诸多元素，同时它也可以通过多个子层构成。在具体的使用过程中，可以依据问题的复杂程度以及规模大小进行分层，其可以分为准则层、子准则层。最底层为处理问题以及目标的实现提供可以选择的一些方案，也称之为方案层。

（2）构造两两比较判断矩阵

递阶层次结构建立之后，大体上明确上、下层次之间元素的隶属关系。如果上一层次元素 CK 作为准则，针对下一层次的元素 A1，A2，…，An 有支配关系，我们的主要目的是基于准则 CK 之下，根据它们的重要性，给 A1，A2，…，An 赋予一定的权重，抑或是在 CK 中，称 A1，A2，…，An 所占据的比重。

当 A1，A2，…，An 的重要性能够直接定量进行表示时，可以直接将其权重明确下来。诚然，对人的判断具有重要意义，即管理决策问题。想要直接获得这些元素的权重很难，因此需要采用一定的方式方法将它们的权重导出来。层次分析法所采用的方式是两两对比判断，其结果是以 1～9 的比例标度给出定量数字，并且表示在一个矩阵中，这样的矩阵可以称之为"判断矩阵"。并根据其最大的特征及特征向量，将每一个层次中的各个元素的相对重要性的排序权值明确下来。

通常情况下，当准则层是信息资源建设项目时，子准则层一般包含图书馆基础条件建设、数字化信息资源建设以及文献资源建设等因素。在第一个因素（图书馆信息资源建设）中，若是文献资源建设相对于数字化信息资源建设质量的保障作用要重要一些，那么，它们的比例标度取 3，反之，它们的比例标度取 1/3。若文献资源建设相对于图书馆基础条件建设因素要重要一些的话，那它们的比例标度取 9。若是我们认为数字化信息资源建设相对于图书馆基础条件建设更重要的话，则它们的比例标度取 5。

（3）层次单排序及其一致性检验

事实上，正互反矩阵具有正实数的最大特征根，即为单根，其余特征根的模都比它小。其最大特征根所对应的特征向量的分量都是正数。基于此，单层排序权值我们便能够计算出来。诚然，需要检验这个值是否合理。除此之外，因为客观事物具有复杂性，我们所判断的或许会带有一定的片面性及主观性。所以，在构造判断矩阵时，要求每次对比判断的思维标准必须一致，但是，在现实实施时则是无法实现的。

实际上，在构造两两对比判断排序时，对判断所具备的一致性不做任何要求。若是判断脱离一致性比较多的时候，把排序权向量的计算结果作为决策依据便没有那么可靠了，需要进一步进行一致性检验。

4.层次分析法中未解决的问题

在实例评价上，构建层次结构模型以及赋予相对权重为其奠定了一定的基础。但是，在现实的操作过程中，还有一些问题没有处理，以下对于这些问题进行了详细的分析与研讨。

（1）文献保障率

本馆读者平均所占据的馆藏文献数可以衡量文献保障率。在目前急速增加的全文数据库以及多媒体文献量的状况下，我们将传统的方法以及纸质文献的馆藏量的做法排除了，与此同时，还要考虑到电子文献的购入量。

（2）馆藏资源利用效果

通过利用率以及信息需求满足率可以将这一效果体现出来。其中，利用率指的是馆藏中资源被利用的程度，通过考察各类型文献以及数据库的资源，在某一段时间的使用以及借阅的频次上就可以得到；其次，信息需求满足率指的是馆藏资源对读者需求所覆盖的程度，可以根据读者留在网络上的意见进行访问或调查，进而展开评估。

针对本馆藏的核心馆藏部分，若是要对读者的满足率进行评价，则需要通过考察学科文献覆盖率的方式进行。一般学科文献覆盖率可以达到40%，在这个范围内可以满足读者对该学科领域实际需求的80%~90%，如果要达到95%的满足率，则其覆盖率要提升一倍。

（3）学科馆藏覆盖率

馆藏文献资源的结构分布可以通过计算机管理系统提取出来，但是，馆藏结构是否合理，需要对重点建设领域的出版和收藏比率问题进行综合考虑。对于明确学科覆盖率而言，可采用定量与定性有效融合的方法进行，也就是通过计算机管理系统提供该学科的馆藏量，其中包含的统计数据有：文献类型、语种、册数、种数、出版时间等，由学科专家对重要的著作以及期刊收藏情况进行审查，之后，对比权威参考书目及馆藏。中文图书则可以《中国报刊总目》

《中国图书再版编目快报》等作为标准。

（4）网络信息资源的收集与组织加工

对于网络信息资源的收集和组织加工这一问题，各个图书馆正处于积极探索和提升的过程中，详细具体的考察方法也正在探索研讨中。现阶段图书馆信息资源建设要从网络信息捕获量以及筛选加工质量方面着手进行考察，对用户所获信息的广度以及便捷程度进行查看。

（5）文献加工深度和馆藏文献布局

从对读者快速获取所需文献角度着手，对文献加工深度和馆藏文献进行布局，对馆藏分布是否合理以及文献的编目质量进行考察，通过对书目数据库各种检索参数的检索结果以及实地查找需要的文献时间差进行对比，以获取评价结果。

（二）层次分析组合法

在处理相对复杂的问题时，这一方法是极为有效的一种方法，在经济、管理领域开始大范围地使用。但是，人们通过不断地评价得出，针对较为复杂的评价环境，如果只是简单地通过一种方法是远远不够的，而是需要采用两种或者是两种以上的方法获得策略。通过采用多种方法所获得的策略，可以先排除比较显著的不利因素的方案，进而，对系统中各个因素之间的优劣次序进行对比，以获得更加有意义的结果。

曹作华针对以上所提到的原因，提出了递阶优选——层次分析组合法，将较为复杂的问题的分析评价过程有步骤地进行。第一步，递阶分析各待评方案中相关评判参数的控制作用，去除掉比较显著的一票否决要素的方案。第二步，采用层次分析的方法，从定量排序递阶分析后所保留的方案中，把最佳方案选出来。

依据曹作华提出来的递阶优选层次分析组合法的思路，其分析组合法的基本实施步骤如下：

第一步，对研究对象所关乎到的主要影响因素进行分析，并且，根据各个要素属性的不同对层次进行划分，把递阶层次结构模型构建起来。

第二步，递阶优选关键要素。对递阶层次结构模型中的相关评判参数进行重要性分析，将对方案评判具有重要掌控（也可以说一票否决）作用的要素或是因素筛选出来，从而可以更好地评价以及优选各个方案。因为筛选出的关键控制要素组合中，在不同阶段、不同要素的重要性是不一样的，所以，需要分层次考虑。

第三步，采用层次分析的方法分析评价由递阶优选方法所筛选的方案，其最基本的步骤是：第一，对同一层次各个要素有关上一层次中的某一准则的重要性两两进行对比，相对重要性根据 1 ~ 9 比例标度进行赋值，将两两对比判断矩阵建立起来。第二，由判断矩阵求算不同层次要素对上一层次的相对权重向量，并作一致性检验。第三，把各个层次对于最高层次的合成权重进行计算，并进行层次总排序。

四、调研方法

数字资源评价的影响因素的重要性程度是个抽象的概念，不容易进行量化，筛选重要影响因子具备不确定性及多准则性。在诸多评价影响因素中，怎样将关键性影响因子找出来，需要依据不同的读者群体，尤其是根据专家群体的共识进行筛选。对于上述所提到的指标，可以通过问卷调查的方式展开调查。

（一）问卷设计及答案的构思

致敬信和正文测试题是问卷调查表所采用的结构形式。为了方便读者理解并且认真地回答问题，在设计调查内容时可以依据影响因素的重要性程度排序进行设计。

（二）调查对象

图书馆的类型不同，其经费的来源以及所服务的群体便不一样，在认知数字资源评价指标影响因素的认可度和重要性上也有着一定的区别。因为是对高校图书馆有关评价指标的影响因素重要性程度所展开的调查，主要面向的是应用数字资源比较普及的人群，即教授、博士、硕士和少量的本科生。由于思考到图书馆信息服务人员时常应用数字资源，所以也将其归入调查对象。

问卷数据汇集所采用的方法：把各个指标排序的名次取平均值以获得这一指标的综合名次，基于此，为获取各个指标在这一类级的权重提供原始数据，由原始数据依据数值转化的方法转为层次分析法需要的标度。

五、构建数字资源决策模型

对数字资源展开评价研究，对于理性地建设数字馆藏、文献资源建设费用的合理应用、图书馆服务质量的提升均有重要价值。

为了更好地评价数字资源，我们需要对表现数字资源的目标层进行量化，一级指标甚至二级指标，以便于使用者评价或者对资源有一定的决策。所以，我们根据以上提到的评价指标体现，把评价数字资源的决策模型建立起来。此模型所涵盖的基本信息有两方面，即指标和资源，其目标是以层次分析法为实现原理，以计算机语言作为工具，编制程序，从多种途径对数字资源进行评价决策，进而，系统、全面且精确地评价某一个数字资源整体情况的需求也得以实现。然而，在使用的时候，可以依据需求，自如地纵、横向对这一指标体系中的一些指标进行伸缩，进而满足不同深度和阶段的评价要求。为了清晰和合理地认识到决策模型的基本结构、实现原理、预定目标等问题，我们首先要把决策模型的逻辑流程给出来，通过以下步骤实现决策模型：

（一）生成权重

1. 系统调研（读者调查）

上述内容已经非常详细地讲述了这一部分的内容，在此处我们只将某个指标层的平均排名顺序列举出来，在后文计算相对标度的时候有可以参考的数据。

2. 相对标度的生成

我们在进行权重计算时采用的方法是层次分析法，然而，相对标度是最基本的原始数据。各级指标两两之间的相对重要程度即为相对标度。

3. 相对标度的完整性校验

若是要校验相对标度是否完整，对于不足的需要进行补充，若是不完整对整体资源评价会造成一定的影响。

4. 生成各级指标的权重

生成各个指标相对于目标层及其全部上级指标的权重，这样一来，可以对目标层展开资源评价，与此同时，也能够相对灵活地对需要的非目标层指标展开资源评价。应用树型结构，一级指标中有一个数字，以此表示这一目标层的权重；二级指标中则具有两个数字，顺次表示这一指标相对于其上层的一级指标和目标层的权重；三级指标中具有三个数字，顺次表示这一指标相对于其上层的一级二级三级指标和目标层的权重。

（二）资源的三级指标数量等级标准的确定

在评价数字资源时，除了需要每一个详细的数字资源的基本信息，比如：类型和语种等以外，最关键的是要对数字资源在各个指标中的详细情况进行了解。

1.三级指标规范的确定

针对系统的各个三级指标，通过调查分析将一个 5 分制的数量等级标准明确下来，最主要的目的是给数字资源在三级指标上的等级标准提供范围凭据。

由于三级指标自身性质不一样，在描述其数量等级标准时有两种类型，即文字型与数值型，如：办学目标具备适应、基本适应、不适应三种类型，5、3、0 是文字型所对应的数量等级；然而，数值型所对应的数量等级为 5、4、3、2、1。三级指标不采用百分制的等级标准，而采用的是 5 分制的数量等级标准，这样一来，可以区分最终的目标层和一、二级指标的评价结果的百分制形式，避免在理解概念上有所混淆。

2.资源三级指标信息完整性校验

在三级指标上，某个数字资源的信息是否完整是需要进行校验的，若是不完整则要进行补充。与指标相对标度的完整性不同，这一信息不完整会对数字资源本身的评价造成一定的影响，但是，对整体是没有任何影响的。

3.生成资源三级指标的数量等级得分

根据三级规范指标，生成用户的录入信息对比分析，同样也是资源评价决策中一个非常重要的基础。

（三）资源评价

利用资源评价公式可以将电子资源在目标层和各个需要的指标层的加权计算得分进行评价（百分制），进而，客观地将资源在这些指标上的情况反映出来。

参考文献

[1] 陈三保.新形势下图书馆服务与创新 [M].昆明：云南科技出版社，2018.

[2] 韩红予，张联锋.高校图书馆文献采访理论与实践 [M].武汉：武汉大学出版社，2012.

[3] 黄重阳.信息资源管理 第 3 卷 [M].北京：中国科学技术出版社，2001.

[4] 纪双龙，王影，郑杨.高校图书馆管理服务与现代信息资源建设 [M].长春：吉林出版集团股份有限公司，2017.

[5] 辽宁大学图书馆.大数据环境下图书馆业务创新研究 [M].沈阳：辽宁大学出版社，2016.

[6] 刘祯臣.文献采访理论与实践 [M].济南：山东大学出版社，1990.

[7] 盛小平.图书馆知识管理引论 [M].北京：海洋出版社，2007.

[8] 唐文惠，潘彤声.高校图书馆文献资源建设与评价 [M].武汉：武汉大学出版社，2009.

[9] 严潮斌，李泰峰.高校图书馆资源与服务体系建设研究 [M].北京：北京邮电大学出版社，2015.

[10] 于亚秀，汪志莉，张毅.高校图书馆创新服务 [M].上海：上海社会科学院出版社，2016.

[11] 张睿丽.数字图书馆资源管理与建设 [M].长春：吉林人民出版社，2019.

[12] 郑志军，杨红梅.高校图书馆管理创新研究 [M].成都：电子科技大学出版社，2014.

[13] 陈巧玲.智慧时代国内高校图书馆服务创新研究 [D].福建师范大学，2014.

[14] 单冠贤.基于效益原则下的高校图书馆信息资源优化配置研究 [D].南京航空航天大学，2007.

[15] 金胜勇.目标导向型图书馆信息资源共建共享理论体系研究 [D].南开大学，2010.

[16] 陆永兵.高校图书馆信息资源整合研究 [D].东北师范大学，2006.

[17] 刘赛君.高等职业技术师范院校图书馆信息资源共建共享研究[D].天津师范大学，2011.

[18] 魏春虹.河北省骨干高校图书馆信息资源共建共享调查研究 [D].河北大学，2016.

[19] 吴淦峰.数字图书馆信息资源优化配置[D].中国农业科学院，2006.

[20] 杨珏菁.地方高校图书馆信息资源共享研究[D].华东政法大学，2013.

[21] 包冬梅，范颖捷，李鸣.高校图书馆数据治理及其框架[J].图书情报工作，2015，59（18）:134-141.

[22] 蔡迎春，吴志荣.高校图书馆信息资源应急保障体系[J].图书馆杂志，2020，39（05）:43-54.

[23] 陈立珠.浅论高校图书馆数字化信息资源购置[J].龙岩学院学报，2008（04）:134-136.

[24] 陈小玲.高校图书馆采集网络信息资源的质量评价标准[J].贵州师范学院学报，2011，27（07）:36-38.

[25] 鄂丽君.高校图书馆特色馆藏建设的现状分析[J].图书馆建设，2009（12）:19-23.

[26] 范晓鹏.关于我国数字化图书馆建设的探讨[J].图书情报工作，2001（03）:32-34.

[27] 韩红予.高校图书馆文献采访基础理论与实践[M].武汉大学出版社，2012.

[28] 何晓萍.数字信息资源建设探讨[J].江西图书馆学刊，2003（02）:15-16.

[29] 洪跃，付瑶，杜辉，胡永强.国内高校图书馆信息素养教育现状调研分析[J].大学图书馆学报，2016，34（06）:90-99.

[30] 胡昌平，胡媛.高校图书馆信息共享空间用户交互学习行为分析[J].中国图书馆学报，2014，40（04）:16-29.

[31] 吉呈花.信息资源管理与建设的关联分析[J].情报探索，2008（07）:6-7.

[32] 贾莉莉.复合图书馆实体馆藏资源评价指标体系研究[J].图书馆工作与研究，2010（09）:51-53.

[33] 李其港.关于高校图书馆资源采访工作的若干思考[J].农业网络信息，2013（09）:66-68.

[34] 李勇，吴宗敏，杨丽云，何晓岚，刘金玲，孙全力.高校图书馆信息资源管理系统的应用研究[J].成都理工大学学报（社会科学版），2006（02）:91-94.

[35] 梁茹，李建霞，刘颖，刘云，孙晓星.高校图书馆数字资源综合服务能力评价[J].大学图书馆学报，2015，33（02）:38-46.

[36] 刘波.浅析高校图书馆数字型特色资源的建设[J].知识经济，2014（16）:64-65.

[37] 刘尧.高校图书馆信息资源共享的运行研究论述[J].才智，2017（12）:128.

[38] 马越.普通高校图书馆的数字馆藏建设[J].河南图书馆学刊，2002（03）:47-50.

[39] 孟庆伟，刘果.基于云计算的高校数字资源存储安全分析[J].中国教育技术装备，2013（18）:59-61.

[40] 孟祥保，李爱国.国外高校图书馆科学数据素养教育研究[J].大学图书馆学报，2014，32（03）:11-16.

[41] 苗苗.高校图书馆馆藏建设信息化的探讨[J].中国管理信息化，2015，18（20）:177-179.

[42] 宋友兰.网络环境下学校图书馆馆藏信息资源评价[J].学理论，2013(31):182-184.

[43] 田国良.数字图书馆信息资源宏观管理问题[J].情报资料工作，2007（01）:77-80.

[44] 王波.浅析高校图书馆数字信息资源的建设[J].科技情报开发与经济，2008（29）:30-31.

[45] 王丽敏，党卫红.云计算环境下图书馆信息资源共享系统构建[J].农业图书情报学刊，2011，23（05）:36-38+67.

[46] 王文华.试论高校图书馆数字信息资源建设[J].白城师范学院学报，2005（05）:104-106.

[47] 魏萍.关于高校数字图书馆信息资源整合的探究[J].科技资讯，2013(32):255-256.

[48] 项英.高校图书馆信息资源整合与服务评价研究[J].情报探索，2013(04):116-119.

[49] 杨衍.高校图书馆信息资源配置模式研究[J].图书馆学研究，2011（09）:69-72.

[50] 于虹.数字化与网络化环境下图书馆信息共享服务研究[J].创新科技，2015（05）:74-77.

[51] 郁丽玲.如何加快高校图书馆信息资源的共建共享[J].中国教育技术装备，2012（09）:90-91.

[52] 周淑云，陈能华.论建立高校图书馆信息资源共享机制[J].高校图书馆工作，2003（01）:1-3+12.